中外著名教育家画传系列 周洪宇 主编

胡適画传

中国昌/主编

山东教育出版社
·济南·

图书在版编目（CIP）数据

胡适画传 / 申国昌主编．—济南：山东教育出版社，2015（2024.4 重印）

（中外著名教育家画传系列 / 周洪宇主编）

ISBN 978-7-5328-8733-0

Ⅰ．①胡…　Ⅱ．①申…　Ⅲ．①胡适（1891~1962）—传记—画册　Ⅳ．① K825.4-64

中国版本图书馆 CIP 数据核字（2015）第 029648 号

ZHONGWAI ZHUMING JIAOYUJIA HUAZHUAN XILIE

HUSHI HUAZHUAN

中外著名教育家画传系列　　周洪宇　主编

胡适画传　　申国昌　主编

主管单位：山东出版传媒股份有限公司

出版发行：山东教育出版社

地址：济南市市中区二环南路2066号4区1号　邮编：250003

电话：（0531）82092660　　网址：www.sjs.com.cn

印　　刷：山东华立印务有限公司

版　　次：2015 年 3 月第 1 版

印　　次：2024 年 4 月第 2 次印刷

开　　本：787 毫米 × 1092 毫米　1/16

印　　张：20.75

字　　数：350 千

定　　价：89.00 元

（如印装质量有问题，请与印刷厂联系调换）印厂电话：0531-76216033

1933年担任北京大学文学院院长时的胡适。

大胆的假设，
小心的求证。

適之

1917年胡适在北京大学。

寧鳴而死，

不默而生。

胡適

四七、十二、二十

就任台湾〝中央研究院〞院长时期的胡适。

良師益友在人的進步中
是極為重要的

胡適

寓居美国的胡适。

不作無益事，一日當三日。人活五十年，我活百五十。

胡適

廿八、三、廿九

1917年胡适与江冬秀的新婚照。

不苟且

胡適

目　录

由家庭启蒙到留学美国

风雨如晦的母子相依，苦乐参半的上海生活，奋进求新的异域熏陶，胡适在荆棘之中采摘着希望之鲜花，别样的经历铸就了别样的胡适，风雨之中、荆棘之上，逐步走向了世界之高峰，寻求那风雨之后的暖阳。求学时代为其一生的发展奠定了基础：少年时期的童蒙生活，为其奠定了良好的国学基础；上海求学的新教育时期，为其思想的革新发挥了重大功效；留美七年的异域洗礼，确定了他一生思想和活动的方向，为中国之新文明建设而努力。纵观胡适一生，他身上所体现出的独特思想与人格魅力及其一生的伟大成就，均可以从他的求学生涯中寻出“源头活水”来。

上庄九年童蒙生活

胡适的故乡——安徽绩溪上庄，山水相绕，景色宜人，四周有大会山、南云尖相环绕，翚岭横隔其间，常溪河和富春江相连，山山水水，孕育着一方水土。正如清代刘汝骤所赞：“竹竿峰前，山萦水聚，杨林桥畔，棋布星罗。”别样少年，国学启蒙，又有谁能料到当年的“小小糜先生”竟会成为叱咤中国的一代巨子。

胡适家乡——安徽绩溪。

安徽绩溪的胡适祖宅。

识字读书，奠定根基

胡适的父亲胡传、母亲冯顺弟于光绪十五年（1889年）共结连理，婚后不久，母亲便跟随父亲胡传到任，两年后，即光绪十七年（1891年），胡适生于上海，胡传为其取名“嗣穈”，行名“洪骍”。“穈”意为“麻禾生”，就是告诫家人不要忘记自己是农家的子弟。胡传于光绪十八年调任台湾，次年，母亲冯顺弟、四叔介如、二哥嗣秬、三哥嗣秠及胡适也到达台湾，也正是在台湾，胡适写下了他人生中的第一个方块字。正如其在《四十自述》中所记载：

> 我小时也很得我父亲钟爱，不满三岁时，他就把教我母亲的红纸方字教我认。父亲做教师，母亲便在旁做助教。我认的是生字，她便借此温她的熟字。他太忙时，她就是代理教师。我们离开台湾时，她认得了近千字，我也认了七百多字。这些方字都是我父亲亲手写的楷字，我母亲始终保存着，因为这些方块红笺上都是我们三个人的最神圣的团居生活的纪念。

也正是在台湾所打下的认字基础，为胡适回到上庄接受传统私塾教育奠定了文字功底。

胡传（1841—1895），字铁花，安徽绩溪人。清朝贡生，官至淞沪里卡总巡，台东直隶州知州。

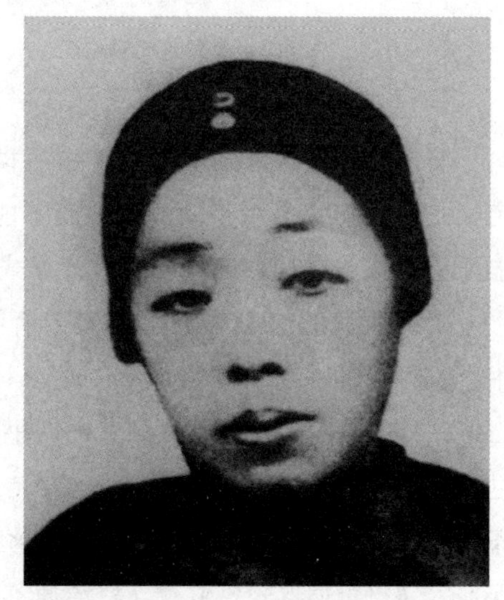

冯顺弟（1873—1918），安徽绩溪人，对胡适的成长具有重大影响。

“万般皆下品，唯有读书高。”中国传统的父母均将读书作为望子成龙的主要途径，胡适父母亦是如此。母亲盼望胡适念书的心是急切的，于是在胡适三岁零几个月时，便将他送到四叔介如先生的学堂里读书了。读书时，胡适号称五岁，但他还不能跨过七八寸高的门槛，读书时需要别人把他抱到板凳上，由于身体太小，胡适是坐得上而爬不下，每次上下都得需要别人的帮助。胡适在进入学堂前已认识了近一千字，所以他不需要念诸如《三字经》、《千字文》、《神童诗》之类的“破蒙”书。胡适所念的第一部书便是父亲胡传亲自编写的四言韵文《学为人诗》，书中所说的主要是做人的道理。开头几句就是：“为人之道，在率其性。子臣弟友，循理之正；谨乎庸言，勉乎庸行；以学为人，以期作圣。”由此可以看出，这完全是宋儒的口吻，胡传希望通过宋儒理学来教育子弟遵守五伦之义，谨言笃行，希望家族子弟能“学为圣人”。在胡适看来，《学为人诗》的最末三节是父亲思想的代表，其曰：

> 五常之中，不幸有变，名分攸关，不容稍紊。
> 义之所在，身可以殉。求仁得仁，无所尤怨。
> 古之学者，察于人伦，因亲及亲，九族克敦；
> 因爱推爱，万物同仁。能尽其性，斯为圣人。
> 经籍所载，师儒所述，为人之道，非有他术；
> 穷理致知，返躬践实，黾勉于学，守道勿失。

胡传以“道”勉励子孙，劝诫后世要卫道勉学、躬行实践，希望后世子弟能坚守道义，有所作为。可年幼的胡适尚不能理解父亲的良苦用心，更难解其中的奥妙，只能死记硬背。在这种读与背的教育方式中，胡适潜移默化地接受着国学教育的熏陶。

胡适所读的第二部书也是父亲所编写的，名为《原学》，“是一部略述哲理的书”，先生讲不了，胡适也懂不了，只能硬着头皮背下来。也许正如古语所言，“读书百遍，其义自见”，由熟读到背诵，小小的胡适也许就会慢慢懂得其中的道理。在私塾的童蒙教育中，胡适还先后读了《律诗六钞》、《孝经》、《小学》、《论语》、《孟子》、《大学》、《中庸》、《诗经》、《书经》、《易经》、《礼记》、《纲鉴易知录》、《御批通鉴辑览》、《资治通鉴》，这些传统国学著作的学习，为胡适奠定了坚实的国学基础。

胡适故居内景。

在上庄九年中，胡适可以说不曾享受到儿童般游戏的生活，只学得了读书和写字这两件事。无论在任何地方，总是一副文绉绉的模样，因此人们都称呼他为“穈先生”。一次和一班孩子玩“掷铜钱”的游戏，却被路过者笑道：“穈先生也掷铜钱吗？”胡适听了羞愧难当，觉得失了“先生”的身份。虽然在文字和思想上有一定的功底，但胡适在上庄的学习是文理有余而其他方面不足。正如胡适在《四十自述》中所说：“三十年来，我不曾拿过乐器，也全不懂音乐；究竟我有没有学音乐的天资，我至今还不知道。至于学图画，更是不可能的事。我常常用竹纸蒙在小说书的石印会像上，摹画书上的英雄美人。有一天，被先生看见了，挨了一顿大骂，抽屉里的图画都被搜出撕毁了。于是我又失掉了学做画家的机会。”由此可以看出，胡适在上庄的童蒙生活始终以学习为主导，这与父亲的遗嘱、母亲的严厉有关，同时又与胡适的文静性格及爱好读书的兴趣有关，这些都是导致胡适游戏童年缺失的原因。

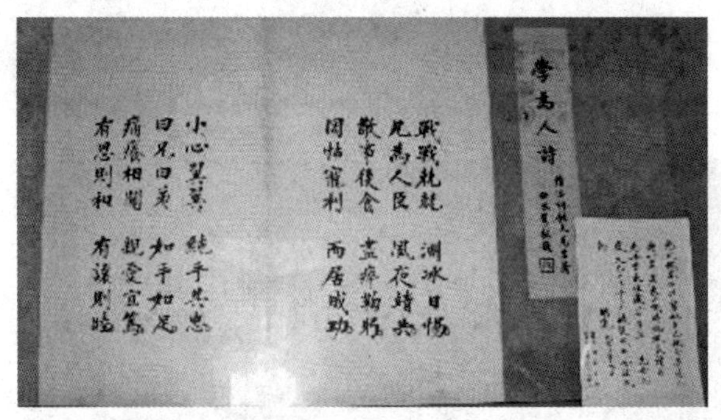

胡适手迹——《学为人诗》。

胡适著作《四十自述》。

僧道无缘，去神毁佛

胡适是一个无神论者，他的思想经历了由拜神到无神的过程。由于深受父亲的影响，胡适家和四叔家的大门上都贴着“僧道无缘”的条子，家中的女眷却是深信神佛的，父亲在世时她们还会有所顾忌，自父亲辞世之后，家中的女眷便自由拜神佛了。胡适在看过《玉历钞传》、《妙庄王经》等善书之后，对其中所描写的十殿阎王、十八层地狱、刀山油锅等惨状有畏惧之感，再者，由于自己自幼体弱多病，经常跟随母亲及伯娘去烧香拜佛，尤其是看到母亲忍受脚痛而步行上山朝拜，看到慈母对自己的疼爱，此时的胡适“也是很诚心地跟着她们礼拜”。然而这种拜神的日子并没有持续多久，有一天，胡适在温习《小学》时，看到了司马光的家训：

世俗信浮屠诳诱，凡有丧事，无不供佛饭僧，云“为死者灭罪资福，使生天堂，受诸快乐。不为者必入地狱，锉烧舂磨，受诸苦楚”。殊不知死者形既朽灭，神亦飘散，虽有锉烧舂磨，且无所施。又况佛法未入中国之前，人固有死而复生者，何故都无一人误入地狱，见所谓十王者耶？此其无有而不足信也明矣！

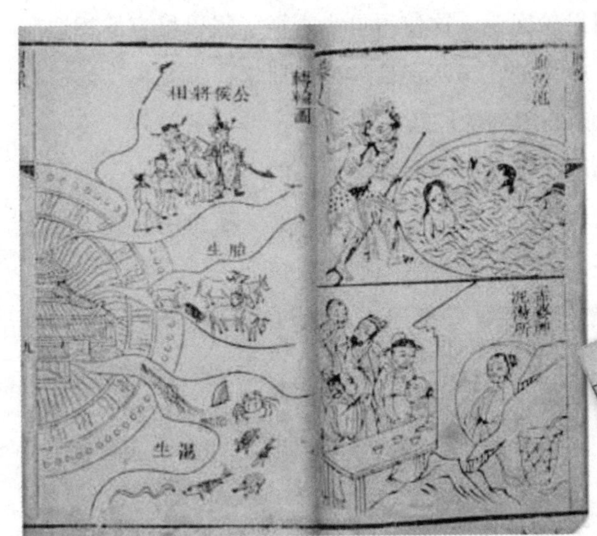

《玉历钞传》所描绘的地狱景象。

细细体味这段话之后，联想到之前所读《玉历钞传》、《妙庄王经》等书中描写的地狱惨状，却也不再害怕了，“真像地藏王菩萨把锡杖一指，打开地狱门了”。

《资治通鉴》书影。

此后，胡适在阅读《资治通鉴》时，看到了司马光所记载范缜反对佛教的故事：“缜著《神灭论》，以为‘形者神之质，神者形之用也。神之于形，犹利之于刀。未闻刀没而利存，岂容形亡而神在哉？’此论出，朝野喧哗，难之，终不能屈。”司马光使胡适不再迷信神佛，不再害怕地狱，而范缜的话则更进一步打破了胡适脑海中的拜神信佛观念，尤其是范缜以刃与刀的比喻更加形象、浅显地让胡适明白了无神论的观点，使其不知不觉间成为了一个无神论者。正如胡适所说，司马光“决想不到，八百年后这三十五个字竟感悟了一个十一二岁的小孩子，还影响了他一生的思想”。

《资治通鉴》中记载了范缜和竟陵王萧子良讨论“因果”的事，这一段对胡适的思想也产生了巨大的影响：

子良笃好释氏，招致名僧，讲论佛法。道俗只盛，江左未有。或亲为众僧赋食行水，世颇以为失宰相体。

范缜盛称无佛。子良曰，“君不信因果，何得有富贵贫贱？”缜曰，“人生如树花同发，随风而散，或佛帘幌，坠茵席之上；或关篱墙，落粪溷之中。坠茵席者，殿下是也。落粪溷者，下官是也。贵贱虽复殊图，因果竟在何处？”子良无以难。

范缜以“偶然论”来破坏佛教的因果轮回说，这使得自小听惯了因果报应的胡适在思想上更进了一步，胆子也大了起来，就像他在《四十自述》中所说：“我喜欢他们的话，因为他们教我不怕。我信服他们的话，因为他们教我不怕。”

经过这次洗礼，胡适再也不信神佛了，但在母亲面前，他不敢表露出心迹，母亲让他去拜佛敬神，虽然心里一百个不愿意，可总不敢违背母亲的意愿。在长期拜神佛的压制下，胡适心中萌生出毁佛灭神的想法，心里开始产生强烈的反抗念头。终于等到了机会，在十三岁那年的正月里，从大姐家拜年后，归家途中，经过中屯外婆家，见到村口有个三门亭，供着几个佛像，胡适走进亭子，对外甥砚香说：“这里没有人看见，我们来把这几个烂泥菩萨拆下来抛到茅厕里去，好吗？”这个突如其来的想法把砚香和

徽州老村的黄昏，就如同一个梦境。

跟随的长工吓坏了，长工连忙加以劝阻：“糜舅，菩萨是不好得罪的。”胡适也只能怏怏而归，临走时还不忘拾几个石子去打神像。适逢胡适当晚喝点酒之后，有些醉意的他对着月亮喊道：“月亮，月亮，下来看灯。”别人劝也劝不住，拉也拉不走。那长工将白天胡适在三门亭毁坏神像的经过向胡母全盘托出，并得到了外甥砚香的证实。母亲连忙“去洗手焚香，向空中祷告三门亭的神道”，说孩子年幼无知，触犯了神道，求神宽恕，“将来一定亲到三门亭去烧香还愿”。胡适担心母亲会责罚自己，便闹得更凶，说了很多疯话，就像鬼神附在身上一样，以此逃过了母亲的责罚。一个月之后，母亲拿钱置办了猪头供礼、香烛纸钱，并请母舅携胡适前去谢神还愿，胡适忍住笑，恭恭敬敬地行了礼，自己万万没想到会得到这“比挨打还更难为情的责罚”。直至二十七岁回家时，胡适才敢对母亲说胡闹的是自己，而不是三门亭的鬼神，母亲听后也笑了。

收藏小说，开新视界

胡适九岁时，一个偶然的机会捡到了残损的《水浒传》，勾起了他读小说的兴趣，可以说这是胡适阅读、收藏、研究小说的缘起。正如胡适在《四十自述》中所说：“这一本破书忽然为我开辟了一个新天地，忽然在我的儿童生活史上打开了一个新鲜的世界！”在胡适收集、阅读小说的过程中，很多人为他提供了帮助。在阅读完残破的《水浒传》之后，胡乱一心想找到完整的来看，便去找五叔，可没料到最会“说笑话”的五叔竟然没有，又去找本家兄弟守焕哥，守焕哥说：“我没有《第五才子》，我去替你借

胡适的族叔——胡近仁。

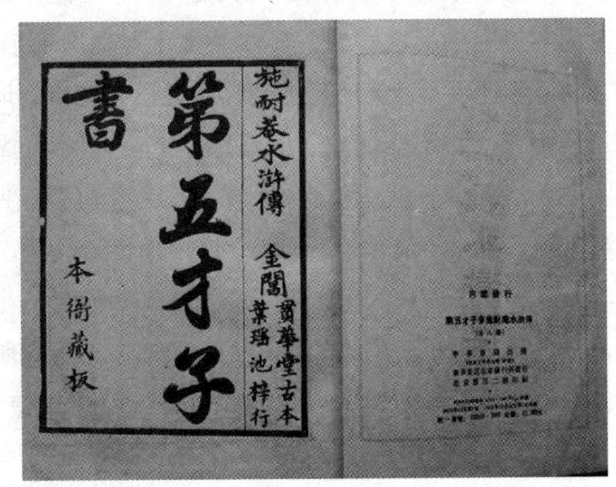

《第五才子》。

一部，我家中有部《第一才子》，你先拿去看。”《第一才子》便是《三国演义》，于是胡适高高兴兴地捧回去了。胡适在读完《水浒传》、《三国演义》之后，对小说愈益痴迷，到处去借小说看。借到的小说有三姐夫周绍瑾带来的《正德皇帝下江南》、《七剑十三侠》之类，也有大嫂嫁妆中《双珠凤》等弹词小说，三哥书架上只寻到了《红楼梦》、《儒林外史》、《聊斋志异》三部小说，二哥带给他的则是一部新译出的《经国美谈》，这也是他所读的第一部外国小说。

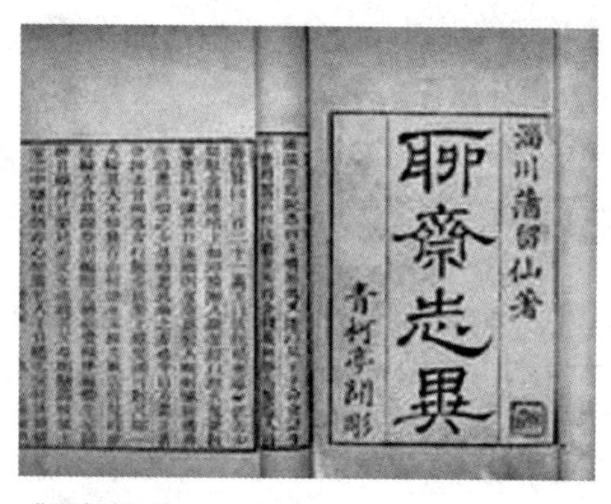

《聊斋志异》。

帮助胡适借小说最得力的莫过于族叔胡近仁了。胡近仁家中藏书很多，他与胡适在资源共享中满足对小说的痴迷，并且每人各做了个小折子，记录自己所读的小说，以此来竞争看谁读得多。据胡适回忆，在他离开家时，小折子上“好像已有了三十多部小说了”。胡适提及的小说有：《水浒传》、《三国演义》、《正德皇帝下江南》、《七剑十三侠》、《双珠凤》、《红楼梦》、《儒林外史》、《聊斋志异》、《经国美谈》、《琵琶记》、《夜雨秋灯录》、《夜谭随录》、《兰苕馆外史》、《寄园寄所记》、《虞初新志》、《薛仁贵征东》、《薛丁山征西》、《五虎平西》、《粉妆楼》、《肉蒲团》等等。通过这些白话小说的阅读，不知不觉间锻炼了胡适的白话散文能力，并且还帮助他“把文字弄通顺了”，在某种程度上为其提倡白话文写作、鼓吹新文化运动埋下了伏笔。但在母亲及老师的严格管制下，胡适不能也不敢光明正大地读小说，只能偷偷地看，正如他自己所言，偷读小说带来了两种“终身不能挽救”的流毒：“一则所得小说良莠不齐，中多淫书，如《肉蒲团》之类，害余不浅。倘家人不以小说为禁物而善为选择，则此害可免矣。二则余常于夜深人静后偷读小说，其石印小字之书伤目力最深，至今受其影响。”

大量的小说阅读大大扩充了胡适的知识储备，小小的穈先生，扛不住本家姐妹的央求，将自己所读小说中的故事语言变换成本家姐妹所熟悉的绩溪土话，让小说的故事浅显、形象地得以流畅展现。正如胡适在《四十自述》中所记载：

那时候，四叔的女儿巧菊，禹臣先生的妹子广菊、多菊，祝封叔的女儿杏仙，和本家侄女翠苹、定娇等都在十五六岁之间；她们常常邀我去，请我讲故事。我们平常请五叔讲故事时，忙着替他点火，装旱烟，替他捶背。现在轮到我受人巴结了。我不用人装烟捶背，她们听我说完故事，总去泡炒米，或做蛋炒饭来请我吃。她们绣花做鞋，我讲《凤仙》、《莲香》、《张鸿渐》、《江城》。

在这种语言变换中，也使胡适更能了解古文的义理，为其以后的文章写作奠定了一定的基础。

赴外求学，订婚离家

1904年的春天，胡适三哥的肺病已经很危险了，他决定去上海医治，而胡母也决定让胡适跟随去上海求学。在胡适离家去沪之前，母亲为胡适包办了婚姻。胡适的订婚对象便是旌德江村的江冬秀，据说江冬秀的母亲吕贤英是“旌德庙首吕探花的后裔”，这也是胡母看重这段婚姻的一个原因，可以说，这段婚姻是双方母亲的一拍即合。胡母“听说江冬秀父亲也不在世了，冯顺弟顿有同是天涯落难人的感慨，加上江母是读书人的后

江冬秀故居。

裔，心中便应允了这门亲事”；江母看到胡适长得一表人才，笑得合不拢嘴，就这样定下了两人的婚事。也许是天意弄人，有意考验这对比翼鸳鸯，从订婚到结婚，却已间隔十四年，当年看中自己的岳母也早已撒手人寰。胡适的《新婚杂诗》之二：“回首十四年前，初春冷雨，中村萧鼓，有个人来看女婿。匆匆别后，便轻将爱女相许。”此诗的最后几句道：“到如今待双双登堂拜母，只剩得荒草新坟，斜阳凄楚！最伤心，不堪重听，灯前人诉，阿母临终语。”胡适的这首《新婚杂诗》不仅道出了自己的订婚时间、过程，同时也似乎有一丝怨意在里面，怨人嫁女太匆匆，但同时也能看出胡适对岳母的丝丝歉意，新婚妻子苦等十四年的煎熬，岳母未能亲眼看到爱女出嫁的遗憾，这期间的酸甜苦辣又岂是局外人所能了解的呢。

终身大事已定，却又是离家日。风雨如晦中的孤儿寡母共同生活了九年，而今离别时，胡母纵有万般不舍，可考虑到先夫的遗训及小嗣糜的未来，也只能忍痛离别，正如胡适在《四十自述》中所说：“她只有我一个人，只因为爱我太深，望我太切，所以她硬起心肠，送我向远地去求学。”母亲的心是矛盾的，一边是对儿子的爱与期望，另一边却又是对爱子的不舍，在痛与苦的挣扎中，只能装作高兴的样子望着儿子远走他乡，独自品尝那锥心的痛。在母亲的教育之下生活了九年，如今却要独自走向远方那未知的人海，“我就这样出门去了，向那不知的人海里去寻求我自己的教育和生活——孤零零的一个小孩子，所有的防身之具只是一个慈母的爱，一点点用功的习惯，和一点点怀疑的倾向”。

是未知，是期望，是对辉煌未来的渴望。初春，晨曦中，母亲久伫，望子远走他方。

胡适家乡上庄。

上海求学生活小影

在上海，这个繁华的大都市里，新鲜的人与事，胡适人生的又一个启蒙阶段就此展开。在梅溪学堂、澄衷学堂，他接触到新式教育，受到民主革命的洗礼；公学，则是胡适思想的结胎之地、文字的锻铸之乡。上海七年，胡适有过指点江山的意气风发，有过浪荡无度的失魂落魄，新式的教育、自由的思想、曲折的经历，使得小小的“穈先生”日新日进。

梅溪学堂，革命洗礼“新人物”

梅溪学堂，位于上海旧城老西门里蓬莱路，是胡适父亲的好友张焕纶所创，胡适的二哥、三哥都曾在梅溪学堂（当时叫梅溪书院）学习，种种关系的存在，胡适也就理所当然地进了梅溪学堂。

梅溪学堂所开设的课程只有国学、算学、英文三项，分班的标准是国文程度。胡适初来，满口的绩溪土话，不懂上海话，又不曾“开笔”做文章，所以被暂时编在了第五班，第五班差不多是程度最低的一个班了。在第五班中，国文课用的是文明书局的《蒙学读本》，英文课用的是《华英初阶》，算学课用的是《笔算数学》，由于胡适在家乡接受了九年的国学教育，《蒙学读本》对他而言实在是太过简单，所以他将更多的精力用在了英语和算学上。

梅溪学堂。

梅溪学堂是比较重视国文的，不仅分班以国文程度为标准，甚至毕业也要看学生的国文水平，就算英文、算学水平再高，只要国文到不了头班，也是不能毕业的，反之，只要国文到了头班，即使英语、算学不好，一样可以毕业。梅溪学堂的这种考核制度，对于读了很多古籍的胡适来说非常便宜。胡适在这个低程度的第五班学习了六周之后，当时教授《蒙学读本》的沈先生在他讲的一课书里有这样一段引语：

传曰，二人同心，其利断金。同心之言，其臭如兰。

沈先生随口说这是《左传》中的话，熟读古书的胡适在下课后，走到先生身边，低声对他说："这个'传曰'是《易经》的《系辞传》，不是《左传》。"从胡适低声与先生谈话、纠正先生的错误来看，他还是非常尊重先生的，知道为先生保存颜面。经过此番，沈先生顿时脸红了，接着问："侬读过《易经》？"胡适说读过。先生又问："阿曾读过别样经书？"胡适回答说自己读过《诗经》、《书经》、《礼记》。先生又问胡适是否开笔做过文章，胡适自幼只知道读书写字，哪里做过什么文章啊。沈先生于是出了个《孝弟说》的题目让胡适试着写篇文章。胡适回到座位勉强写了一百多字，交给先生看。沈先生看过之后，对胡适说"侬跟我来"。胡适卷了书包，跟着先生下楼走到前厅。沈先生带着胡适来到二班，对教员顾先生说了一些话，顾先生就叫胡适坐在末一排的桌子上。胡适恍然大悟，意识到自己在一天之内连跳三级，居然做了二班的学生。

正值高兴之余，胡适却发现二班正在上作文课，看到作文题目之后，胡适真是丈二和尚摸不到头脑，黑板上的两个题目是：

论题：原日本之所由强。

经义题：古之为关也将以御暴，今之为关也将以为暴。

胡适从来就不知道"经义"是怎样做的，所以想都不敢想这个题目。可是生活在封闭的上庄时，胡适哪里会知道日本呢，对于这个"原日本之所由强"的论题亦是无从下手。问先生，不敢；问同学，却不认识，心中不免着急起来，开始怪沈先生将自己升得太快了。不知所措之时，忽然学堂的茶房走到课堂来，对顾先生说了几句话，呈上了一张纸条，先生看过之后，告诉胡适说他家中有急事，卷子可以带回去做，下周四交卷。胡适如同抓住了救命稻草一般，赶紧抄写了题目，逃出课堂，这才知道原来是三哥病危。胡适赶到店里，不到几个钟头，三哥便病逝了，二哥从汉口赶来料理丧事。丧事

英文课本《华英初阶》。

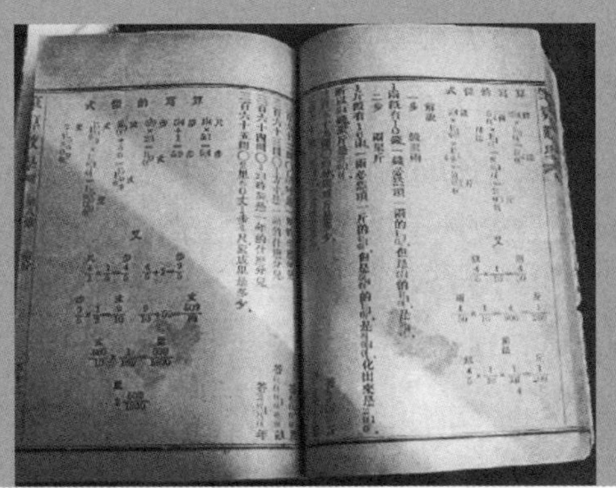

算学课本《笔算数学》。

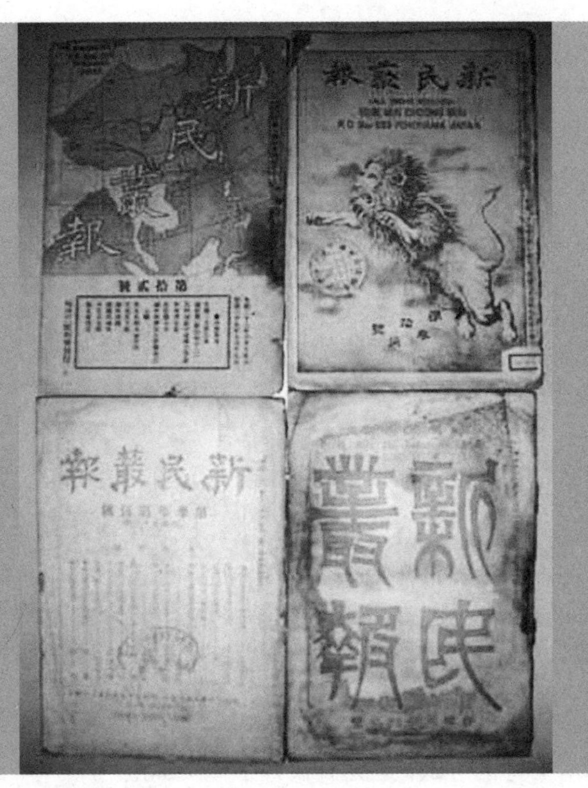

梁启超创办的《新民丛报》。

完毕之后，胡适将升班的事告诉了二哥，并询问二哥“原日本之所由强”这个论题该参看哪些书。“二哥检了《明治维新三十年史》、壬寅《新民丛报汇编》一类的书，装了一大篮，叫我带回学堂去翻看”，胡适费了好几天的工夫，才勉强凑了一篇论说交上去。随着学习的日益进步，胡适慢慢地也会做“经义”了，并在几个月之后升到了头班。胡适虽然升到了头班，却未能坚持读完，也未能拿到毕业证书。

梁启超。

胡适之所以选择离开梅溪学堂，是由于受到革命思想的影响。在二哥所给的那一篮子书中，大部分都是梁启超一派人的著述，梁启超以其“笔锋常带情感”的健笔在一班少年人的脑海中播下了不少革命种子。此外，

1903年邹容发表《革命军》。

胡适等人在读过邹容的《革命军》之后，大为感动，于是几人在夜里明烛抄书，将《革命军》传抄。当时邹容已被当局官府关在牢狱，在梁氏一派及邹容《革命军》的影响下，胡适等自命为“新人物”的少年又怎会去投考官厅呢。

1904年是日俄战争的第一年，那时的国人基本是同情日本、痛恨俄国的，同时也痛恨清政府的中立，仇俄的心理中又掺杂着排满的情绪。恰巧当时上海发生了几件刺激人心的案子，“一件是革命党万福华在租界内枪击前广西巡抚王之春，一件是上海黄浦滩上一个宁波木匠周生有被一个俄国水兵无故砍杀”，当时的上海报纸十分关注这两件事，尤其是这一年新出的《时报》，“天天用简短沉痛的时评替周生有喊冤，攻击上海的官厅”，而胡适等少年初读这些短评亦是深受刺激，于是和同学王言、郑璋联合写了一封匿名长信去骂上海道袁海观。经过此番事件，胡适等人决意不去参加官厅的考试，就这样离开了梅溪学堂。

澄衷学堂，思想洪流开新知

离开梅溪学堂后，胡适进入了澄衷学堂。澄衷学堂是宁波富商叶成忠先生创办的，胡适入读时，学堂的监督是章一山先生，总教习是白振民先生。白振民和胡适的二哥是同学，由于看到了胡适在梅溪时所写的文字，于是便劝说胡适进入澄衷学堂。胡适在1905年进入澄衷学堂，“澄衷学堂共有十二班，课堂分为东西两排，最高一班为东一斋，第二班为西一斋，以下直到西六斋”，澄衷学堂的学科是比较全的，除了国文、英文、算学之外，还有

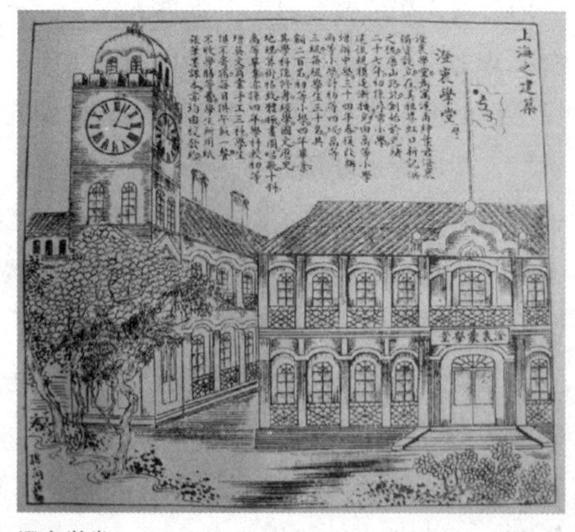

澄衷学堂。

物理、化学、博物、图画诸科。胡适入学时由于英文、算学水平较低，所以被分到东三斋，即第五班。澄衷学堂的管理是较为严格的，不仅每月都有月考，每半年还有一次大考，月考、大考都出榜公示，考进前三名的还有奖品可拿，胡适的名次常常排在第一，因为成绩优秀，所以胡适在一年内升了四班。

胡适在澄衷学堂学习了一年半，最有进步的就是英文、算学，尤其是对算学表现出浓厚的兴趣，甚至在夜晚还要学习数学，“把蜡烛放在帐子外床架上，我伏在被窝里，仰起头来，把石板放在枕头上做算题”，这种长时期的不健康的学习方式，导致胡适身体越来越差，甚至有一段时间两只耳朵几乎全聋了。胡适知道自己从小就体弱多病，为了有一个强健的身体，在梅溪和澄衷时，有意识地加强体育锻炼，“在梅溪和澄衷两年半之中从来不曾缺一点钟体操的功课”。胡适很少参加那种竞赛性的运动，但是在体操课上还是很下力气的。

在澄衷学堂中，对胡适影响最大的就是杨千里先生，杨先生向学生推荐严复的《天演论》，并以“物竞天择，适者生存，试申其义”为作文题目让学生作文，胡适的此篇文章被杨先生保存了下来，现摘录部分内容：

> 今日之世界，一强权世界也。人亦有言，天下岂有公理哉！黑铁耳，赤血耳。又曰：公法者对于平等之国而生者也。呜呼！吾国民闻之，其有投袂奋同者乎？国魂丧尽兵魂空，兵不能竞也；政治学术，西来是效，学不能竞也；国债累累，人为债主，而我为借债者，财不能竞也；矿产金藏，所在皆有，而不能辟利源，必假手外人，艺不能竞也。以劣败之地位资格，处天演潮流之中，既不足以赤血黑铁与他族相角逐，又不能折樽俎战胜庙堂，如是而欲他族不以不平等之国相待，不渐渍以底灭亡亦难矣！呜呼！吾国民其有闻而投袂奋兴者乎？

杨先生对此文的批语就是：“富于思考力，善为演绎文。故能推阐无遗。”《天演论》出版没几年就风靡全国，“竟做了中学生的读物了”，胡适的名字便是受到《天演论》的启发而起的。胡适在学堂用的名字是胡洪骍，一天，胡适请二哥为其想个表字，二哥便选择了“物竞天择适者生存”的“适”字，胡适听后很高兴，就用了“适之”二字。后来发表文章、出国留美，胡适一直沿用此名。

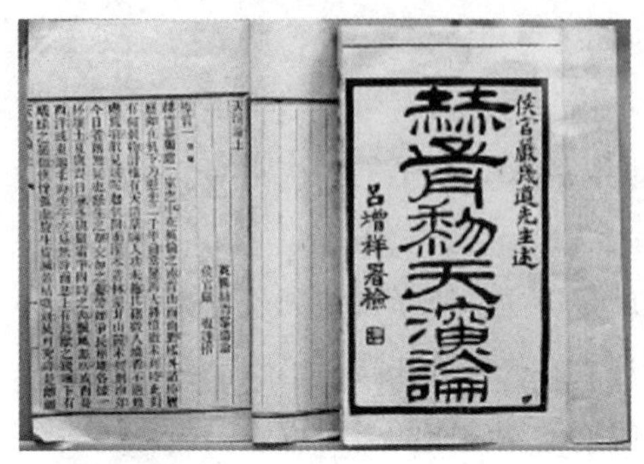

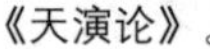
《天演论》。

严复及其《天演论》手稿。

在澄衷时，另一个对胡适影响较大的人是梁启超，正如胡适自己所说：“我个人受了梁先生无穷的恩惠。”胡适受梁启超的影响，主要是通过梁氏的《新民说》和《中国学术思想变迁之大势》。《新民说》不仅指出了中华民族所缺乏的美德，也同时给胡适开辟了新的世界，使他“彻底相信中国之外还有很高等的民族，很高等的文化”。而《中国学术思想变迁之大势》则使胡适明白了“《四书》、《五经》之外中国还有学术思想”，在读过《中国学术思想变迁之大势》之后，胡适看出此书缺少了三个最紧要的部分，在失望之余，也萌生出补写此书的“野心”，正如胡适在《四十自述》中所说：“我将来若能替梁任公先生补作这几章缺了的中国学术思想史，岂不是很光荣的事业？”这也便是后来胡适写作《中国哲学史》的原因。从此之后，胡适开始留心读周秦诸子的书，其所读的第一部理学著作便是朱子的《近思录》。

在澄衷的第二年，胡适参与、发起各斋组织起“自治会”，并举行演说会。胡适作过《论性》的演讲，主要是驳性善论与性恶论，坚持王阳明的“无善无恶，可善可恶”思想，并用地心引力的科学道理来充实自己的论点，博得了同学的欢迎与好评。然而，好景不长，班上的一个同学被学校开除，身为班长的胡适负责与白振民交涉，抗议无果之后，又写了封长信以示抗议，最终胡适被“悬牌”责备，记大过一次，内心不平之下便离开了澄衷。胡适又一次未拿到毕业证书就中途离开了。

中国公学，白话写作初尝试

1905年，日本文部省颁布了取缔中国留学生规则，部分留日学生愤而归国，在上海主办了中国公学。胡适在离开澄衷学堂之后，于当年（1906年）暑期报考了中国公学，监考的是总教习马君武，国文考试题目就是《言志》，马君武先生在看了胡适的试卷之后大为赏识，并将试卷与其他老师传阅，大家都说“为公学得了一个好学生”。

中国公学中，有不少的革命党人，阅读革命书刊也是较为方便的，虽然身处这种革命氛围中，胡适始终没有参与革命，亦没有剪辫，大家也没有因此而强迫胡适，因为大家都觉得胡适是个做学问的料，所以都非常爱护他。胡适虽然没有参加革命，但总是会帮助学校的刊物写点文章，多多少少为革命尽点力。在中国公学的学习生活中，让胡适受益最大的是《竞业旬报》。《竞业旬报》是由竞业学会创办的白话文报纸，由傅君剑担任编辑。《竞业旬报》第一期中就刊登了胡适的《地理学》，胡适署名为“期自胜生”，这是胡适的第一篇通俗性的白话文章，从这篇文章，胡适看出了自己文章的长处在于“明白清楚”，短处就是太过于浅显。这种通俗性的写作方式一直影响着胡适，正如其所说：“二十五年来，我抱定一个宗旨，做文字必须要叫人懂得，所以我从来不怕人笑我的文字浅显。”通过白话文的写作锻炼，胡适的胆子也大了起来，决定做一部长篇小说《真如岛》，其用意在于“破除迷信，开通民智”，这部小说只写了十一回，现将目录列之如下：

中国公学校门。

第一回　虞善仁疑心致疾　孙绍武正论祛迷

第二回　议婚事问道盲人　求神签决心土偶

第三回　辟愚顽闲论薄俗　占时日几谏高堂

第四回　信堪舆广求福地　忧身世远探至亲

第五回　逆旅谆谆戒蒲博　炎威烈烈火烟间

第六回　殷殷情谊厚待至亲　重重迷信盛张善会

第七回　扫群魔泼妇力诛菩萨　施善会痴人妄想仙方

第八回　天火炎炎奸人褫魄　高谈侃侃志士箴愚

第九回　一席话绍介名贤　几首词追怀往哲

第十回　名教罪人美卿负友　伦常针砭近溪放言

第十一回　模棱语惑世诬民　药石言伤时疾俗

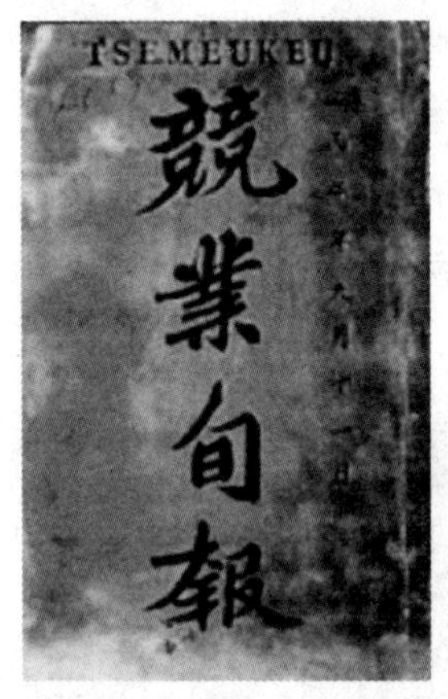

《竞业旬报》。

在《竞业旬报》中，胡适还发表了《无鬼丛话》以及用白话文写成的家庭论、婚姻论、爱国论、名人崇拜论等文章。后来，《竞业旬报》的编辑离去，胡适便接任编辑一职，从投稿到编稿到承包，在《竞业旬报》中发挥着中流砥柱的作用，胡适也从中受益颇丰，不仅给了胡适一个很好的自由阐述思想的机会，还可以借此把自己在家乡和学校所学的知识、见解用明白清楚的文字叙述出来，同时也帮助胡适锻炼了白话文的写作能力，正如他在《四十自述》中回忆道："这一年多的训练给了我自己绝大的好处，白话文从此成了我的一种工具。七八年之后，这件工具使我能够在中国文学革命的运动里做了一个开路的工人。"

1908年，中国公学的共和制度逐渐演变为以董事会为主体的监督制度，在董事会的监督之下，学生不能充分发挥民主自治，学校的干事不能由学生公选了，习惯了民主自治的学生难以接受这个事实，对此大为不满，群起抗议，酿成了导致学校分裂的风潮。在此期间，胡适的工作就是负责撰写文件、宣言。9月8日，公学布告："今定于星期日暂停膳食。所有被胁诸生可先行退出校外，暂住数日。准于今日午后一时起，在寰球中国学生会发给旅膳费。"学校的这种方式彻底激怒了学生，部分学生决定退学，另选地址创办新校，即新中国公学，胡适再一次没有拿到毕业证书。当时胡适家中开始衰败，破产在即，亲人离世，母亲大病，这种种变故使得胡适难以继续求学，恰巧当时担任新中国公学教务干事的李琴鹤找到他，让他教授低年级各班的英文，每星期授课三十个小时，月薪八十元，只是薪俸不能全领，总得欠着一部分。胡适在新中国公学一直教到1909年新中国公学解散。由于经费的欠缺，新公学接受了老公学的合并。从"应有天涯感，无忘城下盟"可以看出胡适当时的心理，是理想破灭后的无奈，是前途茫茫的凄楚，曾经一起为了理想而合作、奋斗，而今却已是"昙花幻想空余恨，鸿爪遗痕亦可哀"。

少年诗人，意气风发勤作诗

胡适在中国公学中以"少年诗人"著称，蜚声公学内外，偶然之机会与诗结缘，读诗，做诗，却也兴趣十足。随着对古诗词理解的增加，胡适日后却背离其道，发动了白话文运动，正是看到了古文、古诗词所具有的弊端，才使其为中国文化之繁荣而努力，可以说是公学时代“少年诗人”的经历为其日后发动白话文运动奠定了基础。

胡适在进入中国公学不到半年，就得了严重的脚气病，不得不请假搬到瑞兴泰茶叶店里养病，无聊之余，翻看各种书籍，偶然看到吴汝伦选著的古文读本，其中第四册都是些古诗词。由于这是胡适第一次读古体诗歌，好奇、新鲜之余便产生了很大的兴趣。胡适幼时曾读过《律诗六钞》，当时年幼完全不明白其中的含义，只是死记硬背，烂熟于心而已，所以“毫不觉得很大兴味”。此次病中读诗，尤其是看了这些乐府歌辞和五七言诗歌之后，“才知道诗歌原来是这样自由的，才知道做诗原来不必先学对仗”。病中每天读几首诗词，却也打发了无聊时光。胡适背熟的第一首诗是《木兰辞》，第二首是《饮马长城窟行》，第三是《古诗十九首》……直到陶渊明、杜甫，直到读完了吴汝伦的选本，仍然不觉过瘾，难以满足其嗜诗的渴望，于是又在二哥的藏书里找到了《陶渊明集》和《白香山诗选》，后来还买了一部《杜诗镜诠》。此时的胡适痴迷于古体诗歌，再也不肯读律诗了，偶尔也会读一些五言七言绝句。

吴汝伦（1840—1903）。

胡适好友傅君剑。

“熟读唐诗三百首，不会作诗也会吟”，读了这么多的古体诗歌，胡适总要学着作几首。有一天，胡适回学堂的路上，经过《竞业旬报》社，进去见老友傅君剑，得知其不久就要回湖南了，于是胡适回到宿舍后，作了一首送别诗赠给傅君剑，并向其请教诗词的写作。胡适诗曰：“我以何因缘，得交傅君剑。”傅君剑看后，对胡适褒奖有加。

第二天，傅君剑回赠了一首《留别适之即和赠别之作》，诗中有“天下英雄君与我，文章知己友兼师”，胡适看后吓了一大跳，能得到傅君剑如此评价，真是受宠若惊，于是赶紧把这首诗“藏了起来”，不敢给别人看。在傅君剑的鼓励下，胡适更是发奋读诗了，总是想着要做个诗人，当时对数学的兴趣现在已被诗词所取代了。先生在课堂上讲解高等代数的算式，胡适却在“斯密司的《大代数学》底下翻《诗韵合璧》，练习簿上写的不是算式，是一首未完的纪游诗”。在治疗脚气病的几个月中，胡适发现了一个新的世界，恐怕当时的自己也不会想到，这个新世界的发现竟决定了他一生的方向。胡适从此走上了文学、史学之路，再也难以“回头”了，“后来几次想矫正回来，想走到自然科学的路上去，但兴趣已深，习惯已成，终无法挽回了”。然而，诗词的写作并不像胡适想象得那么简单，刚开始写作时，胡适完全不知道什么是“诗韵”，只是根据家乡的方音，“念起来同韵便算同韵”。1907年，胡适与公学同学畅游西湖时，写下了一首绝句，由于不懂得“诗韵”，杨千里先生看后哈哈大笑，还替胡适改了两句，可意思却已大变，不是胡适想要表达的了。这时胡适才知道，“做诗要硬记《诗韵》，并且不妨牺牲诗的意思来迁就诗的韵脚”，这也就为胡适日后批判旧体诗、提倡白话文运动埋下了伏笔，正是因古文为了诗韵而失去情感、内容而促使胡适提倡白话文，主张要言之有物、言之有情。

1907年，胡适因为脚气病的复发而归乡养病，在家中住了两个多月，与母亲团聚之余仍坚持读诗词，尤其是读了大量白居易的诗，大受其影响，例如《弃父行》：

> 贵易交，富易妻，不闻富贵父子离。商人三十始生子，提携鞠养恩难比。儿生六岁教儿读，十七成名为秀士。儿今子女绕床嬉，阿翁千里营商去。白首栖栖何所求？只为儿孙增内顾。儿今授徒居乡里，束修不足赡妻子。儿妇系属出名门，阿母怜如掌上珠。掌上珠，今失所，婿不自立母酸楚，检点奁中三百金，珍重私将与息女。夫婿得此欢颜开，睥睨亲属如尘埃。持金重息贷乡里，三岁子财如母财。尔时阿翁时不利，经营惨淡还颠踬。关山屡涉鬓毛霜，岁月频催齿牙坠。穷愁潦倒始归来，归来子妇相嫌猜。道是阿翁老不死，赋闲坐食胡为哉？阿翁衰老思粱肉，买肉归来子妇哭：“自古男女贵自立，阿翁恃子宁非辱？”翁闻斯言赫然怒，毕世劬劳殊自误。从今识得养儿乐，出门老死他乡去。吁嗟乎！一贫一富知交態，施诸父子悖何仰！君不见，慈乌尚有反哺恩，不如禽兽胡为人。

鞭挞世情，直指现实，劝人莫做“中山狼”，得志莫猖狂，做人要知恩报恩，尊老持家。

回校之后的胡适，“在学校里颇有少年诗人之名，常常和同学们唱和”。胡适回忆说：“有一次我作了一首五言律诗，押了一个‘赬’字韵，同学和教员合作的诗有十几首之多。”同学中，像汤保民、朱经农、任鸿隽、沈翼孙等，教员中，像胡梓方等都能写诗而且提倡诗词，尤其是姚康侯先生（辜鸿铭的学生）常在课堂上教学生翻译外文诗词，胡适等人也经常从读本中挑选自己喜爱的英文诗，分工合作译成中文诗，并请姚先生和胡先生评改，例如，胡适译有《军人梦》等，但当时所谓的翻译，在胡适看来“都侧重自由的意译，务必要‘典雅’，而不妨变动原文的意义与文字。这种训练也有他的用处，可以使学生时时想到中西文字异同之处”，这种翻译要求的是“达”与“雅”，于是也就锻炼了胡适的文字能力，“这种功夫，现在回想起来，不算是浪费了的”。 胡适初学作诗，并不敢作律诗，因为律诗的对仗要求是比较严格的。1908年以后，胡适偶尔作一些五七言律诗，习惯了之后，“才明白这种体裁是似难而实易的把戏；不必有内容，不必有情绪，不必有意思，只要会变戏法，会搬运典故，会调音节，会对对子，就可以诌成一首律诗”。这种作律诗的经历更是促进了胡适日后白话文运动、“作诗如作文”、国语的革命等思想的成熟与实践。

胡适的英文教师姚康侯。

胡适在中国公学时期写下了很多古诗，但散佚了颇多，“目前存世的却只有三四十首”，读诗、作诗的经历，使胡适逐渐看出文言文、古体诗歌所存在的弊端，以“少年诗人”闻名的胡适在日后对文言文大加批判，奠定了胡适此生的事业与奋斗的方向，一生都在为繁荣中国文化而奋斗。

留美前后，浪子回头赴异域

“少年人的理想主义受打击之后，反动往往是很激烈的。”新公学解散之后，胡适得了两三百元的欠薪，于茫茫前途中寻求着生路。工作没了，钱又不多，生活入不敷出，正如他当时所说的；“迩来所赖，仅有三事，一曰索，索债也；二曰借，借债也；三曰质，质衣物也。此种景况，已不易过；今则并此三字而亦无之，则唯有坐毙而已

1909年的胡适。

耳。”在这个忧郁烦闷的时候，又遇到了“一班浪漫的朋友”，跟着他们开始堕落，过了一段“浪漫公子”般的生活。

胡适离开新公学之后，和何德梅、林君墨、但怒刚等人一起居住，他们都是日本留学生，与革命党有些关系，适逢当时各地革命都失败了，这些人总归有些郁郁不得志，牢骚满腹。失望、抑郁之下，他们开始放纵自我，整天麻将、牌、酒、叫局，甚至喝花酒，而胡适也正处于忧愁烦闷的时候，对于这些堕落的生活方式，竟在不到两个月的时间里全都学会了。当然朋友中也有劝说胡适的，“怡荪见我随着一班朋友发牢骚，学堕落，他常常规劝我”，可许怡荪在复旦公学上课，对胡适的规劝也是有限的，而那些一起堕落的朋友是整天见面的，所以许怡荪的规劝是发挥不了什么作用的。胡适在“那几个月之中真是在昏天黑地里胡混，有时候，整天打牌；有时候，连日地大醉”。胡适在1910年阴历二月十二日的日记中所记：“上课。是夜，唐君国华招饮于迎春坊，大醉，独以车归。归途已不省人事。”而这一夜则成为胡适人生的一个重要转折点，一个由堕落、腐化向上进、奋发生活的转折。是夜，胡适在与友人喝完酒之后，又去了一家茶馆“打茶围”，由于第二天要上课，所以胡适独自乘人力车走了，此时，胡适已是大醉。风雨之夜，车夫见胡适睡得正酣，于是起了歪心，将胡适身上的钱掏走了，连马褂也被剥了去，车夫在剥胡适的皮袍时，胡适“下意识”地醒了过来，开始反抗。由于没有巡警，胡适未能追上那个车夫，连鞋子都跑丢了一只。胡适怏怏地走在街道上。没想到，醉意浓浓的胡适遇到了巡警，巡警拿巡捕灯照他时，胡适竟然破口大骂，胡适在《四十自述》中写道，当时巡警说：

> 他骂“外国奴才”！我看他喝醉了，怕他闯祸，要带他到巡捕房里来。他就用皮鞋打我，我手里有灯，抓不住他，被他打了好几下。后来我抱住他，抢了他的鞋子，

他就和我打起来了。两个人抱住不放，滚在地上。下了一夜的大雨，马路上都是水，两个人在泥水里打滚。我的灯也打碎了，身上脸上都被他打了。他脸上的伤是在石头上擦破了皮。我吹叫子，唤来了一部空马车，两个马夫帮我捉住他，关在马车里，才能把他送来。

巡警本是好意，没成想却和胡适打了一场。胡适第二天醒来时，还以为在自己家中，不曾料到自己是在巡捕房里待了一夜。开堂问事之后，胡适被罚了五元就被放出来了。到了家中，棉袄湿透了，脸上也满是伤痕，还弄得一身湿气，在同住医生的帮助下，用很重的泻药泻了几天方才好转。看着身上的泥水与伤痕，胡适不得不尽是叹息，曾经的意气风发、豪情壮志，而今只剩堕落、踌躇，心中满是懊悔。想想“天生我材必有用”，想起远在家乡的慈母，懊悔之余胡适没有流一滴泪，但“已经过了一次精神上的大转折”。当日，胡适写信辞去了华童公学的职务，而那一年是考试留美赔款官费的第二年，于是胡适决定好好复习，准备应考。

闭户两月之后，胡适就和二哥绍之一同北上，到北京后，得到了二哥的朋友杨景苏先生的厚待，并介绍胡适住进了女子师范学校，这样倒也省了很多钱。杨景苏还指导胡适读古书典籍，让其从《十三经注疏》开始，胡适说“我读汉儒的经学，是从这个时候起的”。在北京又发奋攻读了一个月，考试是在7月份，分为两场，第一场考国文、英文，及格者才有资格参加第二场的各种科学考试。国文试题是《不以规矩不能成方圆说》，胡适以为这个题目不容易发挥，于是根据自己平时所看的书籍，“就做了一篇乱谈考据的短文”，在胡适看来，“这完全是一时异想天开的考据，不料那时看卷子的先生也有考据癖，大为赏识这篇短文，批了一百分”。英文考了六十分，两科成绩平均下来是八十分，考取了第十名。第二场考各种科学，诸如西洋史、动物学、物理学之类，对于这些知识，胡适都是临时抱佛脚，考得不是很得意。得益于第一场的成绩，综合起来之后，胡适考取了第55名，取送出洋留学的共70名，所以胡适说“我很挨近榜尾了”。

这次北上应考，胡适担心考不上会遭到朋友同学的嘲笑，所以临时改用“胡适”这个名字，没有使用之前求学时所用的是“胡洪骍”这个名字。没想到，从此以后，“胡适”这个名字伴随了他一生，并响彻中华内外。

由于时间紧迫，胡适离国前没来得及回家跟母亲告别，自己也不曾想到，这一走竟是七年。远踏异乡，执手泪别，船舷边上，游子百感交集，禁不住吟道：

1910年考取官费留美的学生出国前留影（立者二排左一为胡适）。

木叶去故枝，游子将远离。
故人与昆弟，送我至江湄。
执手一为别，惨怆不能辞。
从此万里役，况复十年归。

浪子终回头，发奋异国游，一声长鸣，去国的游轮缓缓驶去，蓝天、海浪、游子，送别的人儿，难诉离情，却道离情愁更苦，含泪挥别，道一声珍重……

留美七年异域洗礼

“留学者，过渡之舟楫也；留学生者，篙师也，舵工也。”留学美国的七年中，在异域文明的洗礼下，胡适不断探寻着为“新神州造一新旧泯合之新文明”的途径，希望能够通过留学生活而为中国的建设带来甘露。

“不感兴趣的兴趣”

抵美之后，胡适进入康奈尔大学，初到美国，胡适对美国的政治组织、政党、总统选举团等一无所知。胡适对美国政治发生兴趣，不得不说是深受政治系教授山姆·奥兹的影响。胡适在美国大选之年（1912—1913）选了奥兹的课，正如胡适回忆：“我一直认为奥兹教授是我生平所遇到的最好的教授之一，讲授美国政府和政党的专题，他实是最好的老师。”奥兹要求学生自己订阅报纸，关注美国大选，以此了解美国政治，正如奥兹第一堂课的开场白：

> 今年是大选之年。我要本班每个学生都订三份报纸——三份纽约出版的报纸，不是当地的小贩——《纽约时报》是支持威尔逊的；《纽约论坛报》是支持塔夫脱的；《纽约晚报》是支持罗斯福的。诸位把每份订它三个月，将来会收获无量。在这三个月内，把每日每条新闻都读一遍。细读各条大选消息之后，要做个摘要；再根据这摘要做出读报报告缴给我。报纸算是本课目的必需参考书，报告便是课务作业。还有，你们也要把联邦四十八州之中，违法乱纪的竞选事迹作一番比较研究，缴上来算是期终作业。

胡适对这门课非常感兴趣，跟随奥兹教授的学习，使得胡适对美国政治历史有所了解，并且经过细读报纸、比较研究之后，对美国政治已经相当熟悉了。胡适又遵从奥兹

康奈尔大学。

教授的教导，经常参与绮色佳一带举行的政治集会。胡适在1912年大选之年是选择支持罗斯福的，后来在1916年之后，又改为支持威尔逊了。在政治集会中，令胡适印象深刻的是罗斯福遇刺后的那一次，而令人惊奇的是，此次集会的主持竟是康奈尔大学史密斯大楼（康奈尔大学各系和艺术学院的办公中心）的管楼工人，政治集会的这种民主精神令胡适“神往之至”。“在这次大会中，我们都为本党领袖的安全而祈祷，并通过一些有关的议案。这次大会也是我所参加过的毕生难忘的政治集会之一”。

在大选过程中，让胡适难忘的还有一次辩论会，辩论双方均是康大的教授，以客雷敦教授为代表的民主党和以康大法学院长亥斯为代表的进步党，双方辩论激烈，互不相让，这种激烈的氛围、教授的风采令胡适羡叹不已，这次集会所诱发的胡适对政治的兴趣也影响了他一生的生活。大选揭晓之后，胡适去见伦理学教授索莱，这时客雷敦教授走了进来，两人“大握其手”，说到“威尔逊当选了！威尔逊当选了！”当着学生的面尽显激动之情，胡适也为二人的激动、热烈的情绪感染得热泪盈眶。1916年的大选，胡适又看到美国妇女争取选举权的五马路大游行，并目睹了杜威等教授直接参与实际政治的实例，内心感受深刻。胡适在这些教授身上看到，作为一名知识分子，不事政治却对政治如此关心，体现出知识分子的公共情怀，亦是知识分子社会责任的体现。知识分子不参与政治，但在他们身上有一种对社会、国家的担当，无事埋首治学问，多事出策匡国难。胡适对美国政治的兴趣和研究，对其后来对中国政治的关心有着决定性影响，胡适的一生中，除了抗战时期四年的驻美大使之外，几乎不参与政治，但他却始终关心着中国政治，这或许与在美国的经历有关，不从政却心怀天下，正像胡适所说这是一种“不感兴趣的兴趣”，这种兴趣是“是一个知识分子对社会应有的责任”。

放弃习农，选择文科

胡适进入康奈尔大学初，选择了农科，二哥本来打算让胡适学习路矿等专业，可胡适实在是对路矿不感兴趣，为了不辜负兄长的期望，选读了农科，打算做一个科学的农业家，实现以农报国的愿望，同时，胡适也考虑到美国大学农科的不收费政策，这样自己就可以节省部分费用寄给母亲以补贴家用。经过三个学期的农科学习，胡适发现自己确实不适合这门学科，尤其在果树学的课程中，不仅有课堂上的学习，每周的学习之外还有实习，如每个学生分到三十个或三十五个苹果，学生要根据培育学指南上的列举项目，将自己分得的苹果进行分类，例如根据茎的长短、果脐的大小、果皮的颜色等。这种分类，对

1910年9月，胡适与同期留美的部分同学合影（前排左五胡适，二排左三赵元任）。

于美国学生而言，实在是太容易了，他们胸有成竹，更不需要把苹果切开，只需打开索引或指南表格，将苹果的学名填进去就行了，大约花二三十分钟就可把实验做完。可胡适等中国学生要“各尽所能地去按表填果，结果还是错误百出，成绩甚差”。

实验之后，胡适开始自省：“我勉励学农，是否已铸成大错呢？我对这些课程基本上是没有兴趣；而我早年所学，对这些课程也派不到丝毫用场；它与我自信有天分有兴趣的各方面，也背道而驰。这门果树学的课——尤其是这个实验——帮助我决定如何面对这个实际问题。”一番反省之后，胡适终于领悟到，勉强自己学农，违背了自己的兴趣，对自己而言实在是浪费，“甚至愚蠢”。胡适后来总结自己转习文科的原因，主要有以下三个方面：第一，对哲学、中国哲学和研究史学的兴趣。胡适自幼阅读中国古代典籍，有良好的国学功底，这是他的兴趣所在，同时为其学习文科奠定了良好的文化背景。胡适对文科兴趣的复苏也是受到客雷敦教授的影响，他当时选修了客雷敦教授的“哲学史”，客雷敦教授对教学的认真，以及在思想史里对各时代、各家各派的客观研究，给胡适留下了深刻印象，正是由于客雷敦教授的教导，再次唤起了胡适对中国哲学的兴趣。第二，当时国内发生了辛亥革命，推翻了清朝统治，建立了民国，美国各社会阶层对新兴的中国政府发生了浓厚的兴趣。当时，工学院四年级的蔡吉庆向美国民众演讲，介绍中国革命情况，由于学业繁重，无暇应付各种演讲，便邀请胡适代劳，胡适也欣然接受，向美国民众讲解中国革命和政府情况，间接地为其职业上开辟了一个新的方向，“同时由于公开演讲的兴趣，我对过去几十年促成中国革命的背景，和革命领袖人物的生平，也认真地研究了一番”，对政治史的兴趣，便是促使胡适转行的第二个原因。第三，对文学的兴趣。胡适在留美之前，就已经奠定了很好的古典文学基础，在求学的这些年中，自己写下了很多文章与诗词，经过这些写作训练，已经具备相当深厚的文学功底，胡适自谦说自己的散文和诗词写作 “都还差强人意”，其实他的文学功底早已非常纯熟。此外，胡适在康奈尔大学又学习了英文、法文、德文，这些课程促使他阅读了大量的文学名著以及“文学习作和会话”，胡适转投文学院时已经完成了二十个英国文学的学分。对德文、法文的学习，使他“对法文和德文都有相当过得去的阅读能力”，对歌德、雪莱、海涅、莱辛等人的诗歌也是十分痴迷。对英法德三国文学的兴趣，反过来又唤醒了他对中国文学兴趣的复苏，这便是促使他转投文科的第三个原因。

社会的需要、个人的兴趣，往往是困扰多数人选择专业的所在，有多少人为了将来的前程而放弃了个人的兴趣。然胡适反其道而行之，放弃了国家、社会所需，遵从个人兴趣，经过反复的自省与思索，终于弃农学文，并得到了友人们的赞许与支持，如梅光迪称赞胡适“乃稼轩、同甫之流”，认为胡适的转科是“吾国学术史上一大关键，不可不竭力赞成”。这是一次决绝、一次转折，学术巨匠、文坛巨子正在冉冉升起……

公开演讲，声名远播

胡适在接受蔡吉庆的邀请后，逐渐喜欢上了公开演讲，可他却从没有接受过正规的演讲训练。为了进一步提高自己的演讲水平，胡适在1912年选修了一门训练演讲的课程，开课之后，老师艾沃里特开始有针对性地训练学生的演讲能力。胡适后来回忆道：

> 当我第一次被叫上讲台作练习演讲之时，我真是浑身发抖。此事说也奇怪，在此之前我已经演讲过很多次了，但是这一次却是在课堂内第一次被叫上台。那天虽然是盛暑，天气极热，但是我仍然浑身发冷、发颤；我必须扶着讲台，始能想出我预备的讲稿。艾教授看到我扶着台子才能讲话，第二次他再叫我时，他便把台子搬走了，当然我也就无所依据。因为要忙着想我的讲词，我也就忘记我的腿了，它也就不再发抖。这样便开始了我后来有训练的讲演生涯。

胡适（右四）和部分中国学生持康奈尔大学校旗合影。

胡适的演讲满足了当时美国民众对中国革命的好奇，再加之以饱满的感情、有素的训练、流利的英语，深受美国民众的喜爱。胡适演讲的地区亦是十分辽阔的，“东至波士顿，西及俄亥俄州的哥伦布城”。尤其是在获得勃朗宁文学奖之后，胡适更是声名大震，威名远扬。1914年5月9日，胡适参加了勃朗宁征文比赛，以《论英诗人卜郎吟只乐观主义》摘得桂冠，获得奖金50美金。由于之前获得该奖的大多是美国人，所以中国学生胡适的获奖在当时的美国成为一个轰动性的新闻，绮色佳和纽约各报刊均对此加以报道，“一时‘胡适’两个字广为流传”，连波士顿（美国当时的文化重地）市内的“卜郎吟学会”也邀请他去演讲。

后来，胡适总结公开演讲的益处，主要有以下两点：第一，对公开演讲的主题，不仅要做一个系统而又合乎逻辑的构想与思考，同时还要做出富含文化意蕴的陈述，这样就促使演讲者对演讲主题做出更深远的思考，“将来对这一题目做更广泛的研究，也就以此为出发点”。胡适以“儒教”为例阐述了此点益处，虽然所有中国学生都多多少少知道一些儒教的教义，但是这种了解多流于空泛，少组织、无系统。如果去做一个有关儒教的演讲，“他先要想从何说起，想出他自已的意思，他对这题目的认识和印象，然后再加以合乎逻辑的组织，好使听众了解”。这样一来，演讲的主题对于观众而言是浅显易懂的，对于自己而言使得思路更有逻辑性，加深了对此主题的认识。第二，公开演讲提供了一个很好的机会，使演讲者去训练自己的写作，“训练他做笔记的系统化”。针对某一个主题，人们总会有所认识和思考，但是这些认识和思考往往都是杂乱的、空泛的，是一种缺乏系统性的思考，而写作则可以以系统的、合乎逻辑的方式将自己的思考笔之成文，以写作的方式来促使对主题有一个更深更全面的认识。正如胡适所言：“要使你所得印象变成你自己的，最有效的法子是记录或表现成文章。”

事物的得失总有其两面性，虽然胡适对这些演讲乐此不疲，但同时也是受其所累。胡适在进入康奈尔大学研究院时曾拿到了塞基奖学金，可在1915年申请延长时被校方拒绝了，时任审查奖金候选人的指导委员会主席索莱教授直截了当地告诉胡适，说他在演讲上“荒时废业太久”，所以哲学系决定不再让他继续领取该项奖学金了。失去了此项经济来源的胡适，心中难免愁闷忧郁，同时由于胡适在绮色佳的威名远播，演讲的邀请应接不暇，导致他无法专心学习。无奈之余，胡适想要脱离绮色佳，转到大城市纽约，给自己一个安静的环境，能够潜心向学。

别恋康大，转投哥大

五年的绮色佳生活，胡适收益颇丰，并亲切地称绮色佳为自己的“第二故乡”，正如胡适在日记中记载：“此五年之岁月，在吾生为最有关系之时代。其间所交朋友，所受待遇，所结人士，所得感遇，所得阅历，所求学问，皆吾所自为，与外来之桑梓观念不可同日而语。其影响于将来之行实，亦当较儿时阅历更大。”带着恋恋之情，胡适离开了观光胜地绮色佳，走向那车如流水马如龙的纽约。

在7月11日写给母亲的信中，胡适具体说明了离开康大的原因：

一、儿居此已五年，此地乃是小城，居民仅万六千人，所见所闻皆村市小景。今儿尚有一年之留，宜改适大城，以观是邦大城市之生活状态，盖亦觇国采风者所当有事也。二、儿居此校已久，宜他去，庶可得新见闻。此间教师虽佳，然能得新教师，得其同异之点，得失之处，皆不可少。德国学生半年易一校，今儿五年始迁一校，不为过也。三、儿所拟博士论文之题，需用书籍甚多。此间地小，书籍不敷用。纽约为世界大城，书籍便利无比。此实一大原因也。四、儿居此已久，友朋甚多，往来交际颇费时日。今去大城，则茫茫人海之中，可容儿藏身之地矣。五、儿在此所习学科，虽易校亦都有用，不致废时。六、在一校得两学位，不如在两校各得一学位更佳也。

七、哥伦比亚大学哲学教师杜威先生，乃此邦哲学泰斗，故儿欲往游其门下也。儿居此五年，不但承此间人士厚爱，即一溪一壑都有深情，一旦去此，岂不怀思？然此实为一生学业起见，不得不出此耳。

此封家信，胡适从各个方面向母亲说明了迁往纽约、转投哥大的原因与利弊得失。胡适转投哥大，师从杜威，并不是毫无准备的，早在康奈尔大学时，胡适就对杜威的著作加以研读，“对实验主义作了一番有系统的阅读与研究”。彼时的康大哲学系基本上被新唯心主义学派占据，当时唯心主义在美国已经走滑坡路，开始式微，康大哲学系的教授总是对实验主义加以批判。越是批判越唤起了胡适对实验主义的兴趣，在经过一番思考、研究之后，胡适决定转投哥大向杜威学习哲学。

约翰·杜威（1895—1952），美国近代教育思想家、实用主义哲学家。

哥伦比亚大学。

胡适到哥大后，所选的课主要分为三个领域：哲学、政治理论史、汉学。哲学领域中，他一共选了四门课，其中两门是杜威的课，“论理学之宗派”与“社会政治哲学”。“论理学之宗派”是一门逻辑学，这门课也启发胡适决定了博士论文的研究取向，即“中国古代哲学方法之进化史”。在胡适看来，杜威是个不善辞令的人，很多学生都觉得杜威的课枯燥无味，他讲课极慢，一字一字地慢慢讲下去，“甚至一个动词、一个形容词、一个介词也要慢慢想出，再讲下去”，虽然课讲得枯燥无味，但是杜威治学的严谨以及对听众发表意见的方式则给胡适留下了深刻印象。胡适师从杜威学习实用主义哲学，尤其是杜威的“实证思维术”对胡适可谓是影响至大。“实证思维术”的思想是指“一切的理论都不过是一些假设而已；只有实践证明才是检验真理的唯一标准。同时要证明一个理论之是否是真理的唯一方法，也便是想出这个理论在实际运用上牵涉到的各种情况；然后在实验中观察这一特殊理论是否能解决某一问题的初步困难，从而进一步找出一个原来所要寻找的解决方案”，实证思维术主要包括五个阶段，即疑难情境，疑难所在，提出种种解决方法，决定最适用的一种方法，证明。胡适通过对这五个阶段的内化、吸收，提出了“大胆的假设，小心的求证”的治学方法，并以此来指导自己毕生的学术研究，正如胡适在《口述自传》中回忆道：“我治中国思想与中国历史的各种著作，都是围绕着‘方法’这一观念打转的，‘方法’实在主宰了我四十多年来所有的著述。从基本上说，我这一点实在得益于杜威的影响。”胡适在师从杜威的两年中，从杜威处所学到的更多的是“方法”，是一种科学的精神，是一种批判、怀疑的精神。

在哥大的学习，使胡适逐步了解了一般科学研究的基本步骤，他将中国传统的“考据学”、“考证学”与杜威的实证思维术加以比较、结合，探寻出其相通之处，正如胡适回忆所说：“在那个时候，很少人（甚至没有人）会想到现代的科学法则和我国古代的考据学、考证学，在方法上有其相通之处。我是第一个说这句话的人；我之所以能说出这话来，实得之于杜威有关思想的理论”，由此可窥见杜威对胡适治学方法的影响。

由康大到哥大，由“第二故乡”走向“学术圣地”，胡适在这“万人如海”的纽约市内藏其一身，潜心为学。哥大的求学生活，使他在思想上更进一步，在融汇中西的基础上，他一次次地探寻着学术之曙光。“自古成功在尝试”，胡适的毕生都在为中国之新文明建设而不断尝试。

博士论文，话别归国

经过两年的哥大学习，胡适的留美生活终于可以告一段落了。胡适在1917年4月完成了博士论文《中国古代哲学方法之进化史》，历时9个月始收功，长约9万字。现将目录列之如下：

绪　言　哲学方法与哲学

第一篇　记时代

第二篇　孔子之名学

　　第一卷　孔子之问题

　　第二卷　《易经》

　　第三卷　象

　　第四卷　辞

　　第五卷　正名正辞

第三篇　墨家之名学

　　第一卷　总论

　　第二卷　墨子　（一）实行主义　（二）“三表”

　　第三卷　“别墨”　（一）墨辩　（二）原知　（三）故、法、效　（四）推　（五）惠施　（六）公孙龙

第四篇　进化论与名学

　　第一卷　进化论

　　第二卷　庄子之名学

　　第三卷　荀　子

　　第四卷　荀子（续）

　　第五卷　法家之名学

5月22日，胡适进行了博士学位的最后一项考试——口试。功夫不负有心人，胡适艰难地取得了博士学位。归期已近，胡适忙着和师友道别，在与杜威的道别中，杜威叮嘱胡适道：“有关于远东时局之言论，若寄彼处，当代为觅善地发表之。”胡适也在离别之际，表达了希望老师以后可以到中国一游的愿望。

THE·TRUSTEES·OF·COLUMBIA·UNIVERSITY
IN·THE·CITY·OF·NEW·YORK
TO·ALL·PERSONS·TO·WHOM·THESE·PRESENTS·MAY·COME·GREETING
BE·IT·KNOWN·THAT
Hu Shih, A.B
HAVING·COMPLETED·THE·STUDIES·AND·SATISFIED·THE·REQUIREMENTS
FOR·THE·DEGREE·OF
DOCTOR·OF·PHILOSOPHY
HAS·ACCORDINGLY·BEEN·ADMITTED·TO·THAT·DEGREE·WITH·ALL·THE
RIGHTS·PRIVILEGES·AND·IMMUNITIES·THEREUNTO·APPERTAINING
IN·WITNESS·WHEREOF·WE·HAVE·CAUSED·THIS·DIPLOMA·TO·BE
SIGNED·BY·THE·PRESIDENT·OF·THE·UNIVERSITY·AND·BY·THE·DEAN·OF·THE
FACULTIES·OF·POLITICAL·SCIENCE·PHILOSOPHY·AND·PURE·SCIENCE
AND·OUR·CORPORATE·SEAL·TO·BE·HERETO·AFFIXED·IN·THE·CITY·OF
NEW·YORK·ON·THE·Twenty-First·DAY·OF·March·IN·THE·YEAR·OF
OUR·LORD·ONE·THOUSAND·NINE·HUNDRED·AND·TWENTY-Seven

DEAN

PRESIDENT

1927年哥伦比亚大学发给胡适的博士学位证书。

胡适在美国的这些年中，得到了任鸿隽、梅光迪、杨杏佛等一帮老友的帮衬，尤其是在文学方面，没有他们，哪里又会有《去国集》、《尝试集》呢。离别在即，胡适向诸友作送别诗，以此来回忆这些年的美好以及回国后的展望，他在诗中写道："前年任与梅，联盟成劲敌。与我论文学，经岁犹未歇。吾敌虽未降，吾志乃更决。暂不与君辩，且著《尝试集》。"离别之际，胡适仍然抱持乐观主义之态度，并在诗中描绘了一幅友人归国相聚图："暂别不须悲，诸君会当归。作诗与君期：明年荷花时，春申江之湄，有酒盈清卮，无客不能诗，同赋归来辞！"荷花盛开，春申江畔，临江赏花，把酒言欢，赋诗几首，岂不乐哉！胡适构想的回国相聚光景，是何等的美妙，又是多么愉快的时光啊！

6月9日，离开纽约后，胡适又回到他称之为"第二故乡"的绮色佳，这个他梦想起

胡适（左一）与教授和同学的合影。

航的港湾，这个他留下太多脚印的地方，在这里逗留了五日，与那里的师友一一告别。6月21日，胡适与几位友人一道登上了由温哥华到上海的油轮——日本皇后号，至此，天涯游子的七年异域生活画上了句号。

回首身后的异邦，青年胡适在此地遍取甘露，采得灵芝，执笔报国，为中国之新文明寻求“招魂”之法。如今已在归途，思绪万千，有对时局的顾虑，有对未来的希冀，有对慈母的思念，有对那从未谋面妻子的内疚……

魂牵梦绕的祖国，孤夜梦回的家乡，日夜思念的亲人，近了，近了……

留美归来兼顾家事国事

留美归国完婚

1917年胡适寄给未婚妻江冬秀的毕业照。

1917年6月21日，胡适归国，从1910年7月离开上海赴美留学算起，中间仅仅相差两天便是整整七年。随着邮轮起航的汽笛声，离家七年的游子离故乡越来越近，在广袤无垠的海面上，伴着波浪的轰鸣声，胡适不禁想起阔别多年的故乡安徽徽州绩溪，想起那些淳朴的乡亲，家中翘首以待的母亲，以及等待自己十几年的未婚妻江冬秀。

江冬秀是旌德县江村人，江村与胡适家上庄相距四十里。她生于光绪庚寅阴历十一月初八日。江父名世贤，早逝。江母吕氏，名贤英，亦系出名门，是旌德庙首吕探花的后裔。江冬秀的曾外祖父吕朝瑞是探花，外祖父吕佩芳为翰林，因此江家实系书香门第。胡适与江冬秀的定亲并不是一拍即合的，1904年在旺川村的太子会上，江冬秀的母亲一眼相中清秀的少年胡适，此时的胡适还未满13岁。旧时的徽州有定亲的习俗，且在女孩子十二三岁就许下人家，因此也不算说亲太早。但胡适的寡母冯顺弟却是不愿的，一是男女方并不门当户对，江家是旌德县首屈一指的大族，弟子多读书知礼，远比胡家富裕，不仅有大片良田也有数名奴仆，而此时胡家已开始败落，胡母并不想高攀。且迥异于“女大三，抱金砖”的今俗，旧时的绩溪乡俗为“宁可男大十，不可女大一”，而江冬秀恰恰比胡适大上一岁。而且江冬秀为庚寅年出生，寅为虎年，乡人认为属虎女子八字过硬，属于不吉利的属相。但江家诚恳求婿，江母托胡适在江村当塾师的本家叔叔胡祥鉴保媒，向胡母推荐江冬秀，胡母被说动，合了二人八字并不犯冲，于是将江冬秀的八字与其他选中姑娘的八字一起放入竹升内供奉于灶司老爷的面前，过一段时间确定家宅平安后，江母虔诚祷告后用竹筷夹出一人八字，此人正是江冬秀。于是在天意使然的驱动下，小胡适的终身在父母之命、媒妁之言下尘埃落定，彼时的胡适正是打算出门求学、前途未卜的“小小糜先生”。

对于这桩婚事，常年游学在外的胡适并不抵触，原因在于胡适为孝子，常年未伴在母亲身边的愧疚以及母亲苦苦支撑胡家的艰辛都落在胡适的眼中，因此不忍心违拗母亲的意愿。且暗自希望能在“名分”上“长成真正之爱情”。在胡适留美的第二年，胡适给家中的未婚妻写了第一封家书，信上称呼“冬秀贤姊”，内容如下：

> 此吾第一次寄姊书也。屡得吾母书，俱言姊时来吾家，为吾母分任家事。闻之深感令堂及姊之盛意，出门游子可以无内顾之忧矣。吾于十四岁时曾见令堂一次，且同居数日，彼时似甚康健，今闻时时抱恙，远人闻之，殊以为念。近想已健旺如旧矣。前曾于吾母处得见姊所作字，字迹亦娟好可喜。惟似不甚能达意，想是不多读书之过。姊现尚有工夫读书否?甚愿有工夫时能温习旧日所读之书。如来吾家时，可取聪侄所读之书温习一二。如有不能明白之处，即令侄辈为一讲解。虽不能有大益，然终胜于不读书，坐令荒疏也，姊以为如何?吾在此极平安，但颇思归耳。
>
> ——1911年4月22日致江冬秀函

从家书的字里行间可以看出胡适对江冬秀的感激和关怀，游子远游，老母无依，只有自己的未婚妻替代自己尽孝于老母身旁，难免对江冬秀充满感激之情。同时胡适也肯

1914年，任鸿隽为胡适拍摄了一张照片，胡适对这张照片非常满意，取名“室中读书图”。

定了江冬秀字迹之清隽，但也叮嘱江冬秀应该不断汲取知识，充实自己。这也是胡适为将来迎娶江冬秀做准备，希望将来两人能琴瑟相合，相敬如宾。相信收到此书的江冬秀必然是又欣慰又惊喜的，同时可能也掺杂着对于未来的忧虑和不安。由于江冬秀识字不多，这封家书的回信委托他人代写，只是回信迟到了两年方寄到胡适手中。

1914年6月，胡适给母亲和国内亲友寄了一张“室内读书图”的照片，在给未婚妻江冬秀的照片背后题诗曰：“万里远行役，轩车屡后期。传神入图画，凭尔寄相思。”一派出外丈夫对妻子的关怀体贴。在收到家中回复的照片后，游子胡适高兴得手舞足蹈，写下长歌《出门——得家中照片作》：

出门何所望，缓缓来邮本。马驯解人意，踯躅息路隅。
邮人逐户走，歌啸心自如。客子久凝伫，迎问书有无？
邮人授我书，厚与寻常殊。开缄喜欲舞，全家在画图。
中图坐吾母，貌戚意不舒。悠悠六年别，未老已微癯。
梦寐所系思，何以慰倚闾？对兹一长叹，悔绝温郎裙。
图左立冬秀，朴素真吾妇。轩本来何迟，累君相待久。
十载远行役，道令此意负。归来会有期，与君老畦亩。
筑室杨林桥，背山开户牖。辟园可十丈，种菜亦种韭。
闭户注群经，誓为扫尘垢。我当授君读，君为我具酒。
何须赵女瑟，勿用秦人缶。此中有真趣，可以寿吾母。

此诗饱含胡适对于母亲的思念和眷恋，同时也掺杂对江冬秀的内疚，此时江冬秀已然等待胡适整整十年了。胡适不愿意亏待江冬秀，甚至描绘了一幅与未婚妻婚后的生活：希望在山中修建小屋，种菜饮酒，不亦乐乎？自己闭门读书注经，妻子做饭摆酒，闲时教导妻子读书习字，一派怡然祥和的婚后生活。

1914年7月8日，胡适致函江冬秀，讲明了自己无法归国完婚的原因：学业上正到紧要处，不能半途而废，公费留学的机会也不易得，因此祈求江冬秀和岳母的原谅。此外又提到要江冬秀不断进步识字，认为“今世妇女能多读书识字，有许多利益，不可不图也”。此外知道江冬秀肯放脚，写道“闻之甚喜，望逐渐放大，不可再裹小。缠足乃是吾国最惨酷不仁之风俗，不久终当禁绝。贤姊为胡适之之妇，正宜为一乡首倡，望勿恤人言，毅然行之，适日夜望之矣”。12月，胡适在致江冬秀的信中说收到贤姊的照片“如晤对一室，欢喜感谢之至”，此外又叮嘱江冬秀读书识字，去裹放足，鼓励江冬秀说“胡适之之妇，不当畏旁人之言也”。胡适向来不怕挨骂，不惧人言，因此期望未婚妻也有自己的胆量和见识。事实上，虽然江冬秀为深山中之村女，但也有一定的远见和见识，在沉重的封建礼教的枷锁下，毅然决定放足，胡适听闻未婚妻放足后极为欣慰，关怀道：“骨节包惯，本不易复天足原形，可时时行走，以舒血脉，或骨节亦可渐次复原耳。”

1916年初，江氏母亲去世后，胡适闻之惨然，在3月15日致母亲的家信中写道：“岳氏葬后，冬秀似可久居吾家，不必归去矣。”实际上是要江冬秀和母亲相依为命，避免孤寂。习惯了江冬秀书信往来的陪伴，由于江冬秀一年未给胡适写信，胡适在9月27日致母函中说：

> 一年以来，久不得冬秀之书，岂因其不会写信，就不肯写乎？其实自己家人写信，有话说话，正不必好。即用白字，亦有何妨。亦不必请人起稿，亦不必请人改削也。望母以此意告之。如冬秀尚在吾家，望母令彼写信与我，两三行都无不可也。写信最忌作许多套话，说许多假话。前得明侄、永侄两信，都犯此病。冬秀前年来信，亦犯此病。若用假话写家信，又何必写乎？此间有朱经农者，乃儿旧同学也，日前曾告儿言，新得其夫人来书，“虽有白字，颇极缠绵之致”。儿为填一白话词戏之曰：“先生几日魂颠倒，她的书来了。虽然纸短却情长，带上两三个白字又何妨。可怜一对痴儿女，不惯分离苦；别来还没几多时，早已书来细问几时归。”连类想之，遂写于此，以博家中人一笑。
>
> ——1916年9月27日致母函

从此信可以看出，胡适于江冬秀不仅仅是名定的夫妻，同时也有些亦师亦友的味道。由于胡适比江冬秀学问高、眼界广，因此一直循循善诱，敦促江冬秀解放思想、不断进

胡适未婚妻江冬秀的闺房。

步。在这封信中，胡适要求江冬秀自己动手写白话文的信，鼓励其大胆犯错，另外提到同学朱经农的妻子与其通信时虽有白字，但“颇极缠绵之致”，想来胡适也是期待江冬秀“缠绵之致”的家书的。

月儿圆了又缺，十四年后，胡适终于回到阔别已久的家乡打算迎娶江冬秀。此时的江冬秀却染微恙卧病床之上，准新郎胡适打算探望苦等自己十三载的未婚妻，奈何江家舅兄江耘圃入江冬秀闺房通知后，却被告之妹妹不愿意见胡适，后来经七都的姑婆劝解，胡适虽进得房去，江冬秀却是躲在厚厚的床帐之后拒不露面。此时的江冬秀心思极其复杂，既怨又喜又怕又羞，怨的是十三载的苦苦等待，其间的辛酸不安无法为外人道之，横亘在旌德江村和绩溪上庄的大青山知道这位小脚女子穿梭往来的苦痛与劳累，江家旁的小寺庙知道这位坚贞的徽娘夜夜祷告的痴情；喜的是自己终于苦等到丈夫归来；怕的是自己作为徽州前所未有的27岁的老姑娘是否还能得到未婚夫的青睐，十几年的蜚短流长，村子里早有胡适在美国娶了洋女人、生了洋孩子的传言，深山中的江冬秀此时“近乡情怯”，见到日思夜想的人儿反而不敢相见；羞的是徽州乡村民俗是女孩要矜持，不可轻易见未婚夫婿。热心的姑婆想要掀开这隔开二人的麻布蚊帐，胡适反而出手阻止了姑婆，并退出了江冬秀的闺房。当晚胡适宿在江家本家一夜，清晨给江冬秀留信说“适亦知家乡风俗如此，绝不怪姊也”。此时胡适正要北上到北大任教，宽慰江冬秀说“适现在不能定婚期，然冬季决意归来。婚期不在十一月底，即在十二月初也”，彻底安了江冬秀的心。正是由于胡适的大度和体谅，胡江二人最终才能走入婚姻的殿堂。当然对于江冬秀的闭门不见，胡适也写下诗来表达自己的郁闷的心情：

她把门儿深掩，不肯出来相见。
难道不关情？怕是因情生怨。
休怨！休怨！他日凭君发遣。
几次曾看小像，几次传书来往，

见见又何妨！休做女孩儿相。
凝想，凝想，想是这般模样！

1917年胡适与江冬秀的新婚照。

1917年12月23日，胡适从北京到达绩溪。1917年12月30日，江冬秀终于坐上了盼望多年的花轿，这天也是胡适26周岁的生日。主婚人江耘圃，证婚人胡昭甫。胡适自己则写了两副对联，一副为："旧约十三年，环游七万里"；一副为："三十夜大月亮，廿七岁老新郎"。斗转星移，距当初定亲已有十三载，新郎新娘皆已不再年轻。十年前江家办得的嫁妆中的刀剪已然生锈，岳母也未能看到这期盼已久的场面，只有陈了十年的婚庆鞭炮，越陈偏越响！

婚礼当天，胡适身穿西装礼服，戴黑呢礼帽，着黑皮鞋，江冬秀穿花袄、花裙。两人交换金戒指，证婚人发表讲话，新郎向来宾发表讲话，因为胡适要改革旧婚俗中的陋习，两人并没有拜天地，只是向长辈行礼和行新夫妇交拜礼，以鞠躬代替叩头。当然，要说服封建思想观念根深蒂固的胡母是不容易的，最终双方各做让步，新夫妇将在婚后第三天到祠堂向祖先牌位鞠三个躬。洞房花烛夜自是无限缱绻，感慨万千的胡适在《新婚杂诗》中写道：

十三年没见面的相思，于今完结。
把一桩桩伤心旧事，从头细说。
你莫说你对不住我，
我也不说我对不住你，
且牢牢记取这十二月三十夜的中天明月！

彼时的江家已然落败，"回门"时两人双双到了江母吕氏的坟前，念及与江母在姑婆处同住的岁月，以及老人家临终也未能看到女儿出嫁的遗憾，胡适不胜唏嘘，后做一首小诗哀悼这未谋几面却等待良久的岳母：

回首十四年前，
初春冷雨，
中郎箫鼓，
有个人来看女婿，
匆匆别后便轻轻将爱女相许。
只恨我十年作客，归来迟暮，
到如今，待双双登堂拜母，
只剩得荒草新坟，斜阳凄楚！
最伤心，不堪重听，灯前人诉，阿母临终语！

胡适与江冬秀新婚时的洞房。

对于这桩父母包办的婚姻，胡适在结婚之前致美国女友韦莲司的信中说："我不能说我是欣喜地企盼着我的婚礼，我是带着怦怦然的好奇心，去迎接这个重大实验的日子——人生的实验！"结果证明，胡适所谓的"人生的实验"大获成功，婚后，胡适致信韦莲司说："我结婚已经七个多星期了，还没向你报告这件事！我高兴地告诉你我妻子和我都相当愉快，而且相信往后也能相处得很好。"婚后第十天，胡适便收到北大催促归校的电报，胡适在信中说："我当然不肯。我整整在家待了五个星期，这也就是说，结婚后又待了四个星期。我于1918年1月24日启程，一个星期以后抵京。"

由于蜜月后不得不分离，胡适满心的不愿与不舍，在北京以诗抒发思念之情和眷恋之情，完全是新婚小夫妇的小儿女情态，胡适犹如情窦初开的少年般思念自己的情人：

十几年的相思刚才完结，
没满月的夫妻又匆匆分别。

昨夜灯前絮语，全不管天上月圆月缺。
今宵别后，便觉得这窗前明月，
格外清圆，格外亲切！
你该笑我，饱尝了作客情怀，别离滋味，
还逃不了这个时节！

小脚女人江冬秀与留洋博士胡适的婚姻，被称为民国七大奇事之一。留洋归国的胡适并没有做新时代的“陈世美”，相反，从其一生来看，胡适对于江冬秀还是极其温情和眷顾的。唐德刚曾说过江冬秀是“中国传统的农业社会里，‘三从四德’的婚姻制度中，最后的一位‘福人’！”这是十分确切的，很少能有人在旧时代婚姻幸福如江冬秀，即使后来胡适曾有过离婚的念头，但也只是一时的冲动，经历过人生的风风雨雨，两人依旧携手前进，白首到老。

任教北大缩影

1917年，蔡元培执掌北大，当时的北大尚留有浓厚的封建学堂习气，学生教师不图治学，皆将上学视为升官之阶梯。在蔡元培大刀阔斧的改革下，北大的面貌焕然一新，在北大教师选聘上，蔡元培任人唯贤，不拘一格，凡是有才能的学者皆热情延聘。当时留美的胡适大力倡导文学革命，身为《新青年》主编的陈独秀极其推崇他的文学改良主张，因此在担任北大文科学长之时，便将胡适推荐给蔡元培。蔡元培在《我在北京大学的经历》一文中回忆：“那时候因为《新青年》文学革命的鼓吹，我们认识留美的胡适之君。他回国后，即请他到北大任教授。”还有一说法是蔡元培在看到19岁的胡适在《北美留学季刊》上发表的《诗三百篇言字解》时大为赞赏，当时便有延聘胡适的打算。

蔡元培。

蔡元培决定聘任胡适后，陈独秀致信胡适说：“孑民先生盼足下早日回国，即不愿任学长，校中哲学、文学教授俱乏上选，足下来此亦可担任。学长月薪三百，重要教授亦有此数。”此时的胡适还未正式博士毕业，对于北大的邀约欣然同意。1917年6月21日，胡适从加拿大温哥华搭乘“日本皇后号”邮轮归国，7月10日到达上海。在安徽绩溪老家与等待自己十三载的未婚妻江冬秀成亲之后，于8月30日依依不舍北行，9月10日到达北京。文科教员们经常在预备室中经常高谈阔论，同人中陈独秀、朱希祖生于已卯年（1879年），胡适、刘文典、刘半农生于辛卯年（1891年），属相皆为兔，人称“两个老兔子和三个小兔子”，预备室也被戏称为“卯字号”。后来胡适搬至朝阳门南竹竿巷的一所四合院，与高一涵同住。

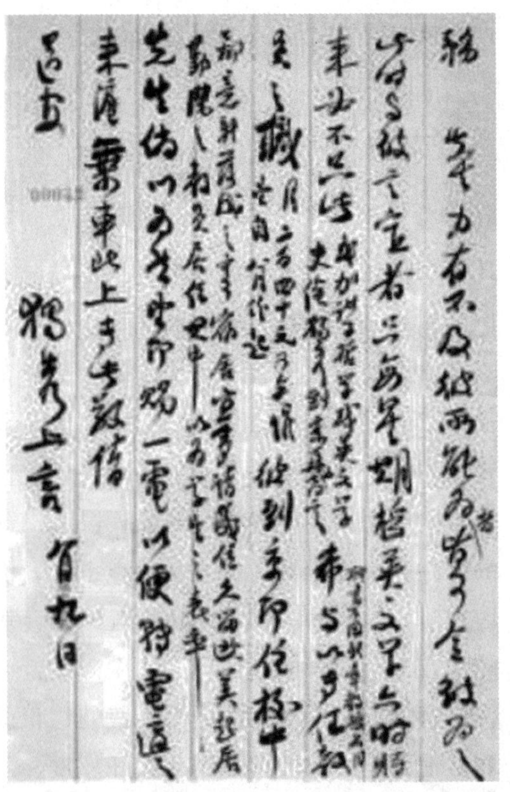

陈独秀向蔡元培推荐胡适的信函。

1917年9月，胡适出任北大文科教授。

10月1日，胡适正式走上北大讲台，主讲英文学、英文修辞学和中国古代哲学三科。英文学、英文修辞学对于留学美国七年来说的胡适自然易如反掌，最令人吃惊的是胡适讲授中国古代哲学的开陈出新。在胡适之前，讲授这门课的为有“两脚书柜”之称的硕儒陈汉章，陈老博学多才，讲授这门课一年仅仅讲完三皇五帝。而胡适以横断截留的魄力直接从周宣王后开始讲起，这对于习惯了从三皇五帝开始研究历史哲学的教师学生来说不啻于一声惊雷。胡适后来的得意门生、当时北大哲学系的学生顾颉刚在听了他的课后回忆道：“他不管以前的课业，重编讲义，开头一章是《中国哲学结胎的时代》，用《诗经》做时代的说明，丢开唐、虞、夏、商，径从周宣王以后讲起。这一改，把我们一班人充满着三皇五帝的脑筋，骤然作一个重大的打击，骇得一堂中舌挢而不能下。”课后同学们议论纷纷，有人说胡适是“文化反动”，有人说胡适讲课没有章法，“将唐虞夏商都丢掉了”。胡适的胆量和创新在今天看来确是真知灼见，当时北大哲学系三年级学生冯友兰后来在《三松堂自序》中赞扬胡适说：“这对于当时中国哲学史的研究，有扫除障碍、开辟道路的作用。当时我们正陷入毫无边际的经典注疏的大海之中，爬了半年才能望见周公，见了这个手段，觉得面目一新，精神为之一爽。”

顾颉刚在听了胡适的几节课后，茅塞顿开，认为“胡先生讲得的确不差，他有眼光，有胆量，有断制，确是一个有能力的历史家，他的议论处处合于我的理性，都是我想说而不知道怎么说才好的”。于是就建议同宿舍的傅斯年也去听一听新派教授的课，傅斯年有“国学小专家”之称，同时敢于言论，是学生中的积极分子和无冕之王，他在听了胡适颇有新意的哲学课后说：“他虽然没有伯弢先生读书多，但在裁断上是足以自立的。”傅斯年的评断是公允而客观的，因此那帮想要将胡适赶出学校的激进分子也只能偃旗息鼓了。顾颉刚在《古史辨》第一册自序中回忆这一段往事时写道：

当我在北大“中国哲学系”里上二年级时，我恰和傅斯年同住在“西斋”的一间宿舍里，彼此高谈阔论，大有“埙篪相应”的乐趣。那时又值蔡元培校长请陈独秀任“文科学长”(等于现在各大学的“文学院院长”)，又把在《新青年》上主张用白话作文的胡适从美国请回来，开“中国哲学史”和“西洋哲学史”两门功课。“西洋哲学史”，他无需预备，因为早有西洋哲学家编成的书可作他讲课的蓝本。独有“中国哲学史”一课，两千多年来只堆积了一大批资料，还连贯不起一个系统来。他又年轻，那时才二十七岁，许多同学都瞧不起他。我瞧他略去了从远古到夏、商的可疑而又不胜其烦的一段，只从《诗经》里取材，称西周后期为“诗人时代”，有截断从流的魄力，就对傅斯年说了。傅斯年本是“中国文学系”的学生，黄侃教授的高足，而黄侃则是北大里有力的守旧派，一向为了《新青年》派提倡白话文而引起他的痛骂的，料想不到我竟把傅斯年引进了胡适的路子上去，后来竟办起《新潮》来，成为《新青年》的得力助手。

而当事人胡适在回忆刚入北大的情形时是这样描述的：“那时北大中国哲学系的学生都感觉一个新的留学生叫作胡适之的，居然大胆地想绞断中国的哲学史……而胡适之一来就把商朝以前割断，从西周晚年东周说起。这一班学生都说这是思想造反；这样的人怎么配来讲授呢！那时候，孟真在学校中已经是一个力量。那些学生们就请他去听听我的课，看看是不是应该赶走。他听了几天以后，就告诉同学们说：‘这个人书虽然读得不多，但他走的这一条路是对的，你们不能闹。’ 我这个二十几岁的留学生，在北京大学教书，面对着一班思想成熟的学生，没有引起风波，过了十几年以后才晓得是孟真暗地里做了我的保护人。”其实二十六七岁的胡适初入北大也是“提心吊胆”、“加倍用功”，因为北大作为新文化的发源地，聚集了天下英才而教之，学生中很多都是思

1924年9月，与北京大学国学季刊编委会同人合影。（左起：徐炳昶、沈兼士、马衡、胡适、顾颉刚、朱希祖、陈垣）

1917年，胡适在北京大学开《中国哲学史》课，他是北大最年轻的教授之一。

想很成熟的。也就是从北大的哲学课堂开始，傅斯年开始逐步认同胡适，对待胡适极度尊崇，虽然对待外人直言不客气，有“傅大炮”之称，但在胡适面前谦虚有礼，自称“学生”。也是从北大开始，傅斯年与胡适开始了一辈子亦师亦友的亲密关系。

后来胡适又陆续主讲过多门课程，包括欧洲文学名著、英国文学、英文修辞学、欧洲文学名著、杜威著作选读等。胡适风趣幽默、旁征博引，北京大学红楼内外经常回荡着学生们开怀的笑声。与此同时，胡适在教学中谨慎严密，引导学生要用科学思维和辩证的逻辑来研究分析问题。当时北大哲学系的学生曹建在《忆胡适先生》中谈道：

> 我第一次见到先生是在他上逻辑的时候。……先生授课时既不像徐先生（指徐炳昶）那样老是坐着讲，又不像梁先生（指梁漱溟）站在讲台桌的角边，是端端正正站在讲台的左边。当他说明逻辑功能时，用双手把他的蓝布大褂的腰身往后一拢，随着两脚跟向上一点，同时伸出右手望空中抓了一大把又迅速地回转身子在黑板上边说边写“拿证据来”四个字。

1924年，胡适在北京。

胡适向来注重用论据来证明论点，在其一生的学术生涯中，都极其倡导“大胆假设，小心求证”。曹建又对比梁漱溟与胡适说：

> 先生授课和梁漱溟先生最不同之处在：梁先生遇到疑难之处就闭着嘴巴和凝注着眼睛，木立不动在思考，一直思考通达了以后才恢复常态继续再讲下去。……先生则不然，他碰到疑难处，就‘七手八脚找证据’，常说：‘有五分证据，就说五分话。’换句话说，假使没有证据，就停止不说话了。

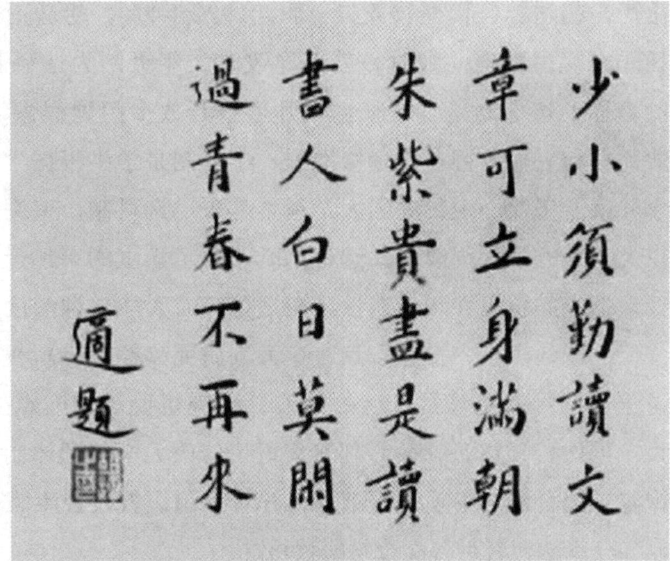

胡适手迹。

在学生有疑问时，胡适能启发诱导，及时予以解答。曹建回忆，在中国哲学史课上，胡适讲到齐学。“什么是齐学?我以前未尝听到过？”一个来不及等待先生往下解说的同学抢先问道。“齐学是指秦时一班生于齐国的哲学家而言。著名人物有驺衍、淳于髡、慎到、田骈、驺奭等。齐学的范围包括阴阳家、五行、天文、医经、房中等等。”这位同学一听到“房中”二字又站起来亮着嗓子问：“房中也有哲学家么？”“有的……”正是由于胡适能对学生坦诚相待，才能受到越来越多学生的欢迎，才能培养出一批后来在学术界、政治界挑大梁的青年才俊。唐德刚先生说：“正因为胡先生心到口到，胸中别无城府，他老人家实在是天下最好的老师。他既没有中国旧式武师那种‘留两手’的坏传统，也没有当今美国学者那种敝帚千金、守秘密、偷情报等商业化的丑恶习惯。胡氏循循善诱，诲人不倦；其为人又诚恳和善，使你不觉得他是个前辈或师长。知之为知之，不知为不知，他和学生一起切磋研究，教学相长。所以向胡适先生学习，真是春风坐对，其乐融融。”

蔡元培校长曾赞扬胡适说：“北大关于文学、哲学等学系，本来有若干基本教员，自从胡适之君到校后，声应气求，又引进了多数的同志，所以兴会较高一点。”胡适在北大除了任教外，后来又参与到北大行政事务管理中。1919年9月，蔡元培复出后，胡适曾任代理教务长一职。1922年4月，胡适正式担任北大教务长兼英文系主任。在胡适刚至北大时，就倡导改北大年级制为选科制，选科制是选课制和学分制的合称，选课制是学校根据教师申报开放多门课程供学生选择，学生根据自己的专业需求和兴趣爱好自主选修课程；学分制是学生根据学校规定的学分要求，一旦修够学分就能毕业。现代中国大学基本都采用选科制，追溯其源头便是来自于民国时期北京大学的教学管理改革。选科制既兼顾了学生的兴趣爱好又兼顾了专业发展，有利于调动学生的积极性和创造性。胡适说："大学选课制度是让学生减少必修课，增加选修课，让他多暗中摸索一点，扩大其研究兴趣。讲新教育要注意兴趣。所谓兴趣，不是进了学堂就是算是最后的兴趣。兴趣也要一点一点生长出来，范围一点一点地扩大。"1917年11月，教育部召集讨论修改大学管理体制之会议，胡适作为主要起草人拟定了选科制等各项章程细则，并着手组织教授会事宜。1919年，北大正式采用选课制和分系法，其后各高校纷纷效仿之。

同时，胡适也借鉴美国高校管理模式倡导"教授治校"，即组织教授会，作为各系的管理机构；设立教务处、总务处，统一领导全校教务、事务工作；设立行政会议，作为全校最高行政机关和执行机关；设立评议会，作为全校最高的立法机构和权力机构。实行教授会、评议会和校务会三会管理制度，教授会决策，行政会执行，评议会立法，教务处等机关负责具体事务管理。教授治校制度有利于"学术自由、思想自由"之实现，使各教师都参与到学校日常事务的决策中，是大学独立自由精神之体现。

胡适主张男女同校，认为既能扩大女子高等教育的范围，又能养成自治的能力，在代理教务长后，还应《少年中国》杂志委托专门写了一篇文章谈"大学开女禁的问题"。蔡元培同样支持男女平等，对胡适关于开女禁的若干建议也很赞成。在胡适等人的倡导下，北京大学1920年春招收了9名女生入预科旁听，从暑假开始正式招收女生。北大作为全国大学之标杆，最早开始招收女学生，为开风气之先。

1922年10月，在山东济南召开的第八届全国教育会联合会上，胡适被推为新学制草案的主要起草员，连夜拟定新学制方案，后经大会修正通过。自此，我国改订新学制，将小学七年制改为六年制，中学四年制改为六年制（初中三年，高中三年），并将中等教育分为普通教育和职业教育两种，把大学预科取消，大学本科仍为四年，毕业以后可进研究院。新学制的宗旨是：一是适应社会进化之需要；二是发挥平民教育精神；三是谋个性之发展；四是注意国民经济力；五是注重生活教育；六是使教育易于普及；七是多留各地方伸缩余地。

如此日夜不息的工作终使胡适的身体无法负荷，1922年底，胡适向北大请假一年，其所担任的北大教务长一职由顾孟余接任。这是胡适第一次离开北大。1927年8月，胡适接受上海私立光华大学之聘，任该校教授，后又兼任东吴法克大学哲学讲座。1928年4月出任中国公学校长。1929年1月，胡适回到北京参加北平协和医学校董事会会议，这次回北京特意到了阔别三年的北大，写下饱含深情的《三年不见他——》：

三年不见他，
就自信能把他忘了。
今天又看见他，
这久冷的心又发狂了。

我终夜不成眠，
萦想着他的愁，病，衰老。
刚闭上了一双倦眼，
又只见他庄严曼妙。

我欢喜醒来，
眼里还噙着两滴欢喜的泪，
我忍不住笑出声来，
“你总是这样叫人牵记！”

1930年底，胡适举家搬迁回到北京。1931年1月，蒋梦麟出任北京大学校长，邀请胡适担任文学院院长兼任中国文学系主任，此外还聘请周炳琳任法学院院长、刘树杞任理学院院长，这样就组成了以校长为首，以院长为辅的“三驾马车”。胡适认为，“北大以研究高深学术，养成专门人才，淘融健全品格为职志”。在此思想的指导下，1932年北大正式成立研究院，研究院院长由校长担任，研究院下设文史、自然科学、社会科学三个部，后改为文科、理科、法科三个研究所，主任分别由文、理、法三个学院的院长担任。北大研究院的成立，有利于高等教育的发展，为北大学术的提高和更

20世纪30年代胡适夫妇在北平合影。

1933年担任北京大学文学院院长时的胡适。

深一步的研究创造了条件。除了担任文学院长，胡适还兼任过文学院六个学系中五个学系的主任，即哲学系主任、外国文学系主任、英国文学系主任、中国文学系主任、教育系主任。后又兼任文科研究所主任，出版、学生事务、图书馆、财务诸委员会委员，《北大学生月刊》编委顾问，教育系主任等职。即便在如此繁忙的行政工作中，胡适依然坚持战斗在教书育人第一线，开设了中国哲学史、中国近世思想史问题研究、中国文学史概要、中国文学史专题研究、汉代思想史、唐宋思想史等课程。

1937年，胡适受蒋介石委派，又一次离开北大到欧美游历，后来还成了驻美大使。1946年，胡适又一次回到北大，担任了北大校长。从胡适一生的轨迹来看，在北大三进三出，执教近三十年之久，对于北大有极深的感情。他曾说："是北大成就了我。"实际上，胡适与北大互相成就了彼此，有了北大，才有了登高一呼、力挽狂澜的胡适；有了胡适，才有了民主科学的新北大。

新文化运动主将

辛亥革命后，中国的天空依旧乌云密布。不仅政治空气紧张，思想界也同样混乱。以袁世凯为首的封建势力在帝制复辟活动之后，大力提倡尊孔读经，一批袁世凯的追随者在全国各地先后成立了“孔教会”、“尊孔会”、“孔道会”等，出版《不忍杂志》和《孔教会杂志》等杂志，大力鼓吹“尊孔复古”。1914年，袁世凯更是在《大总统祭圣告令》中宣扬：“本大总统躬膺重任，早作夜思，以为政体虽取革新，而礼俗要当保守环球各国，各有所以立国之精神，秉诸先民，蒸为特性。中国服循圣道，自齐家、治国、平天下，无不本于修身。”以“圣旨”的名义昭告全国尊孔祭孔。

1915年《青年杂志》创刊号。

袁世凯之举罔顾近代以来民主与共与思想的传播，置人民的自由和解放而不顾，这种倒行逆施之举激起了一批拥护民主与科学的知识分子的愤怒。以蔡元培、陈独秀、胡适等为首的领导者高擎“民主”和“科学”两面大旗，提倡科学与民主，反对愚昧与专制；提倡新道德，反对旧道德；提倡新文学，反对旧文学，为民众启蒙和思想进步奔走呼号。在思想贫瘠的中国大地上，爆发了一场崇尚科学、反对封建迷信、猛烈抨击几千年封建思想的文化启蒙运动——新文化运动。

新文化运动期间《青年杂志》主编陈独秀。

在新文化运动中，蔡元培、陈独秀、胡适三位巨匠为推动文化革新的“三驾马车”。蔡元培以北京大学为新文化发源地进行统率、策划，北大彼时是全国思想界的先声和标杆，以最新的进步思想和文化启蒙大众。陈独秀以《新青年》杂志为战地集结先进知识分子传播民主科学的新文化，与北大相互应和，沈雁冰曾在《读〈呐喊〉》一文中说道：“那时《新青年》方在提倡‘文学革命’，方在无情地猛攻中国的传统思想，在一般社会看来，那一百多页的一本《新青年》几乎是无句不狂，有字皆狂的……”胡适则是不折不扣的运动主将和“急先锋”。陈独秀在《蔡孑民先生逝世感言》中也说：“蔡先生、适之和我，乃是当时在思想言论上负主要责任的人。”

新文化运动的前期主要是宣扬民主和科学，是资产阶级新文化与封建旧文化的斗争，提倡以浅显易懂的“白话文”来代替陈腐晦涩的文言文。其实早在胡适留学美国的时候就认识到中国旧文学需要改革，也曾尝试作新诗，在胡适写给好友梅光迪的送别诗中说道：“神州文学久枯馁，百年未有健者起。新潮之来不可止，文学革命其时矣。”并号召同人一起“鞭笞驱除一车鬼，再拜迎入新世纪”。胡适志在革新，却遭到好友梅光迪、任鸿隽等人的嘲笑。但胡适并不气馁，受国内《新青年》主编陈独秀约稿，根据自己多年关于文学革命的思考写下《文学改良刍议》，发表于1917年1月《新青年》杂志第2卷第5号。胡适在文中提到文学改良的“八不主义”，文学革命者第一次有了比较系统的理论指导规划，吹响了文学革命的号角，掀起一场文言白话的大变革，促进了五四新文化的诞生。为了表明自己的文学主张，胡适还大发诗兴写了首妙趣横生的白话打油诗：

文字没有雅俗，却有死活可道。
古人叫作欲，今人叫作要；
古人叫作至，今人叫作到；
古人叫作溺，今人叫作尿；
本来同一字，声音少许变了。
并无雅俗可言，何必纷纷胡闹？
至于古人叫字，今人叫号；
古人悬梁，今人上吊；
古名虽未必佳，今名又何尝少妙？
至于古人乘舆，今人坐金轿；
古人加冠束帻，今人但知戴帽；
若必叫帽作巾，叫轿作舆，
岂非张冠李戴，认虎作豹？

这首打油诗通俗易懂、诙谐幽默，以戏谑的笔调主张白话运动，容易引起读者会心一笑之后的思考。

在北大执教期间，胡适也在学生中潜移默化地主张白话文运动，善于思考的北大学子们有赞成之，也有反对之。曾有北大学子质疑道："胡先生，难道说白话文就没有缺点吗？"胡适冲着他微笑着说："没有的。"那位同学更加激愤地反驳道："白话文语言不精练，打电报用字多，花钱多。"胡适扶扶眼镜柔声道："不一定吧！前几天行政院有位朋友给我打来电报，邀我去做行政院秘书，我不愿从政，决定不去，为这件事我复电拒绝。复电是用白话写的，看来也很省字省钱。请同学们根据我这一意愿，用文言文编写一则复电，看看究竟是白话文省，还是文言文省？"几分钟过去，胡适让同学们自动举手，报告用字数目，然后从中挑选了一份用字最少的文言电稿，电文是这样写的："才学疏浅，恐难胜任，不堪从命。"胡适说，这12个字确实简练。但我的白话电报却只用了5个字："干不了，谢谢。"接着他解释道："干不了"就含有才学疏浅、恐难胜任之意；"谢谢"既对友人费心介绍表示感谢又暗示拒绝之意。由此看来，语言的精练与否，不在白话与文言的差别，而在于能否恰如其分地选用字词。经过这一堂课，不少同学对胡适和白话文都有了好感。

在胡适、陈独秀两人的倡导下，一大批先进知识分子也发表了一系列白话作品，他们在《新青年》上相互应和，共同推进文化革命。1918年1月，《新青年》改组为同人刊物，采用白话文和新式标点，成立编委会，由陈独秀、胡适、李大钊、钱玄同、高一涵、沈尹默六人轮流主持编辑工作，随后周氏兄弟、张慰慈、陶孟和、王星拱、刘半农等人也相继加入。如此多的实力作家的加入增大了文学革命的力量，产生了一大批宣扬民主科学、唤醒民众的优秀作品。鲁迅1918年5月在《新青年》第4卷第5号上发表了短篇白话小说《狂人日记》，第一次以日记体和白话文来写小说，以触目惊心之笔调"意在暴露家族制度和礼教的弊害"，呼吁"救救孩子"，是现代中国新文学的第一篇杰出作品。后又创作出一系列揭露黑暗现实、呼唤民众觉醒的文章，例如《孔乙己》、《药》、《阿Q正传》等。陈独秀的《文学革命论》、李大钊的《布尔什维主义的胜利》都是那个时期的作品。1920年春，胡适《尝试集》出版成为中国第一部新诗集，还创作了《终身大事》等戏剧类作品及《差不多先生传》等小说类作品。

1918年12月，北大学生社团"新潮社"在傅斯年、罗家伦、汪敬熙、康白情、顾颉刚等骨干成员的推动下成立，胡适担任顾问，新潮社出的杂志为《新潮》，倡导以"批

《新青年》发表胡适的《文学改良刍议》。 《新青年》杂志易卜生专号。 《尝试集》。

评的精神”、“科学的主义”、“革新的文词”为宗旨创造中国的文艺复兴。胡适与学生相互应和，在《新青年》之外的第二阵地上宣扬新文化运动，在文化思想领域形成一支独特的“胡适派系”。同月，陈独秀、李大钊、胡适等一班同人创办了《每周评论》。1919年7月，胡适在《每周评论》第31号上发表了《多研究些问题，少谈些主义》的文章，认为“高谈主义，不研究问题的人，只是畏难求易，只是懒”。他号召大家“多多研究这个问题如何解决，那个问题如何解决，不要高谈这种主义如何新奇，那种主义如何奥妙”，并从学术研究上提出了胡氏治学的“三步法”。 胡适的文章引起了巨大反响，还与李大钊展开了著名的“问题与主义”之争。

新文化的萌芽必然要受到旧文化的攻击和反扑，胡适等新文化革新者受到旧派封建文人的诋毁和攻击，1919年2月，林纾就曾在《新申报》上发表文言小说《荆生》和《妖梦》，影射谩骂陈独秀、胡适、钱玄同。《荆生》中“伟丈夫”荆生大骂反对孔教和提倡白话文的田其美（影射陈独秀）、狄莫（影射胡适）、金心异（影射钱玄同），并对三人拳打脚踢使三人“敛具下山”。在小说《妖梦》中，书生郑思康梦中见“白话学堂”（影射北大、白话文学），在其中遇见校长元绪（影射蔡元培）、教务长田桓（影射陈独秀）、副教务长秦二世（影射胡适），他们谈论白话文学，后阿修罗王“直扑白活学堂，攫人而食。食而大下，积粪如丘，臭不可近”。林纾对新文化革命者极度丑化，期望他们的白话革命不得善终，受阻而亡。报上怒骂犹嫌不够，1919年3月又写信致北大校长蔡元培，希望能将新文化主将驱逐出北大。这封信被林纾公开发表在安福俱乐部的机关报《公言报》上，在社会上引起一定的轰动，陈独秀、胡适将被驱逐的谣言不胫而走。针对林纾的说辞，蔡元培在《公言报》上逐条辩驳，极力维护胡适和陈独秀，使林纾无话可说，只能偃旗息鼓。

1922年3月4日、5日，北大哲学社请梁启超讲演，讲演题目是《评胡适〈中国哲学史大纲〉》，在第一次演讲时胡适没有出席，第二次时胡适出席了且与梁启超展开了一场辩驳，两人各持己见、据理力争，使听众“如醉如狂”。当然文人间的争锋大多只是在学术立场上，私底下胡适还是很敬重梁启超的，梁启超也说《中国哲学史大纲》“自有他的立脚点，他的立脚点很站得住。这书处处表现出著作人的个性，他那锐敏的观察力，致密的组织力，大胆的创造力，都是‘不废江河万古流’的”。

由胡适等人倡导的文学革命在短时间内取得巨大成功，青年胡适也“爆得大名”。1923年3月12日，在致美国女友韦莲司信中报告自己这些年来取得的成绩时胡适大感欣慰：

> 说到中国的文学革命，我是一个催生者；我很高兴地告诉你这件事差不多已经完成了。我们在1917年开始(这个运动)的时候，我们预计需要十年的讨论，到达成功则需要二十年，可是就时间上来说，(现在)已经完全成熟了，这要感谢过去一千年来无数无名的白话作家！我们在一年稍多一点儿的时间里，激起了一些反对的意见，在不到五年的时间里就打胜了这场仗。
>
> 这种俗话“vulgate”(我喜欢把它叫做口语)已经在小学课本里快两年了，而且现在绝大部分的新书都是用活的白话写的。白话散文和诗已经成了一件时髦的事，反对的意见已经差不多完全消失了。

作为“五四”新文化运动的重要组成部分，文学革命无论在中国文学史、思想史乃至革命史上，都具有划时代的伟大意义。著名历史学家邓广铭先生评述道：“白话文运动实际上就是使书面文字现代化，而它在我国学术文化方面所起的积极作用，是没法用数字来计算的，中国文化的提高，接受外来文化，都是通过白话文的翻译进行的，整理中国传统文化的有用部分，也用的是白话文。不论是弘扬传统文化，还是接受外来文化，白话文都提供了最便利的工具。这个作用没有法子用什么东西来衡量。”胡适等同仁发起倡导的文化革命对于今天之文化、学术发展及传播可谓意义重大。

1919年5月初，巴黎和会上英、法、日、意、美等国家阴谋瓜分在中国的利益，利益制衡的结果是由日本继承德国在山东的一切特权，丧权辱国的“二十一条”也不能废除，北洋军阀政府在外交上的失败大大激起北大学生们的愤慨。5月4日，在北京大学的率领下，北京的大学生们联合举行了大规模的示威游行，他们打出“誓死力争，还我青岛”、“收回山东权利”、“拒绝在巴黎和约上签字”、“废除二十一条”、“抵制日货”、“宁肯玉碎，勿为瓦全”、“外争国权，内惩国贼”等口号，并且要求惩办交通总长曹汝霖、币制局总裁陆宗舆、驻日公使章宗祥，学生游行队伍移至曹宅，痛打了章宗祥。胡适的得意弟子傅斯年是天安门集会游行的总指挥，另一个弟子罗家伦为天安门集会《北京学界全体宣言》的执笔人。

五四运动的爆发，是中国人民彻底反对帝国主义、封建主义的爱国运动。温和改良派的胡适虽然总体上支持学生运动，却不主张将“中国的文艺复兴”发展到政治领域去。胡适说：“我们这个文化运动既然称为‘文艺复兴运动’，它就应撇开政治，有意识地为新中国打下一个非政治的（文化）基础。我们应致力于（研究和解决）我们所认为最基本的有关中国知识、文化和教育方面的问题。我特地指出我们要‘二十年不谈政治，二十年不干政治’。”胡适晚年也曾回忆说：

> 1919年所发生的学生运动，是对中国文艺复兴运动的一种干扰——他把一个文化运动转变成为一项政治运动。时日推移，陈独秀和我们北大里的老伙伴，愈离愈远。我们也就逐渐地失去我们的学报。因为《新青年》杂志，这个（传播）‘中国

《新潮》杂志。　　1919年五四运动学生游行照片。

文艺复兴’的期刊，（在陈氏一人主编之下）在上海也就逐渐变成一个（鼓吹）工人运动的刊物，后来就专门变成宣传共产主义的杂志了。

从五四运动开始，新文化运动的创始人开始逐步分裂，一部分如胡适等人主张文化革命要专注于文化思想领域，不干预政治；一部分如李大钊、陈独秀等人认为文化思想革命必然引起政治革命，开始逐步转变为共产主义者，大力宣传马克思主义和共产主义。

胡适新文化运动时期形成的文化观一直持续到20世纪二三十年代，譬如在对待中西文化的态度上，1926年6月6日胡适在《现代评论》上发表《我们对于西洋近代文明的态度》一文，文中大力颂扬西方文明、指摘东方文明，称东方文明是“知足的”，“必养成懒惰的社会”，西洋文明最大的特色是不知足，是“真正理想主义的文明”。1935年初，萨孟武、何炳松等十位教授发表《中国本位的文化建设宣言》，主张对西洋文化“取长舍短，择善从之，在从善如流之中，仍不昧其自我的认识”，对固有文化应“去其渣滓，存其精英，努力开拓出新的道路”。十位教授的论点引起国内文化人士的注意，由此而展开了关于中西文化的讨论。胡适看到报道后也针锋相对地在《大公报》上发表了《试评所谓“中国本位的文化建设”》一文，认为十位教授的“保守心理都托庇在折中调和的烟幕弹之下”。他认为文化本身是保守的，两种文化碰撞时，比较观摩的力量可以摧陷某种文化的某方面的保守性与抵抗力的一部分。在这个优胜劣汰的文化变动历程中，没有“科学方法”可以指导文化选择，但文化各方面的激烈变动终有一个大限度，终不能从根本上扫灭固有文化的根本保守性。因此，胡适认为应该“虚心接受这个科学工艺的世界文明和它背后的精神文明，让那个世界文化充分和我们的老文化自由接触，自由切磋琢磨，借他的朝气锐气来打掉一点我们的老文化的惰性和暮气。将来文化大变动的结晶品，当然是一个中国本位的文化，那是毫无可疑的”。

1935年2月间，《独立评论》刊出了吴景超的《建设问题与东西文化》一文。吴氏把对于东西文化的态度分为折中派、全盘西化派、复古派，认为胡适是“文化折中派”。后来自诩“全盘西化”持有者的陈序经也将胡适列为“文化折中派”。后来胡适就在《中国近日的文化冲突》一文中说“选择折中”其实是变相的保守论，所以他主张全盘的西化，一心一意地走上世界化的道路。胡适之“全盘西化”自有自己的苦心，因为：

全盘接受了，旧文化的“惰性”自然会使他成为一个折中调和的中国本位新文化。若我们自命做领袖的人也空谈折中选择，结果只有抱残守阙而已。古人说：“取法乎上，仅得其中；取法乎中，风斯下矣。”这是最可玩味的真理。我们不妨拼命走极端，文化的惰性自然会把我们拖向折中调和上去的。

除了在白话文运动、哲学史研究、整理国故运动中的巨大推动力，胡适在古典小说考证、文学史研究、思想史研究方面同样功勋卓绝，在古典小说考证，胡适考证了《水浒传》、《红楼梦》、《西游记》、《醒世姻缘传》、《镜花缘》等古典小说，进入到以事实为依据的考证阶段。在文学史研究方面，胡适写了《国语文学史》、《白话文学史》等巨著。在思想史研究方面，继《中国哲学史大纲》之后，胡适又创造了《中国禅学史》、《中国中古思想史长编》、《中国中古思想小史》等著述。在道德伦理观上，他和当时的很多文人受易卜生的影响，针对当时中国国情，提出了健全的个人主义——个人的自我拯救；妇女解放——救出他人；打破家庭孝道——救救孩子；社会自由——人人平等的奋斗途径。当时的很多文人也都基本上是按照这四个途径开展文学创作的。受赫胥黎和杜威的影响，胡适毕生倡言“大胆的假设，小心的求证”、“言必有证”的治学方法，以及“认真的做事，严肃的做人”的做人之道，对学界产生了极大影响。

细数新文化运动中胡适的所作所为，既有新文化兴起阶段的倡导之功，又有新文化成长过程中驱动之力。可以说正是由于有了胡适等人，新文化运动才能如星星之火般可以燎原，才能更加有声有色。

国难当头出任驻美大使

1931年9月18日，日军挑起“九一八”事变，占领中国东北，并一手炮制了伪“满洲国”。日军占领东北后，将魔爪伸向华北，阴谋策动“华北自治”。1936年6月，日本天皇批准了新的《帝国国防方针》及《用兵纲领》，公然宣称要实现控制东亚大陆和

1938年10月4日，胡适就任驻美大使，初到美国华盛顿。

西太平洋，最后称霸世界的野心。卢沟桥位于北平城西南约15公里的永定河上，既是南下的要冲，又是北京的咽喉要道，想要攻占北平必然首先抢夺卢沟桥。1937年7月7日，日本华北驻屯军第一联队第三大队第八中队由大队长清水节郎率领在卢沟桥附近进行军事演习，后以一名士兵失踪为由要求进入中国守军驻地宛平城搜查，遭到中国守军第29军严词拒绝。日军遂向中国守军开枪射击，又炮轰宛平城，第29军奋起抗战。这就是震惊中外的七七事变，又称卢沟桥事变。七七事变后，平津危矣，华北危矣，整个中华民族危矣！

在中华民族的危急时刻，1937年9月，受蒋介石委派的胡适和钱瑞升及张中绂教授踏上了赴欧美的“非正式外交”之路，以寻求国际的同情和支持。1938年7月20日，当胡适一行人从美国转赴欧洲时，收到驻法大使顾维钧转来的蒋介石征求胡适担当驻美大使的电报，此时的胡适并没一口答应，7月24日抵达伦敦后，行政院长孔祥熙电报胡适希望他“体念国难严重”，出任原驻美大使王正廷之缺，再三犹豫后胡适决定考虑同意任职。7月27日，再次收到蒋介石电报催请勉任驻美大使，胡适终于下定决心出任大使，回复电报曰：“国家际此危难，有所驱策，义何敢辞。唯自审廿余年闲懒以惯，又素无外交经验，深恐不能担负如此重任，贻误国家。故迟疑至今，始敢决心受命。”其实胡适之所以对于出任大使如此迟疑，还有其个人原因，一是胡适平生只愿做一学者文人，不愿过问政治，不愿做官，向往自由；二是胡适的夫人江冬秀也并不是一心希望丈夫做官的小脚太太，只希望丈夫能安心做学问，平平安安便好。1938年9月13日，胡适在日记中写道：“今天得外部电，说政府今天发表我为驻美大使。二十一年的独立自由的生活，今日起，为国家牺牲了。”一个倡导教育独立、学术独立的学者，在国难当头时，也只能放弃自己固守的自由和独立，为国家贡献自己的力量了。在后来写给夫人江

1939年任中国驻美大使时的胡适。

冬秀的信中胡适说："你总劝我不要走到政治路上去，这是你帮助我。若是不明大体的女人，一定巴望男人做大官。你跟我二十年，从来不作这样想，所以我们能一同过苦日子。……我不怕吃苦，只希望于国家有一点点益处。头发两边花白了，现在当中也白了不少。"

由学者胡适出任驻美大使，不可谓不新奇，对此，中美日媒体都做出了回应。代表中方舆论界翘楚的《大公报》主编张季鸾在社论中评论说："胡适是一位清新俊逸的大学教授，是民主主义和自由主义者。平时以教书为业，从来不想做官。他的使命在文化学术，性格理智和平，不轻易感情冲动，因此美国人应当相信他是最冷静、最公平的学者和外交官。他最了解美国，也最了解中国，我们政府与人民十分期待他此次能完成更加增进中美两国友谊的崇高使命。"美国方面也对胡适出任驻美大使表示欢迎，所有听闻胡适博士将荣膺驻美大使的民众都表示高兴，美国《纽约时报》的一篇评论中说："胡适不是狂热分子，他是言行一致的哲学家。他的外交必定是诚实而公开的。他将有很大的贡献，使中美两国人民既有的和好关系更能增进。"而日本政界则是大感惶恐，东京《日本评论》说："日本需要派出三个人一同使美，才可抵抗住胡适。那三个人是鹤见佑辅、石井菊次郎和松冈洋右。”鹤见佑辅擅长文学，石井菊次郎长于经济，松冈洋右英语极好且为雄辩家。三人同时出马方能抵挡住胡适对美国政界的影响，由此可见胡适出任驻美大使还是有很大优势的。

1938年10月5日，胡适正式在华盛顿上任。10月8日，胡适收到蒋介石要求代转给罗斯福的电报，电报上说：“中国人民深信唯有美国政府为唯一可以为获取公平和平之领导者，如美国有意发起邀集有关国家举行永久和平之会议——如华盛顿会议之先例，此正其时。”10月19日，罗斯福复电表示：“本人期望基于真正平等标准以转移冲突之因素使趋于和平。本人谨保证，一俟适当时机来临，自当尽力以赴。”此处罗斯福表示“等待时机”，说明美国插手欧亚事务还未到时间，对于被侵略国家和人民仅仅只能表示道义上的同情和支持，不能予以实际上的支持。此时的美国正笼罩在孤立主义哲学的桎梏中，美国国会于1935年通过了《中立法案》，禁止运送军火至交战国，因为美国人民普遍厌战，期望在大洋彼岸躲避二战的炮火。此外，美国不愿制裁日本还在于日本给其带来的巨大的经济利益。20世纪30年代日本占美国外贸总额的8%～9%，而中国还不

1941年，国民政府驻美大使胡适（中）向罗斯福总统（左）说明中国万人签名的文件。

到此数的一半。日本的大量外贸有1/3是同美国做成的。美国全部远东外贸的2/5是同日本进行的，只有大约1/5是同中国进行的。孰优孰劣，一目了然，因此美国在对待中日战争问题上一直举棋不定，模棱两可，既不愿援助中国惹怒日本，也不能坐视中国被日本整个占领。身为驻美大使的胡适深深理解美国政界的考虑和犹豫，基于整个二战局势的考虑，胡适在其接下来的四年大使生涯中将自己的外交工作的主导思想定位为“和比战难”，“苦撑待变”。

胡适原本为和平主义者，在中日战争爆发之初还期望着能和平解决中日之争，只是随着战争之愈演愈烈以及逐步认识到日本之狼子野心，卢沟桥事变后，胡适有了“和比战难百倍”的见解。1938年10月8日，蒋介石给罗斯福发电报希望他出面调停中日武装冲突，胡适闻讯后在13日发回国内的电报中说词慷慨激昂：“六年之中，时时可和，但事至今日已不能和。六年中，主战是误国，不肯负责任主和是误国，但今日屈服更是误国。”在胡适10月20日发给蒋介石的电报中，胡适条陈缕析，深刻剖析“和比战难”的原因，在分析国际各强国之态度后，胡适提出“美苏两国均不愿中国讲和，就目前情形论，此言已得印证不容再有存疑。苏俄不愿我讲和，故以武器助我。美国不愿我溃败，故愿经济助我。故就我国现况言，唯有等待时势演变”。

在胡适四年的大使生涯中，其外交工作的重点主要集中在以下几个方面：一是促成美国中立法的修订，敦促美国对日实行经济制裁；二是促成美国与英法及中国在远东的合作，防止美日妥协；三是争取美国财政援助；四是向重庆政府时时通报美国政界动向。

由于美国《中立法案》的推行，战争中的中国无法得到美国的经济援助，军火禁用的规定也大大制约了中国的武装抗日，此时的蒋介石政府财政困难，因此敦促胡大使寻求美国经济援助。在胡适任职大使期间，他主要促成了两次成功借款，第一次是“桐油借款”。早在胡适任职之前，蒋介石就派遣财政部贸易委员会主任委员陈光甫赴美洽谈美国援助中国贷款事宜，虽最终拟定方案，但由于中日战局中方的不利（广州失守，武汉危机）使得美国政界对中方能否坚持抗战产生了怀疑，贷款方案被搁置。胡适到任后，与陈光甫相互配合，在美国白宫、国务院和财政部之间斡旋，全力推动贷款进程。1938年10月27日，胡适前往白宫向罗斯福总统递交国书，在会谈中表示了中方将坚持抗日、永不言弃的决心，罗斯福总统表示“美国将继续主张维持国际法律，增进国际正常关系，以谋促进文明之进步。胡大使名遍世界，今出任中国驻美大使，必能进一步促进中美之谅解，美国对于中国，亦随时准备与之合作”。10月31日，胡适再次拜谒罗斯福总统，向其诠释蒋介石《告全国军民书》精神，再次申明中国军民抗战的决心和勇气。11月30日，罗斯福总统正式批准对华贷款。又经过半个多月的细节商讨，12月15日，“桐油借款”终于顺利签约。为了绕过美国《中立法案》的掣肘，此次“桐油借款”用的商用借款的名目，由中方陈光甫牵头的“复兴商业公司”，在国内购买桐油售卖给美国的“世界贸易公司”，再由“世界贸易公司”与美国进出口银行订立贷款合同，担保人为中国银行。“桐油借款”的顺利签订使中国获得了美国2500万美元贷款，用于购买美国的农工产品，中方在五年内向美国出售桐油22万吨，按年偿还贷款，贷款由中国银行担保。“桐油借款”对于饱受蹂躏的中国无异于一剂强心剂。虽然实际经济利益并不明显，但其政治意义远超其上，这标志着美国在远东政策开始向援华制日发展，接下来的抗战中美国有可能成为中方抗日的助力，这对于苦苦抗日的中方军民无疑为一个鼓舞人心的讯号。12月18日，蒋介石电贺胡适：“借款成功，全国兴奋。从此抗战精神必益坚强，民族前途实利赖之。唯望为国珍重，常保健康。”王世杰评论：“这次借款，在胡适之先生就任短期内即告成功，并不是基于他，或者是当时派往华府筹划借款事宜的陈光甫先生有着特殊的外交手腕；主要的原因，是罗斯福总统当时已经完全了解我们政府继续抗战的决心，可是白宫及国务院对于胡、陈两位的尊敬与信赖，也确是借款速成的一个大原因。”

抗战时期的驻美大使胡适（右）。

随着中国抗战的连连失利，蒋介石政府再次陷入困境，1939年五六月间，蒋介石再次派遣胡适和陈光甫向美国申请借款，此次借款为“滇锡贷款”，以锡矿做交易。二次借款依旧受到国际形势和美国外交战略的牵制，在半年多的游说斡旋中，胡适与陈光甫先后多次拜访美国总统罗斯福、国务卿赫尔、财政部长摩根索、财政部中央贷

胡适在看报。

款主任琼斯、国务院远东司司长亨培克，表达中国抗日的决心以及中国还债信誉高的优点。1940年2月29日，“滇锡贷款”终于经国会通过。4月24日，协议签字，美国将对华贷款2000万美元，中方在今后7年内向美方售锡4万吨以偿贷款，中国银行依旧为此次贷款提供担保。在“滇锡贷款”中，胡适与蒋介石产生分歧，“滇锡贷款”成功后，宋子文赴美，胡适被架空，在其后的几次借贷中都是起协助作用而非主导作用。

胡适在抗战时期对美外交工作的重点便是促使美国放弃中立，援华制日，防止美日妥协。《美日商约》的废止使中国大众看到美国拥有可以制裁日本的砝码，这对于刚与英国签订《有田—克莱琪协定》的日本不啻于一个严重警告。在《美日商约》废止后，胡适认为要求国会立法必旷日持久，此时可使白宫、外交部运用时势，对日采取制裁性的行政措施，如果日本“恼羞成怒，而大发疯狂，则局势演变，或大出今日吾人意表”。这便是在期望日本在受到经济制裁后能分寸大失，与美交恶甚至对美开战。1940年6月20日，日本派遣军事部队抵达越南北部，7月17日，日本迫使英国宣布关闭滇缅路三个月。这对于中国来说是个大威胁，且滇缅路封锁也不利于中国军事物资人员的运送。对此胡适心急如焚，多次找美国总统及国务院磋商。

1941年4月，日本驻美大使野村吉三郎和美国国务卿赫尔分别代表日、美双方举行谈判。日方谈判是因为德意日联盟的缔结，一旦美国与德国开战，日方也不得不对美国宣战，被美国强大的经济军事实力所震慑，日本无法承受与美国交战之严重后果，因此想要通过谈判使美国牺牲中国之利益，承认其在中国的侵略成果，并放松对其经济制裁。美国接受谈判则是受孤立主义哲学影响，希望尽量晚地卷入世界大战。听闻此信，胡适立马向美方问询，赫尔表示这次会谈并没有达成任何协议，对赫尔与日本议和的建议，胡适坚决抵制。1941年下半年，日本进兵印度支那南部，占领了向东南亚和西太平洋地区扩张的桥家堡，对美国在远东和太平洋地区的利益构成了极大威胁。1941年7月25日，罗斯福总统终于发布命令冻结日本在美国的全部资金，扩大对日禁运物资，后又对日关闭巴拿马运河，使日本陷入前所未有的孤立局面。

为了通过谈判赢得更多的军用物资和更加充裕的备战时间，1941年8月起日美举行了一系列会谈，虽美国方面一再表示美国对于“援华制日”的基本主张不会动摇，但事实上美国也曾经差点对日妥协，妄图以牺牲中国部分利益的代价来换取美日战争爆发的

1942年胡适在纽约援华总会“七七事变”五周年纪念大会上。

延迟。1941年11月22日，赫尔邀请英国、澳大利亚、荷兰、中国四国会谈，表示在日美一系列的会谈后，美国初步决定由美国的《临时妥协方案》（Modus Vivendi）来取代日本的《临时妥协方案》，美国将对日放宽封锁以换取日本从越南撤退。胡适质问美方对日封锁放宽到何种限度，日本无法向其他方向进攻必然全力进攻中国，美方是否有能力约束日本不进攻中国。11月24日，赫尔再次约见四国大使，讨论美方修订的《临时妥协方案》，在方案中美国同意修改日本在美冻结的资产，恢复同日本的有限贸易；日本将从印度支那南部撤军，在印度支那北部驻军不得超过25000人；美国和日本均不得在东北亚、东南亚、北太平洋地区、南太平洋地区采取武力行动。胡适再次坚决抗议方案中日军屯兵有可能攻击中国其他地区，中国将面临的危险极大。此时，胡适已经通过国内戴笠的军统情报局破译了日本的电报，得知日军即将对美国发动战争，并将此消息立即告知了美军当局。美军却认为中方没有如此先进的电讯工程技术，并离谱地认为美日关系尚好，此事为中方从中作梗，竟然没有相信这一重要情报，贻误了战机。迫于紧急的形势，胡适凭一己之力难以改变美国的外交政策，只好向赫尔提出严正的抗议。11月24日夜，胡适连夜拜访亨培克，向其陈述滇缅路畅通对于中国作战之意义，希望美国不要对日采取绥靖政策。11月25日，胡适拜见赫尔，表示中国绝不同意《临时妥协方案》，言辞之的激烈，前所未有，赫尔不禁为之动容。据美国历史学家保罗·海尔回忆说："这位一向温文尔雅的学者第一次在美国最高领导人面前发了脾气。"可以想到，胡适当时是有多么的激动。鉴于中方的强烈反对，英、荷、澳表面的支持、实际的反对以及广大民众的反对，美国拒绝了日方方案，11月26日，赫尔向日本特使野村与来栖宣读了代表美国立场的《赫尔备忘录》，美日会谈走向崩溃。日美间的太平洋大战已不可避免。12月7日夜，胡适在纽约参加一场晚宴并发表演说，因与罗斯福有约在前，又匆忙连夜赶赴华盛顿。12月8日上午，美国总统罗斯福在白宫接见胡适，一见面，罗斯福就对胡适说："胡适！那两个家伙(日本外交大使野村、来栖）刚刚离开这里，我把不妥协的话语坚定地告诉他们了。你可以立刻告诉蒋委员长。但从此太平洋上随时有发生战争的可能，可能发生在菲律宾及关岛等地。"胡适听到这个好消息很是兴奋，在向罗斯福表示感谢之后便即刻动身返回自己的住处。就在胡适已返回住处用餐时，罗斯福亲自打来电话说："胡适！刚才接到报告，我要第一个告诉你，日本海军正在猛烈地袭击珍珠港！"胡适听罢，便立即将消息以加急电报汇报给重庆国民政府。12月9日，罗斯福发表文告，美国正式对日宣战，太平洋战争全面爆发。重庆国民政府也正式发布文告，对日宣战，中国逐渐取得了抗日战争的有利地位。胡适说："这使我为国家和民族松了一口气。"四年前在纽约的演讲中提到的"苦撑待变"的期望也算实现了。取得这些成绩和变化，作为大使的胡适拥有一份值得纪念的辛劳。

作为"书生大使"，与其他大使的不同之处就在于胡大使热衷于学术演讲，希望通过演讲获得美国民众对于中国之同情和对于法西斯国家之痛恨。在胡适的大使生涯中，他曾做过400多次演讲，其演讲主题主要是分析中日战争的现状、策略和前景，揭示不正义的法西斯国家必将失败的原因，鼓舞民众相信中国抗战的决心和信心，呼吁民众联合抵制日本，对被侵略国家施以同情和支持。兹举以下几个例子：1938年12月4日，胡适在纽约哈摩尼俱乐部讲演《北美独立与中国战争》，将中国的抗战与美国独立战争作比较；1938年12月5日，胡适在纽约中国文化协会演讲，演讲主题为《日本对中国的战争》，对美国民众痛陈日本侵略军之暴行，争取民众同情和支持，呼吁全世界一起对日进行经济制裁；1939年8月10日，胡适在密歇根州安纳伯远东事务研究院演讲《中国抗战的展望》，强调中国抗战士气高涨，在各战线都取得重大成绩；1939年12月5日，胡适在纽约市政协会发表演讲《中国目前的形势》，用统计数字说明持久战将使日本力量逐步削弱，中方力量将不断强大；1939年10月30日，胡适在纽约市美国中国协会演讲《我们还要作战下去》，表明中方将坚持作战，直到真正的东方和平到来；1942年2月，胡适在美国西海岸巡回演讲《中国作为一个作战的联邦》，更加详细地阐述了中方之所以在困境中也能坚持下去的五个原因。胡适演讲的足迹遍布美国各地，演讲对象也从当地政要到普通民众，从上层到下层瓦解美国的孤立主义哲学，促进美国《中立法案》的废止，为中国的抗战争取到了有利的国际环境。

1942年8月15日，蒋介石发来拟免其大使职务的消息，身心俱疲的胡适回电："蒙中枢垂念衰病，解除职务，十分感激。"1942年9月11日，国民政府宣布免去胡适驻美大使职务，由魏道明接任。胡适卸任大使的消息传出后，美国《纽约时报》深表遗憾，发表评论道："重庆政府寻遍中国全境，可能再也找不到比胡适更合适的人物了。"《华盛顿邮报》也认为胡适是"有史以来最受欢迎的中国驻美使节"，"他所获得的学术和其他方面的荣誉超过驻在美国的任何使节"。中方也对其高度赞扬，蒋介石说："先生并非外交官，而是中国有代表性的著名学者，在国际间有极为崇高的声望。自他持节驻美以后，使中美关系更趋于紧密化。"

民国最后一任北大校长

1945年8月15日，日本法西斯宣布无条件投降。随着抗日战争的全面胜利，因抗战而南迁到昆明的西南联合大学（北京大学、清华大学、南开大学组成）终于能北迁到北平和天津。清华大学校长梅贻琦、南开大学校长张伯苓仍任原职，而北京大学原校长蒋梦麟却因为出任国民政府行政院秘书长而无法继任。如此，北大校长一职就只能虚位以待。在蒋介石看来，胡适或者傅斯年是合适人选，但胡适远在美国，因此属意于身在中国的傅斯年。但胡适的高足兼挚友傅斯年却向蒋介石力荐胡适，在8月17日写给蒋介石的信中说：

> 惟斯年赋质愚憨，自知不能负荷世务，三十年来，读书述作之志，迄不可改。徒以国家艰难，未敢自逸，故时作谬论。今日月重光，正幸得遂初志，若忽然办事，必累钧座知人之明。兼以斯年患恶性血压高，于兹五年，危险逐年迫切，医生告诫，谓如再不听。必生事故。有此情形，故于胜利欢腾之后，亦思及觅地静养之途，家族亲友，咸以为言。若忽任校务，必有不测，此又求主席鉴谅者也。抑有进者，北京大学之教授全体及一切有关之人，皆盼胡适之先生为校长，为日有年矣。适之先生经师人师，士林所宗，在国内既负盛名，在英美则声誉之隆，尤为前所未有。今如以为北京大学校长，不特校内仰感俯顺舆情之美，即全国教育界，亦必以为清时佳话而欢欣。在我盟邦更感兴奋，将以为政府选贤任能者如此，乃中国政府走上新方向之证明，所谓一举而数得者也。

傅斯年的一番诚恳陈情使蒋介石改变了主意转而邀请胡适担当校长，但信奉自由主义的胡适却不愿意担此重任。其实早在1932年，蒋梦麟想离开北大安排胡适任校长时，胡适就给蒋梦麟写信表示："我现在担任文学院事，既不受薪俸，又不用全日办公，这是'玩票'式的帮忙，来去比较自由。北大校长的事，就大不同了。中基会的董事，编译会的委员长，都发生了问题，我自己的生活与工作两项也根本上发生问题。自由将变为义务，上台容易，下台就很难了。"傅斯年却是乐观的，带领大家分头写信劝导，号召大家“积极去干”，认为“目下只有胡先生（任校长）一法，只有他能号召人，北大名字也不能号召”。由于事出紧急，蒋介石政府不及征得胡适同意便在报纸上公开了这一消息。9月6日，国民政府正式任命胡适为北大校长。胡适将任北大校长一事一俟见报便引起轰动，北大教授如汤用彤、周鲠生、段锡朋、周炳琳、傅鹰、郑天挺、江泽涵、丁声树、贺麟、吴景超等纷纷致电致函，表示内心的欢欣。贺麟表示：“先生长北大消息传出后，众望所归，群情欢悦，不仅为北大之复兴庆幸，且为整个中国教育学术之光明进步庆幸。”罗常培则希望：“回国后，开宗明义第一章，应把北大恢复到蔡先生的自由主义色彩。”更有北大教授为胡适提出建议、举荐人才。在胡适未归之时，北大由傅斯年暂为代理校长一职，傅斯年表示：“北大复校，先生继蒋梦麟先生，同人欢腾，极盼早归。此时关键甚大，斯年冒病勉强维持一时，恐不能过三月。”胡适回电表示：“北大复员，仍不可无梦麟兄之领导。……梦麟兄为政府征调，只是暂局，孟真兄肯扶病暂代，最可感幸。将来弟归国，若不得已，亦愿与孟真分劳，暂代一时，以待梦麟兄之归，此意至诚恳、乞亮查。”

1945年11月，傅斯年抵京，代理北大校长一职。傅斯年深知胡适温良的性子不适于“复员”前期的整理工作，因此愿意以自己强硬的革命态度将北大清理干净，为胡适“打天下”。傅斯年一上任立马表示要坚持摒弃伪北大教职员，认为伪教职员是“暑假后北大开办的大障碍，但我决心扫荡之，决不为北大留此劣迹。实在说这样局面之下，胡先生办远不如我，我在这几个月给他打平天下，他好办下去”。傅斯年可谓是知胡适至深，不愿让胡适为难，意在给胡适一个干净清洁的环境开办北大。

1946年6月，胡适回国。7月12日，胡适到达南京与相关人员商量就职之事，教育部部长朱家骅、外交部部长王世杰及蒋梦麟夫妇前去机场迎接。7月14日，蒋介石接见胡适并共进早餐。7月29日，胡适飞往北平。8月14日，北大校友会在蔡元培纪念堂开会欢迎胡适。8月16日，胡适在蔡元培纪念堂主持召开第一次北大校务行政会议。其后一连串的行政会议为暑假后新学年的全面工作做了准备，在原有的文、理、法三学院的基础上又增加了农、医、工三个学院，聘请增加了许多教员，正式聘任汤用彤为文学院院长，饶毓泰为理学院长，周炳琳为法学院长，马文昭为医学院长，俞大绂为农学院长，马大猷为工学院长，樊际昌为教务长，陈雪屏(后是贺麟)为训导长，郑天挺为总务长，组建了复员后的北大新的领导班子。

1946年10月10日，北京大学在国会街北大第四院举行了新学年开学典礼。此次开学典礼被视为“北大复兴”的历史性重要标志。当日到校学生3500名，数量蔚为可观。在门口“热烈欢迎胡校长”、“要求学术自由与思想自由”等标语尤其显眼。在开学典礼上，胡适用亲切的语气跟全校师生谈到自己的“一点小小的梦想”，希望能办成“一个像样的学校”，这个学校能“一，提出独立的、创造的学术研究；二，对于学生要培养利用工具的本领，作一个独立研究、独立思想的人”。胡适大声疾呼要求学生独立，并秉承自己一贯教育独立的思想要求学生不管党派信仰，都要知道：“学校是做人做事的机关，不要毁了这个再过多少年也不容易重建的学术机关。”

1947年夏，胡适致函国防部长白崇禧和参谋总长陈诚，提出一项“关系国家大计”的计划，建议以北大物理系为基地，网罗高端物理人才，在北大专门从事原子能的研究，并训练一批青年学者以为未来中国国防之用。胡适亲自联系了钱三强、何泽慧、胡宁、吴健雄、张文裕、张宗燧、吴大猷、马仕俊、袁家骝等九位著名物理学家，九人都答应来北大。1948年，胡适终于从“中华文化教育基金会”获得25万美元资助，作为几所重点大学的复兴经费，分配给北大10万，中山大学、武汉大学、浙江大学各5万。胡适打算将此项基金全部用于建设北大物理系。不过最后这个计划落空，胡适又将这10万

1946年胡适（中）回国。

退还给中基会。

1948年8月，胡适在南京出席中央研究院院士选举筹委会时提出《十年教育计划》，后改名为《争取学术独立的十年计划》在《独立时论》上发表。在胡适的十年教育计划构想中，他希望“在十年之内，集中国家的最大力量，培植五个到十个成绩最好的大学，尽力发展它们的研究工作，使它们成为第一流的学术中心，使它们成为国家学术独立的根据地”。第一批的五个大学为北大、清华、中大、浙大和武大。同时，胡适认为从长远来看，“这个十年计划也可以分做两个阶段。第一个五年，先培植起五个大学，五年之后，再加上五个大学。这个分两期的方法有几种好处。第一，国家的人才与财力恐怕不够同时发展十个第一流的大学；第二，先用国家力量培植五个大学，可以鼓励其他大学努力向上，争取第二期五个大学的地位”。胡适的《争取学术独立的十年计划》甫一发表，便遭到部分校长和学者的质疑和不理解，认为各校的不均衡发展不利于教育之总体进步。9月23日，北大为讨论“十年计划”召开教授会，结果胡适回家后悲

1948年9月15日，北大校长胡适与出席泰戈尔画展的来宾在孑民堂前留影（前排右五徐悲鸿，右六胡适，左一季羡林，左二黎锦熙，左三朱光潜；第二排左三饶毓泰，左七郑天挺，左八冯友兰，左九廖静文；第三排左五邓广铭）。

观沉痛，在日记中叹息道："这样的校长真不值得做！大家谈的想的，都是吃饭！向达先生说的更使我生气。他说'我们今天愁的是明天的生活，哪有工夫去想十年二十年的计划？十年二十年后，我们这些人都死完了'。"

其实无怪乎大学教授无心讨论"十年计划"，随着国统区经济的崩溃，物价飞涨，黑市猖獗，大学教师的生活更加苦不堪言，甚至举行"罢教"抗议。1948年4月5日，清华、北大的讲师教员助教联合会等联合发表《为争取合理待遇告社会人士书》，其中写到这种悲惨的境遇："几个月来，教育界同人除了普遍的穷困，三餐不给，儿女啼饥号寒之外，以致弄到神经失常，以致疯狂，有的服毒，有的跳楼自杀。这些惨状，都彰彰在人耳目。"胡适作为校长，对于这种现状也无力阻止，只能尽量申请经费以稍缓现状，他曾苦闷地说："教授们吃不饱，生活不安定，一切空谈都是白费。"

胡适在出任北大校长后，蒋介石出于政治上的考虑，曾屡次邀请胡适入政府为官，官职数易。1947年2月4日，蒋介石通过傅斯年写信告知胡适，拟请他担任国府委员兼考试院院长。2月6日，胡适收信后立即给傅斯年复信告之："我在野——我们在野——是国家的、政府的一种力量，对外国，对国内，都可以帮政府的忙，支持他，替他说公平话，给他做面子。若做了国府委员，或做了一院院长，或做了一部部长……结果是毁了我三十年养成的独立地位，而完全不能有所作为。结果是连我们说公平话的地位也取消了。"在多轮拉锯战似的游说与拒绝后，蒋介石终于找到一个"两全之法"，邀请胡适再次担任驻美大使。胡适在写给王世杰的回信中详细阐述了自己不能出任驻美大使的原因："其一，受命办学校，才一年半，毫无成绩，即去做他事，在道义上对不住国家、学校、自己。其二，我今年五十七了，此时若改行，便是永远抛弃学术上的事业了。这是不是一件大损失？至少我自己有点不甘心！其三，……五年不注意国内外形势，实已是很"外行"了，一时不容易恢复从前的自信力。此三点之中，第二点最重要。"后来蒋介石甚至想要推举胡适为总统，那是1948年3月，国民党政府准备召开"行宪国大"第一次会议，这是从"训政"到"宪政"的第一届会议，此次会议要选举总统、副总统等职。这次会议是国民党政权在大陆撤退前的最后一次垂死挣扎。4月3日晚，蒋介石亲自约见胡适，并说："我将于国民党中央执行委员会全体会议里提名你为总统候选人。在这部宪法里，国家最高的行政实权在行政院，我这个人不能做没有实权的总统，所以愿将总统让给你，我自己当行政院长。不然的话，你来做行政院长，我做总统。"4月4日，在讨论总统候选人的中央执行委员会全体会议上，蒋介石首先声明自己坚决不做总统候选人，同时提议由党外人士为总统候选人。但是，这个提议遭到了国民党内绝大多数人的反对，各中委仍一致拥戴蒋总裁为总统候选人。结果，这个总统候选人还是非蒋介石不可。同时还提议修宪，给予总统更大权力。于是，蒋介石不再坚持由胡适出任总统候选人。4月8日，蒋介石约请胡适到主席官邸吃饭，对于胡适没有当选总统候选人表示歉意。蒋说："我的建议是在庐山考虑的结果，不幸党内没有纪律，我的政策行不通。"胡适很诚恳地回答说："党的最高干部敢反对总裁的主张，这是好现状，不是坏现状。"蒋介石希望胡适出面组织一个政党，参与政治。胡适表示不感兴趣，回答说："我不配组党，但有一个建议，国民党最好分化作两三个政党。"

1946年胡适夫妇在北平东厂胡同公馆合影。

国民党的崩溃比预想中来得要更快。1948年底，人民解放军已经包围了北平四郊，国民党政府的高校“南迁”计划不得不变更为对平津学术教育界著名学者的“抢救”行动。此时的胡适依旧不愿离开北大，认为“外寇入侵时，我们可以撤退，现在是内战，我怎么好丢开北大不管逃跑偷生呢？”12月13日，蒋介石专派陈雪屏飞抵北平劝其南下，15日，胡适拿着几册正在考据的《水经注》稿本和十六回残本的《甲戌本脂砚斋重评石头记》，带着夫人江东秀及孩子一起到了南苑机场。飞机起飞后，中国人民解放军随即拿下了南苑机场。12月17日，是北大五十周年校庆日，胡适在出席当地北大校友会举办的“北大五十校庆大会”上羞愤地表示：“我是一个弃职的逃兵，实在没有面子再在这里说话。”他痛恨自己“不能与多灾多难之学校同度艰危”，唯有希望北大能“安全渡过这一难关”。昔日的北大校长想到在南京逃难的凄惶日子以及挚爱的北大不禁痛哭失声、悲痛欲绝。

1949年1月8日，蒋介石邀请胡适在黄浦路总统官邸吃饭，席间劝胡适说：“我不要你做大使，也不要你负什么使命，例如争取美援，不要你去做。我只要你出去看看。”这是蒋介石对“过河卒子”胡适的最后一点真心了。1月13日，胡适将自己的重要信件文稿托傅斯年带到台湾寄存在中央研究院史语所。1月21日，胡适送妻子江冬秀和傅斯年妻子俞大采同去台湾。当天蒋介石发布文告宣布下野。3月23日，胡适与傅斯年一起赴台湾安置家属，29日胡适返回上海。在胡适离开大陆前，蒋介石曾表示想见胡适一面，胡适回答道：“我应该去溪口，拜望蒋先生。我想了一下，还是不去的好。我就是这样一直往美国去，能不能替国家出一点力？总是尽心去看着做。请你把这个意思转达蒋先生，我就这样去了。”4月6日，胡适与王世杰在雷震处用过早餐之后，即乘坐11点的克利夫兰总统号轮船离开了上海。这是胡适第六次出国，从此再也没有回到过大陆。

经受凄风苦雨的晚年岁月

1949年，随着解放战争的结束，国民党只能退居台湾。此时的胡适，虽然已踏上开往异国他乡的轮船，远离了自己生活多年的故土，但他在美国并没有像其他人一样取得绿卡安享晚年，而是依旧作为一个“自由主义幽灵”，积极投身政治。受蒋介石的委托，肩负为蒋介石集团宣传并争取美援的使命，胡适开始了之后的美国之行，并积极支持国民党政府，做了一个“不安分的寓公”。又由于某些政治方案以及自由主义思想引起蒋家父子不满，迫于政治的压力以及落叶归根的情结等，胡适返回台湾，为国民党科技发展事业倾尽心力，直至逝世。一方面他的生活始终没有脱离政治，一直为政治奔走呼喊。作为“中央研究院”的院长，他还积极促进国家科技发展，并为国家筹集人才；另一方面他始终坚持自己对“自由主义”的信仰，争取著作自由、出版自由等各种自由的权利，通过各种演讲，宣传自由主义。但是作为一个学者和教育家，胡适的晚年又是平庸的，因为忙于政治而无暇顾及自己的学术和著作，导致很多“学术债务”未偿清，而且也没有提出新的学术观点，这也是一件令人遗憾的事。

在美国做寓公时期的胡适。

寓居美国的日子

1949年4月21日，胡适坐船到了美国的旧金山，不久从台湾接来了妻子江冬秀。胡适流亡美国的生活就这样开始了。为维持生活，胡适接受了普林斯顿大学葛思德东方图书馆馆长的工作。在这宁静的"寓公"生活中，他本可以远离政治，以完成自己那些未完成的学术著作。然而，可能是由于负有蒋介石的使命的原因，他并不安分。

异乡的落魄：清贫的美国生活

1949年4月6日，胡适受蒋介石"重托"，毁家纾难，赶赴美国求援。4月21日，胡适坐船到了旧金山，随即在纽约东城81街104号的一幢简陋的小公寓住下，这是他在1942年离开驻美大使馆后租住的房子。只是这时的胡适已没有了当年的风采。

刚到美国，胡适比较清闲，无所事事，既无心研究学问，又不愿意涉足政治，在8月16日给赵元任夫妇的信中流露出了他此刻"十分苦闷"的心情：

你们劝我在外教书，把家眷接来。此事我也仔细想过，但我不愿久居外国。读了White Book(白皮书)之后，更不愿留在国外做教书生活。

我想回去做点我能做的事，第一，决不做官。第二，也不弄考据了。至于"我能做"什么，我现在还不很明白。也许写文章，也许是讲演，也许是两项都来。此事请元任替我想想，就给我一个判断，请不必告诉外间朋友。

寓居美国的胡适。

为维持生活，胡适从9月份开始受聘普林斯顿大学葛思德东方图书馆馆长之职。这一职位，很少洋学者可以担任，是一份闲差，每年可以领取几千美金贴补家用。他也在美国著名学府作过短期讲学，还有一些零星讲演的机会，但这些都算不上是长期性的工作。

胡适的身体状况不是很好，由于心情压抑，曾两次心脏病发作，不得不接受医生的建议，在护士的照料和严格监视下，减少会客，常常只吃几片干面包。身体不适，又客居他乡，年近花甲的胡适自然会想念他的妻儿和故友。在寒冬来临时，胡适接来了远在台湾同样孤单无靠的江冬秀。迫于生活的窘况，胡适只好让江冬秀于次年6月到美国与自己一起生活并接受普林斯顿大学葛思德东方图书馆管理员的聘请书，以维持最起码的旅居异乡的生活。

在美国期间，虽然日子清贫，但是胡适仍然自食其力，未申请取得绿卡(永久居留权)。平时生活中，没有佣人伺候，胡适就亲自动手扫地，抹桌子，洗玻璃杯，外出买菜、买面包。一些杂事无秘书代理，外出时还得挤公共汽车。纽约的寓公生活，不仅清苦，连日常的安全保障都没有。好友唐德刚曾写道：

> 一次，胡先生外出，胡太太一人正在厨房烧饭，一个彪形大汉忽然从防火楼梯破窗而入。幸好胡太太没有学会一般美国女人临危时的尖叫，她只是下意识地走向公寓大门，把门打开，反身对那窃贼大叫一声“Go！”那位窃贼看了胡太太一眼，真的从门口“Go”了。胡太太把门关好，又径直地回厨房烧菜去了。

幸好江冬秀女士比较淡定而有魄力，否则后果就不堪设想了。

胡适对流亡美国时期的生活曾感到很无聊，除了陪妻子和客人打牌消磨时光外，他还经常去哥伦比亚图书馆内看书，看中文报纸，所有的侨报都看，而且有时“批阅纽约旧金山出版的侨报副刊比他太太靠打牌消磨岁月，实在好不了多少”。可见，他真是闲得无聊之极了。不过，他在那里认识了唐德刚、周策纵等台湾留美学生。那时唐德刚在哥伦比亚大学半工半读，是胡适在馆内所认识的唯一华裔小职员，因此胡适每次去总是去找唐，让他帮忙借书、查找书，慢慢地便成为朋友了。但是，他毕竟不安心于寂寞的寓公生活，从固有的政治立场出发，他始终为台湾当局“用嘴、动笔、跑腿”甚勤，之后胡适的活动也恰恰说明了这一点。

胡适夫妇在绮色佳与韦莲司（右二）。

文化思想的追求：不安分的“自由主义幽灵”

当胡适乘坐的海轮刚刚驶进旧金山港口的时候，解放大军百万雄师也已经渡江，成功占领南京。面对一些采访的美国记者，胡适表示：“不管局势如何艰难，我始终是坚定地用道义支持蒋总统的。”而且他当时认为蒋介石在大陆迅速溃败的主要原因在于美国援蒋不力，或者说是美国“出卖”了国民党政府。基于这些，胡适在1949年7月16日通知当时国民党政府驻美“使馆”，表示要取消同美国官方人士的一切政治约会，并解释说，这是“替国家保留一些尊严”，也为自己保留一些“人格”。尤其是该年8月5日美国政府公布了“白皮书”后，胡适更加感到美国政府在中国抗战后的内战期间对蒋援助不力。

1950年6月，美国发动了侵朝战争，随即美国第七舰队游弋于台湾海峡；7月，联军统帅麦克阿瑟由东京访问台湾，美蒋关系趋于缓和。在这种情况下，胡适对美国的态度也发生了一些变化。与此相适应，胡适对蒋介石政权的支持也不只局限于“道义”上，而是在美国积极参加各种政治活动，发表各类演说，希望美国可以积极支持国民党政府。

胡适晚年在纽约华美协进社。

胡适流亡美国期间，还有两次返台活动。这两次活动也都带着浓厚的政治色彩。第一次是1952年应台湾大学和台湾省立师范学院的邀请返台讲学。第二次是1954年1月，蒋介石决定在台北召开伪“第一届国民大会第二次会议”。胡适作为伪“国大代表”，于该年2月18日再次由美返台。第一次的返台演讲还多多少少带有学术性。但是第二次返台，他虽然也作过几次学术性演讲，但其活动重点则完全是政治性的。在他看来，共产党的政权下没有他所谓的资本主义的“自由”精神，而蒋介石政府的统治才是“自由”的。这也充分说明了胡适思想的机械性，一味追求

1952年及1954年胡适回台期间，曾多次公开演讲。

的“自由”甚至已经彻底冲垮了他的实验主义的所谓“实事求是”的思想方法。与此同时，即便胡适的演讲主要还是谈杜威哲学以及实验主义方法论，但是与政治联系起来却显得矛盾百出、毫无合理因素可言了。

事实上，20世纪50年代中期，胡适与台湾国民党政权间的关系也十分微妙。胡适身在美国，公开场合总是在政治上与国民党采取一致的立场，在内外大局上总是不忘为蒋介石及其政策采取“道义上的支持”。但是在国民党内政的一些方面，特别是政治体制、党化宣传、出版与言论自由等问题上，却常常严厉地批评国民党，有时观点严重对立，这让蒋介石很难堪。因此，胡适也遭到台湾国民党政府内强硬派的无情攻击，甚至一次次陷入被“围剿”的境地。但是蒋介石也摄于胡适在台湾知识分子中的地位，对胡适采取一边警示一边安抚的态度。

正因为胡适在两次返台活动中对国民党政府的“道义上的支持”倾向，他于1954年7月接受了台湾国民党当局授予的伪“光复大陆设计委员会”副主任委员的聘书。这一事实足以再次证明，胡适在流亡美国期间实际上仍然是追求自由主义的不安分的“幽灵”。

中华人民共和国成立之初，鉴于共产党急需对知识分子进行思想上的改造，消除胡适的政治思想在知识分子中的消极影响，大陆展开了对胡适思想的批判。

1949年5月4日，《人民日报》发表了何干之的文章《五四的两个基本口号》，文章指出，“五四”时期在“问题与主义”的论战中，胡适的主张是为了“阻止马克思列宁主义在中国的成长，是表示资产阶级对于工人阶级的革命领导权的抗拒”。

1950年下半年，知识分子思想改造运动进入高潮，受此次运动的教育，胡适次子胡思杜的思想觉悟也有了提高。胡思杜原在北大图书馆工作，北平解放后，进入华北革命大学政治研究院学习。在胡适奔赴美国时，他拒绝同行，并说：“我又没有做什么有害共产党的事，他们不会把我怎么样。”在知识分子思想改造运动中，他写了一份思想反省材料，其中一部分以《对我父亲——胡适的批判》为题，交报刊公开发表。其言辞尖锐，锋芒直指胡适。之后香港《大公报》也转载了此文。路透社据此报道说胡思杜声明与胡适脱离父子关系。随着此文的发表，国内对胡适的批判文章渐多。之后胡适的同事、学生等都站出来作了批判发言。

对这次批判运动，起初胡适还认为大陆知识分子对他的批判是出于“被迫”，所以基本保持沉默。只是在他1952年底第一次返台时才评论说，在大陆“不但没有说话的自由，也没有不说话的自由”，而自己反对共产党思想的原因是提倡自由，提倡怀疑，反对武断主义，反对教条主义。

1956年胡适夫妇在纽约寓所。

接着更大的一次批胡运动很快到来了。1954年9月，以山东大学青年教师李希凡、蓝翎两个小人物写的旨在批判俞平伯在《红楼梦》研究中的唯心主义观点的学术论文《关于〈红楼梦简论〉及其他》在《文史哲》发表为导火线，大陆自上而下开展了轰轰烈烈的批胡运动。批判领域主要集中在胡适的哲学思想、政治思想、历史观点、文学思想、哲学史观点、文学史观点六大方面。

这一次，胡适的态度比较强硬，他否定大陆的批判运动，表示要坚持自己的政治思想和学术观点。第一，他把这种批判运动看作是自己的所谓“胜利”。在《四十年来中国文艺复兴运动留下的抗暴消毒力量——中共批判胡适思想的历史意义》一文中说：中国共产党发动对他的思想批判，正表明他的思想对于马克思主义的无产阶级专政学说，有一种“抗毒防腐的力量”。第二，他还着重渲染中国大陆当时其他一些知识分子被错误地批判的情况。例如，他曾写信给雷震说，大陆上又在批判胡风，胡风实际上是“清算胡适”的殉道者，而“鲁迅不死，也会斫头的”。胡适又对记者发表谈话说：“胡风可被清算，新文化运动已在‘匪区’中止。昔日的文化革命者正在接受审判，但自由的思想将继续在‘匪区’展开。”

这次批判的性质，在现在看来是复杂的。因为胡适的政治思想中的确有不少错误的东西，这些思想对不少处于中间状态的知识分子残存着消极影响。但是我们也应该看到批胡运动的背后的政治原因。新中国成立后，为了改造旧知识分子的世界观，促使他们学习和接受马列主义，接受新生政权，对于胡适思想的批判显然是必要的。毛泽东在1954年也曾说过“将来要替他(指胡适)恢复名誉”。同时，这段时间，共产党也没有忘记积极地争取胡适。因为他是五四运动的先锋之一，在人群中有一定的影响力。例如，郭沫若当时曾说：“胡适的资产阶级唯心论学术观点在中国学术界是根深蒂固的，在不少的一部分高等知识分子当中还有着很大的潜势力。我们在政治上已经宣布胡适为战犯，但在某些人的心目中胡适还是学术界的‘孔子’。这个‘孔子’我们还没把他打倒，甚至可以说我们还很少去碰他。”

胡适一家。

胡适流亡美国之初，1951年12月17日，在他60周岁生日那天，曾有过一份《生日决议案》，拟在有生之年还清“学术债务”，即写完《中国哲学史》、《白话文学史》，还要为《水经注》版本研究下最后的结论。不过，胡适同时又表示：“如果国家有事，需要我用嘴、动笔、跑腿，只要力所能及，无论为团结‘自由力量’，为‘自由中国’说话，我总愿意尽我的力量，而不一定担任什么公职。” 以后的事实表明，胡适为政治耗费了自己大量的时间和精力，而在学术研究上，时断时续，终究没有完成最初的目标。

在20世纪50年代的两次返台活动中，第一次演讲仍然是《大胆的假设，小心的求证》及《杜威哲学》，即还是20世纪二三十年代所说的实验主义。第二次虽然题目是《中国古代政治思想史的一个新看法》，内容还是提倡自由主义和无为政治。这些在一定程度上总括了胡适的晚年哲学思想。这种哲学思想显示出胡适已难以继续前进。

在学术研究方面，胡适在流亡美国期间的工作大致可分为五类：(1）继续研究《水经注》版本问题，留下手稿4类，约60万言，其中有些在台湾报刊上零星发表过。(2）整理再版了自己的一些旧著，如1953年把《胡适文存》及其二集、三集和《胡适论学近著》第一集作了若干删节后合集出版。(3）整理和编辑出版了其父的遗著，其中包括《台湾记录两种》和《记台湾台东州疆域道里地方情形并书后》。(4）继续收集整理禅宗史的资料，写下了一些札记和文章，这方面的工作在1958年返台定居后又继续下去。(5）写了一些其他杂著，但大都采用书信和札记的形式。从上述几类学术工作来说，总的特点是零散杂乱，学术观点大都老调重弹，基本上没有创新。

相对说来，胡适在本时期的学术工作是较有成就的，主要在于对写作“传记”的倡导和实践方面。几十年来，胡适自己也撰写过多篇传记体文稿，编过几本年谱，另外还写了半部自传(《四十自述》)。如今为了再度倡导“传记”写作，他又写了《丁文江的传记》。胡适对于“传记”写作的身体力行，主要表现在他于1957年前后应哥伦比亚大学口述历史部之邀所作的口述自传。唐德刚认为，该书的体裁“不失为别开生面，自成一格的‘学术性的自传’”，是一本“辞简意赅、夫子自道的‘胡适学案’”。这一说法比较客观。全书除个别章节之外，胡适对自己的学术思想及其发展过程做了比较冷静的回顾梳理和评价。

总结这个时期的活动，可以看出，尽管胡适继续做了些学术研究工作，但没有什么突破性的进展，且由于年事已高，并没有而且也不可能做实事求是的反省。思想的止步不前和在政治上过于关切，注定了他在学术研究方面难有质的突破。

台湾的凄楚岁月

胡适1956年冬始有移居台湾的念头，直到1958年4月才正式离美。至他逝世，在台湾住了近4年时间，这期间的胡适也没有赋闲在家，曾多次赴美参加各类会议。在胡适一生的最后一个阶段中，他仍然没有停止他的思想言论和其他活动。

归根的情结：返回台湾定居

1958年4月8日下午，胡适在李济等台湾的六位“中央研究院”院士的催促下，经日本东京飞抵台北，陈诚、钱思亮、李济以及长子胡祖望夫妇等约五百人到松山机场欢迎。

胡适这次回台北定居，是想就此结束寄居他乡的生活，以了晚年。此时的胡适大陆回不了，也不愿回去，在美国又无所事事。而且究其返台的原因，主要有三个方面：

台北胡适故居庭院。

一是政治方面的压力。流亡美国期间，胡适主张反共，在最根本的政治问题上始终是站在蒋介石和国民党的立场上，但是他的某些旨在加强与改善国民党在台湾的统治的政治方案却为刚愎自用的蒋家父子所不满，断断续续地给胡适施以某种政治压力。同时蒋介石集团对胡适也采取了“恩威并施”的手段，在不少问题上以拉拢为主，期望胡适成为台湾知识界反共的领头羊，这一点促使胡适下定了回台定居的决心。二是学术方面的考虑。胡适曾致函友人说：“我觉得史语所的藏书最适合于我的工作”，我想“利用南港（即‘中央研究院’所在地）史语所的藏书，把几部未完的书写出来”。三是与长子一家共叙天伦之乐。胡适的小儿子思杜于1957年因为卷入批胡运动而自杀，而今只有祖望一家还在台湾,返台也是希望在古稀之年可以重归故土，与家人团聚。出于政治、学术和亲情的考虑，胡适毅然选择了回台湾。胡适曾对赵元任解释说：“我有一个责任，可能留在国内比留在国外更重要——可能留在国内或者可以使人‘take me more seriously’。”因此，1958年4月8日，胡适飞抵台北，接受记者采访时一反常态，避谈政治问题，只是说：“我希望能有两三年的安静生活，当可将未完成的《中国思想史》全部完成，然后再写一部英文本的《中国思想史》，接着要写《中国白话文学史》的下册。” 稍后胡适又在一篇题为《从中国思想史上谈反共运动》的演讲中说：“我是反对共产党的，当然共产党也反对我。”这些显然是从不同的角度向台湾当局解释自己决定返台的原因，而后一段话又可以看作胡适回台后的一个政治宣言，用意也在于向台湾当局表明心迹。

1958年，胡适抱着孙子胡柏堂。

自五四时期始，就高喊“科学救国”、“教育救国”的胡适，此时虽已年近古稀，却仍感到“壮志难酬”，尤其是十年前曾为国民党政府提出的“学术独立”的十年计划，因大陆事变而夭折，使他的梦想化为泡影。这次回台，他唯一的愿望就是希望通过“中央研究院”院长之职的影响力，实现他梦寐已久的十年计划。尽管这是一个美好的梦想，但毕竟可以带来一些精神上的慰藉和“自我实现”的充实感。他在答复记者的询问时说：“这次回国后的第一桩事情，先和在台湾的院士们谈谈举行院士会议。我个人虽不是研究自然科学的，但我认为自然科学的发展，在现代国家中实在占一个极重要的地位。‘中央研究院’是国家最高学术机关，必须迅速负起推广学术研究的任务。”而当记者争相问起目前台湾是否需要一个强大的反对党，是不是他将组党的消息时，他却搪塞说：“请你不要审问我与政治有关的问题好不好？我去国至今九年零三天，国内的事全都茫然，你这个问题又是如此之大，今天我无法给你以圆满的答复。”他还说：“我向来对于政治没有兴趣，如今老了，更加没有兴趣。”其实纵观回台以后的活动，胡适始终是与政治相联系的，并没有过上那种不问世事的清净生活，这也与他的一生追求自由的信仰有关。

在台北就任“中央研究院”院长时期的胡适。

复兴的执着：担任“中央研究院”院长

胡适还在美国时，蒋介石就多次发专电到纽约“促驾”，希望他能担任“中央研究院”院长。胡适以体弱多病推辞，并推荐史语所所长李济担任院长。蒋介石决意请胡适出面领导“中研院”，并致电说：“贵体尚未复原，最近期中不宜远行，深为系念。‘中央研究院’仍赖出而领导，至希加意调摄，早日康复回国就任为盼。”此时各方面函电劝请胡适接受此职的人很多，尤其是“中研院”的许多院士朋友，包括院长朱家骅，都热切盼望胡适回来。胡适一面养病一面考虑，一个月以后才回复蒋介石的电报：“同意担任，在回台莅任之前，请任命李济暂代院长。”台湾方面终于松了一口气，开始筹划在台北南港为胡适建造住宅。

国立"中央研究院"第一届院士合影。

国民党败居台湾，"中研院"也随之移迁到了台湾，但其积累了二十多年的家当几乎丧失殆尽，完整迁台的只有一个"史语所"。到台湾后，一切又重新开始，艰难可想而知。关于选举"中研院"院长一职，在1940年蔡元培院长逝世后就考虑到了胡适。但当时国家处于抗战的最危急状态，胡适在美国当大使，不便从华盛顿调回，于是便由朱家骅"代理"。这一"代理"便是十八年。胡适在美国时，一直与"中研院"保持密切的联系，为"中研院"积极推荐、选举新院士，为"中研院"改革推荐、选举的方法与规则热心地出谋划策。正如他后来在就职典礼上所说的，"我对'中央研究院'有亲切的关系，不仅我是'中央研究院'历史语言研究所的通讯研究员，也因为'中央研究院'是我许多朋友的心血结晶"。

1958年4月10日，胡适就任"中央研究院"院长。就这个职务，胡适说："我已经过了退休年龄一年有半，应该退休，享我退休的权利，做我自己喜欢做的事：著书、写文章。但在这个时候，国家艰难而时代已进入原子能科学时代，国家需要科学，国家需要学术基础，而我们应为国家努力建立学术科学研究的基础，何况我们对'中央研究院'三十年来都有密切的关系。希望各研究所所长、各位研究员同仁同我一致向这个目标前进。"胡适晚年的心愿是希望国家可以依靠科学强大起来，因此他的发言中处处体现了希望花大力气把“中研院”办成一流的科学研究中心，出人才，出成果，真正把民族的现代科技搞上去，以适应原子时代的生存发展，并谋求全民族的振兴与繁荣的决心。

4月11日，胡适主持了新院士选举，从三十四位候选人中选出十四位新院士，其中包括杨振宁、李政道、吴健雄三位当时在国际科学界知名的华裔物理学家。4月13日，胡适又主持了评议会的第三届第四次会议，作出了成立以胡适、梅贻琦为首的组织委员会统一规划办理推选科学家赴美访学、进美国各大学从事高深科学研究等三项决议。6月9日是“中央研究院”成立三十周年纪念日，胡适提议将“中研院”各所及考古馆等正式对外开放，以激发广大青年学子对学术科学的兴趣和热情。6月16日，胡适离台赴美，在纽约以“中研院”院长的名义召开海外院士会议。会议围绕胡适与吴大猷两人商量草拟的《国家发展科学培植人才的五年计划的纲领草案》进行了热烈而广泛的讨论。

前面提到，胡适在1947年北大校长任上时，曾拟定过一个《争取学术独立的十年计划》，后来中途夭折。这次回台担任“中研院”院长的前一日，他请在加拿大的吴大猷草拟一个题为《建议政府对“发展学术，培植人才”即日作“基本方针”及“五年计划”之决定》的提案的讨论稿，带回台湾后即跟当局有关人士研究讨论，前后一个多月，反复修改多次才初具眉目。《国家发展科学培植人才的五年计划的纲领草案》的本

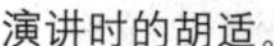

演讲时的胡适。

晚年的胡适。

旨大意是："今日国家面临两大危机，一为科学研究太落后，故国家缺乏现代化的科学基础。一为大量的科学人才流出国外，去而不返，造成国内缺乏科学工作人才的危机。两事实互相为因果，因为科学研究太落后，故留不住科学人才；因为科学人才出国不返，故国内科学研究更不易发展。此两事之中，尤以人才出国不返为今日最大危机。故本纲领侧重'如何能招致学者回国工作'一点，诚以人才为发展学术的根本。"

但是由于纲领草案的计划涉及面太广，经费要求过高，台湾财政决策机构一直有争论。后来又经过很多曲折，一直拖到1959年1月8日才算正式"核准"，1月17日正式发表。

"行政院"以《国家长期发展科学计划纲领》的名称正式发表。这个"计划纲领"共七条：一、设置"国家发展科学专款"，制定长期计划，从1959年1月起开始实施。二、这笔"专款"分五年筹齐。三、由"教育部"和"中央研究院"共同组织一个机构，主持此项发展科学研究工作，"专款"亦由此机构计划分配。四、专款用途分六项：（1）充实各研究机关及大学之科研设备，（2）设置"国立研究讲座教授"，（3）设置"国家客座教授"，（4）设置"研究补助费"，（5）逐年添造"学人住宅"，（6）承担各学术机构之学术刊物经费。五、专款实施之范围，以自然科学、基础医学工科及人文与社会科学为主(其中理工医科占总额不得少于80%)。六、关于中等学校普遍加强科学

晚年胡适工作照。

教育，由“教育部”另订详细计划。七、凡专习自然科学、基础医学或工程之研究生，在研究所毕业后，仍继续专治其所学者，准其缓服兵役。这个纲领的发布是台湾政治社会生活中的一件大事，它使社会对现代科学技术的重视逐步走向规范化，预示着国民党政权迁台十年后政治经济的复兴。这对于当局的统治、社会的稳定、人民基本生活的改善都是有益的，但落实下来的经费却已大打折扣。

接着，胡适便以“中央研究院”评议会议长的身份约见杨树人谈话，请他担任酝酿筹备中的“国家长期发展科学委员会”的执行秘书，负责该委员会的具体筹备工作。12月，他又亲自到机场欢迎自美回台讲学的同学、好友赵元任，这是胡适邀请“国家客座教授”讲学的开始。

“计划纲领”的发表以及“长科委”的成立，给台湾的科学界、教育界人士以很大鼓舞。为筹备即将在7月召开的院士会议，胡适以极大的热情上下奔波，申请经费，安置会务，事必躬亲，常与梅贻琦、杨树人、钱思亮、李济等人商谈到深夜，亲自给国外院士打电报，希望他们回台参加7月初的院士会议。同时，胡适还为“中研院”新院士的甄选投入了巨大的精力。1959年7月1日选出1958—1959年度新院士九人(数理组四人，人文组三人，生物组二人)；1961年8月27日选出1960—1961年度新院士候选人十三

胡适（左）与胡颂平。

人。直至1962年2月24日他逝世的那一天，还主持了第五次院士会议，选出新院士七名。可以说他为“中研院”的建设做到了鞠躬尽瘁。

胡适担任“中研院”院长后，对“中研院”中存在的官僚习气与衙门作风进行了改革与整顿。据胡颂平《胡适之先生年谱长编初稿》载，1959年6月2日，当他看到以“中研院”名义发给各院士的公文稿，措辞生硬，衙门味很重，感到很不合适。他说：“这班院士都是我的老朋友，我想在这稿子上添上‘吾兄’两字却无法添入。他们都是学术界的人士，也不惯看这样的公文。这样的公文连一点人情味也没有，而我们的‘中央研究院’不是机关，尽量避免用公文。”于是指示以后尽量以私函代替院部文件，由胡适自己签名发出。同时又关照秘书在代理自己回复一般信件时，一律用“胡适之先生”，不可用“胡院长”，他认为称呼“院长”带有严重的官僚味道。同时，他也对“中研院”科研人员的考绩方式进行了改革，主张各研究所平时应注意了解各人的研究能力和研究工作的进展情况，不必限于“已发表的著作”，又提出研究人员的著作也不必“转请专家审阅”，而应以各所所长以及具体部门主持人的考语为主。他制定的这套考绩办法是既科学公正又促人奋进的。

担任院长期间，由于自己年事已高，且经常疾病缠身，胡适很注意在“中研院”内物色培养中青年优秀接班人，他曾在给一位同事的信中明确说道：“我这八九个月，时常在病中，时常也想，我们都老了，这个大机构内该换一批‘年富力强之人’来好好的接替一下才行。”据胡颂平《胡适之先生晚年谈话录》所载，胡适提出想请吴大猷回来做院长，吴大猷答道：“我不行。我偶然回来一次，大家对我还客气，真的回来了，大家就会讨厌我，别说‘中央研究院’，就是清华大学里面的人也会骂我的。”胡适说：“我已被人骂了四十多年，我觉得应该做的，只要百分之六十对国家有利，百分之四十被骂，我还是不怕被骂的。为什么胡适之在外国，别人对他多少尊敬，回来后会被人骂呢？因我认为应该说的，应该做的，我不怕人家的批评。”胡适认为只要对科学发展、学术发展、人才培养有利的事，他就要挺身去做，不怕人骂，不怕人忌，关注社会发展，提携后进，从这件事可以看出他的宽阔心胸与长远眼光。

胡适在“中研院”院长任上注意培养人才、成全人才的事亦不乏可记述者。如，1959年5月12日，数学研究所一个青年助理研究员项武忠获得美国普林斯顿大学数学研究所每年2000元的奖学金，他自己存入台湾银行的保证金也有2400美元的外汇。但美国总领事认为这些钱数还不够，不肯给他签证，项武忠只得去找胡适院长，向他说明原委，请求帮忙。于是胡适立即写信给美国总领事，愿替项武忠作保，项武忠才得以顺利成行。项武忠在美国深造后学业猛进，受聘为耶鲁大学教授，后来还成为“中研院”的院士。这可以看出胡适对青年科研人才的厚爱与关怀。

胡适身为“中研院”院长期间，还与台北街头一个卖麻饼的小贩袁飏有过一番很让人称道的交往。袁飏只念过高中，但是很喜读政治理论、政治制度方面的书籍，还喜欢与人讨论英美政治制度的同异。在烧制麻饼、沿街叫卖之余，他就潜心自修。因为一直未得到理想的解答，他便大着胆子写信向胡适请教。胡适感动于他的好学，不仅认真写信回复，还约袁飏来南港“中研院”做客晤谈，有意鼓励他，并对他讲述民主政体、自由容忍、和平改革等政治哲学。他还赠给袁飏四种自己亲笔题名留念的书，并欢迎袁飏以后经常通信或来做客、交谈，还准备自己出钱替袁飏治病。这是胡适晚年生活的一个小插曲，但是确实可看出胡适礼贤下士的风格以及留意人才、奖掖导引的用心。

未了的债务：返台后的学术活动

胡适定居台湾四年内的学术研究工作可以说没有什么重大突破，但是工作成绩还算是比较大的。胡适当初想回台湾时，一个重大的心愿就是想把自己未完成的几项重大学

1952年，由美国抵达台湾的胡适举行公开演说。

术工程做一了结。胡适在1958年给陈之藩的信中还说："我打算回去，是因为我今年六十六岁了。应该安定下来，利用南港史语所的藏书，把几部未完成的书写出来。多年不写文字了，笔下生涩得很。"南港居所也确实给胡适提供了安静的环境，包括一间大客厅、一间小客厅，一间书房、两间卧室和一间客房，而且还有史语所、"中央图书馆"、台大图书馆的丰富藏书。胡适多次表示"我应该安定下来，把没有完成的工作及时完成，不能再拖下去了"。"假定我还有十年的工作时间，我要刻苦把必要的东西写出来。"这些"必要的东西"、"没有完成的工作"、"几部未完成的书"，主要便是指《中国思想史》、《白话文学史》等早年著作的未完成部分。

此外，这段时间他还想编辑出版《诗存》和《文存》的五集、六集，以及为《水经注》做终审判断，事实上他计划过很多次，但无奈受到各方面的干扰与阻断，始终没有真正全身心地投入进去。

尽管四年中，他的学术成就也有很多，包括《中国哲学里的科学精神与方法》、《〈朱子语类〉的历史》、《说史》、《注〈汉书〉的薛瓒》、《跋中研院史语所藏的〈毅军函札〉中的袁克定给冯国璋的手札》、《禅宗史的假历史与真历史》、《假历史与真历史——用四百年〈水经注〉的研究史作说明的例子》、《中国的传统与将来》、《记郭象的自然主义》、《跋金门新发现〈皇明监国鲁王圹志〉》、《淮南王书影印本序》《所谓六祖'呈心偈'的演变》《跋乾隆甲戌〈脂砚斋重评石头记〉影印本》、《跋毛子水藏的有正书局印的戚蓼生序本〈红楼梦〉的小字本》、《跋〈红楼梦书录〉》、《所谓'曹雪芹小像'的谜》、《胡天猎先生影印乾隆壬子年木活字版百二十回〈红楼梦〉序》、《影印乾隆甲戌〈脂砚斋重评石头记〉的缘起》、《康熙朝的杭州织造》等一系列重要的学术论文及大批关于《水经注》版本研究、佛教史料考据及其他社科文化方面的学术笔记、短文并作了多次演讲。但他作为"中央研究院"的院长，负有重建学术基础、推广学术研究的重任，始终无法真正做到"逍遥自在，做些自己的事"！胡适晚年在繁忙的院长公务和冗杂的社会应酬之余，还能如此勤于学术，发奋著述，不由令人敬佩万千，当然亦为他晚年没能如愿还他对历史与社会所欠下的学术重债而深感遗憾。

无奈的抗争：卷入"雷震事件"

胡适回到台湾后，一方面在"中研院"院长的位置上孜孜不倦地做着发展科学、培植人才、巩固台湾教育文化科学基础的工作，另一方面，他又在思想舆论领域与实际的政

1958年5月27日，雷震宴请胡适（右二）、梅贻琦（左一）等60余人。

治层面上继续传播他的自由主义哲学与文化意识形态，这也在政治上不可避免地加深了与台湾蒋氏父子的矛盾关系，无形之中使他与台湾国民党政权的关系进入更微妙的阶段。

由于与国民党政治上的关系，胡适回台湾时，1956—1957年“围剿”的影响并未完结，国民党和军队控制的报刊杂志还把胡适拴在《自由中国》半月刊上一通猛批，对胡适的旧账直追算到五四运动。就在胡适飞抵台湾时，台北“党政军”各大机关单位突然收到由邮局寄来的一本题为《胡适与国运》的匿名小册子，里面全是抨击胡适的话语。虽然后来“行政院”新闻局长沈锜要求迅速查明该出版品之发行人并依法处理，但是“醉翁之意不在酒”，这种匿名小册子的出现及官方警方的大肆调查处理本身，就是对胡适的一种警告，使胡适的回台蒙上了一层政治阴影，不敢贸然对台湾的政治文化及各项方针政策妄加批评与指责。

事实上，胡适回来不久，就又开始在思想舆论阵地宣传自己追求的自由主义了。1958年5月27日，他应邀到《自由中国》杂志社聚餐，并发表讲演。胡适着重谈了两个问题：争取言论自由和反对党。“争取言论自由”是胡适几十年一贯的老话题，内容亦是以前重复多次的话。接着胡适称赞了雷震的《自由中国》、夏涛声的《民主潮》、李万居的《公论报》等一批敢于争言论自由的报刊，高度赞扬了雷震本人：“这几年来，如果说言论自由格外普遍，我觉得雷先生的功劳最大。我说，台湾应该替他造一个铜像，以表示他是真正争取言论自由的英雄、好汉、斗士。”但是胡适又转而借雷震出版的那本专门从事台湾现实政治批评的《今日的问题》发表了自己的看法。他指出，“反攻大陆”只是一个招牌，是一个最重要的希望和象征，不可以也不应该去碰。实际上也就是批评雷震、殷海光等争言论自由的方式方法很不明智，因为“反攻大陆”是蒋氏政权最敏感的招牌与象征，会招致很大的麻烦，也会直接阻碍自己应有的舆论力量。

关于“反对党”问题，胡适长期坚持主张，一个健全的政府必须有健全的反对党来作为监督与制裁的对立力量，与其另组新党不如由蒋介石的国民党分出两三个政党来做反对党，这是最理想的安排，也能取得最好的效果。而且鉴于容易对名字错误理解，他建议将“反对党”改为“在野党”，还说：“一般手无寸铁的书生或书呆子出来组党，大家总可相信不会有什么危险，政府也不必害怕。”

除了争取言论自由和组织在野党以代替反对党两点之外，胡适在讲演中还对当时岛内各种政治舆论力量最为关切的“出版法修正案”问题明确表示了自己的看法，认为不应该限制民众言论自由，不应该修改甚至不需要出版法。他说：“旧的出版法不能阻止我们争取言论自由的努力，新的出版法也不能阻止我们争取言论自由的努力。”

胡适这篇讲演对《自由中国》杂志和它的主编雷震无疑是一个巨大的鼓舞。他和夏涛声等人先后发表了展开新党运动的一些社论，进一步为组建反对党制造舆论。胡适的讲演原本含有警告雷震之意，但是雷震与《自由中国》社却没有完全听从胡适的话，不但没有收敛，反而更有恃无恐，终于又酿出了“陈怀琪事件”，造成了政治上又一次窘迫被动。

为了不再引起类似政治事件，胡适于3月5日给《自由中国》社写了一封信，严正指出刊物的疏忽和错误，希望大家“作一次严重的检讨，切实改善本刊的编辑方法”。“关于读者投书”的审阅处理程序，严格执行两条办法：“一、必须用真姓名、真地址，否则一概不给登载。二、其有自己声明因特殊情形不愿用真姓名发表者，必须另有声明的信用真姓名、真地址，否则不给发表。”此外，胡适又提出三项建议：一、“以后最好不发表不署真姓名的文字。”二、“以后最好能不用不记名的‘社论’。”三、以后停止“短评”，坚持“用负责任的态度，说平实的话”的办刊原则。胡适的这封信也公开登载在《自由中国》第20卷第7期上。

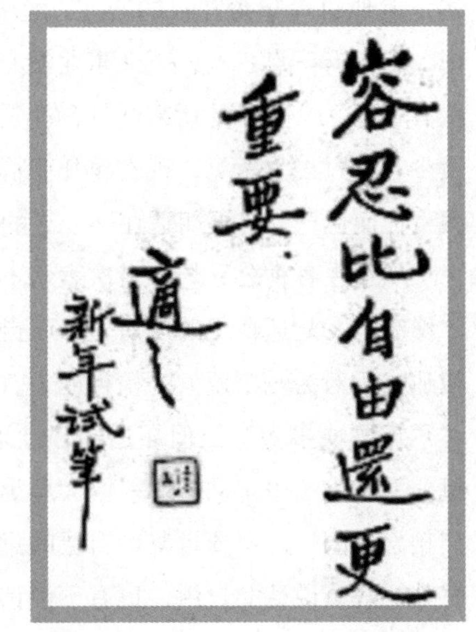

胡适题字。

为此，胡适还专门撰写了《容忍与自由》一文，此文的主要旨意在于：一、“容忍比自由还更重要”，“容忍是一切自由的根本，没有容忍，就没有自由”。二、“在宗教自由史上，在思想自由史上，在政治自由史上，我们都可以看见容忍的态度是最难得的、最稀有的态度”，“容忍异己是最难得、最不容易养成的雅量”。三、“一切对异端的迫害，一切对异己的摧残，一切宗教自由的禁止，一切思想言论的被压迫，都由于这一点深信自己是不会错的心理。因为深信自己是不会错的，所以不能容忍任何和自己不同的思想信仰了。”胡适在“陈怀琪事件”后重提“容忍与自由”，确实有提倡“克己”和“自我训练”的意思。他还特别提出：“我现在常常想我们还得戒律自己，我们要想别人容忍谅解我们的见解，我们必须先养成容忍谅解别人的见解的度量。”

在关于蒋介石连任第三任“总统”以及有关“修宪”的问题上，胡适表现出来的是与国民党政权甚至蒋介石本人的矛盾和对立。

以“中华民国”“宪法”规定，六年一次的“总统”选举将在1960年3月举行。蒋介石到此时已七十三岁，且已连任一次，如果再连任，便系违背“宪法”。1959年11月初，胡适曾请张群转达他欲见蒋，谈第三任“总统”事，张群怕蒋会下不了台，不敢转达胡适的求见。11月15日，胡适又再次郑重请张群转告蒋介石，盼望他树立一个“合法的、和平的”转移政权的风范，不必违背“宪法”，更不必修改“宪法”，最好在“国大”第三次大会之前，公开表示自己不做第三任“总统”。张群同意将胡适的意思转达，但他也深知蒋介石的心意，他告诉胡适，蒋介石必会谋求连任，他有他自己的考虑，主要有三点：一、革命事业没有完成。二、他对反共复国有责任。三、他对全国军队有责任。从张群的话来估计，胡适深感他的反对态度不会有什么用。这之前，他也与黄少谷谈过以上意见，现在再托张群去说，也无非是“凭我自己的责任感，尽我一点公民责任而已”。这是胡适在同一天的日记中写下的心里话。

胡适在各种公私场合多次表示不希望蒋介石连任第三任“总统”，也明确表示反对“修宪”。胡适孤立的反对显然不会对“连任”大局发生大的作用，但蒋介石政权仍视胡适的反对为一个巨大的精神压力。为此，陈诚“副总统”以朋友身份出面来劝胡适，“承认既成事实”。但胡适却强硬地表示：“我还是抱万分之一的希望，希望能有转机。”王世杰也来劝胡适，以大局为重。连胡适的学生如毛子水、秘书胡颂平也都劝他“相忍为国”，不要再坚持自己的意见了。对此胡适只能苦笑着说：“这里也有这里的好处，我有说话的自由，也有不说话的自由。我可以享受不说话的自由。”至此，胡适已经觉得真是没有什么话可说了。

1960年10月，震动台湾全岛甚至波及美国舆论的“雷震事件”正是在这样的政治力量微妙对峙的背景下触发的。前面已多次提到雷震主办的《自由中国》半月刊，这家刊物在台湾舆论界起着举足轻重的龙头角色，而雷震本人也成为了台湾自由主义思想路线与政治势力的集中代表。雷震的政治兴趣很浓，从大陆来到台湾后，他除了伪“国大代表”的身份外，又担任了“中央银行”监事、“大陆灾胞救济总会”监事、“中日文化经济协会”常务理事和干事长、“中国国民外交协会”监事等半官方机关的社会职务，不过他的主要精力却放在编辑《自由中国》杂志和出版《自由中国》丛书方面，以期通过掌握舆论谋得政治上的发展。

雷震在《自由中国》上打出的旗帜是“言论自由”，既大谈反共老调，也对国民党台湾当局有所批评。起初，雷震对政治现象持谨慎态度，到后来，该刊物的反蒋倾向渐渐鲜明。尤其是蒋介石第三次连任“总统”，《自由中国》又发表文章，题为《欣幸中的疑虑》，暗责蒋介石三任“总统”属于“违宪”，这更激起了蒋介石的忌恨。1959年3月3日，台北地方法院传讯雷震，所谓“雷震案”就此拉开了序幕。

但是雷震并未就此被压服，他又进一步从事反蒋活动。1960年，雷震与另外几个人筹组正式反对党——“中国民主党”。在这种情况下，蒋介石下令台湾警备司令部于同年9月4日，即“中国民主党”召开成立大会前夕，以“涉及叛乱条例第十条之规定”的罪名，拘捕了雷震等四人，《自由中国》杂志也被停刊。至此雷震案达到高潮。

从历史上看，胡适与雷震并没有多少交往。他们在筹办《自由中国》时逐渐有了更多共同语言，结下了友谊。胡适虽然几次要求辞去《自由中国》发行人的名义，但这不妨碍他对《自由中国》的支持，除了自己不断为之撰稿外，还鼓励在美国的一些留学生为《自由中国》撰稿。

但是对雷震筹组反对党一事，胡适却持保留态度。据《雷震回忆录》记载，雷震到南港多次会晤胡适，“劝他出来组党，和当

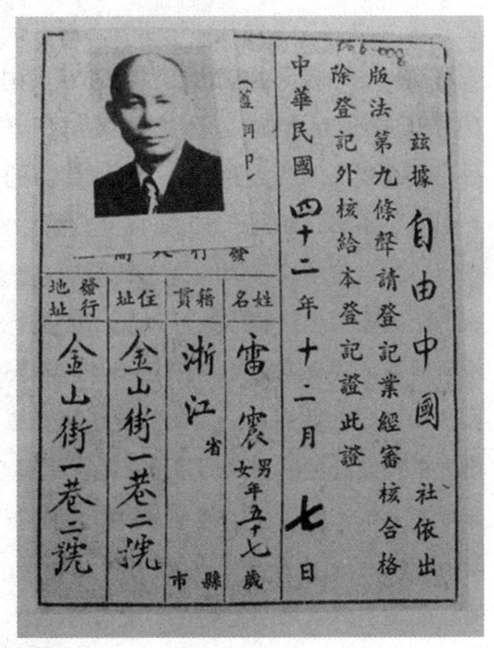
茲據自由中國社依出版法第九條聲請登記業經審核合格除登記外核給本登記證此證
中華民國四十二年十二月七日
發行人
姓名	籍貫	住址	發行地址
雷震 男女 年五十七歲	浙江 省 縣 市	金山街一巷二號	金山街一巷二號

雷震在《自由中国》的登记证。

年他与蒋廷黻要组织‘中国自由党’一样，他做党魁，实际工作由我负责，我担任秘书长名义。胡适说，他今日担任了‘中央研究院’院长，这是一个学术机关，同时又出来搞政治，实不相宜。他却极力劝我们出来组织，他可在旁赞助。……最后，他说可做我们的党员，召开成立大会和党员大会时，他一定出席讲演捧场，要我们出来组织。”

从雷震亲笔撰写的“回忆”中可看出，胡适是赞成成立反对党的，只是自己不肯卷入“搞政治”的活动中，更不肯担任领袖出面组织领导“党”的工作。据胡颂平《胡适之先生年谱长编初稿》，1960年6月30日，胡适对雷震、夏涛声说：“我不赞成你们拿我来做武器，我也不牵涉里面和人家斗争。如果你们将来组织成一个像样的反对党，我可以正式公开地赞成，但我决不参加你们的组织，更不给你们做领导。”

蒋介石显然看到了胡适与雷震在组党问题上的差异，因而为达到既要打击雷震又要威慑胡适的目的，才选择在胡适离开台湾的时候拘捕雷震。拘捕雷震当天，“副总统”陈诚即电告胡适：雷震办的《自由中国》因“最近言论公然否认政府，煽动变乱”，故“经警备司令部依据……予以传讯”。

胡适对台湾当局的做法表示不满，收到陈诚电文后，悲愤交加，对雷案表示出毫不掩饰的抗争态度。9月6日，陈城又致电胡适说：现被拘之四人中，已有一人承认受匪指使来台活动，雷至少有知情包庇之嫌。胡适对此还不服气，他又致电陈诚陈述应将雷案“移交司法审判”的理由，甚至还在美国多次发表谈话，对雷震被捕表示“遗憾”。在10月8日胡适返台前夕，伪“警备司令部”军事法庭就以“雷震明知为匪谍而不告密检举，连续以文字为有利于叛徒之宣传”的罪状判处雷震有期徒刑10年。

关于雷案，胡适l0月22日回到台湾后再次公开表态，他对记者说：“我和雷先生相识多年，我自信至少有资格做这个证人，来证明雷震是爱国反共的人。”11月18日，胡适由张群陪同去“总统府”见蒋介石，但蒋介石对他说：“我对雷震能十分容忍。如果他背后没有匪谍，我决不会办他。……我也晓得这案子会在国外发生不利的反响，但我们不能不照法律办。”此后，当雷震的妻子宋英去南港看望胡适时，胡适又把自己当蒋介石的面批评雷震案处置的话全部告诉了她。雷震在他的回忆录中还说道，他坐了十年的牢，胡适未能帮上忙，他“对于自由中国和国民党失望得很”。据《联合报》记者专访录，雷震案复判(11月17日)后，胡适对记者表示悲叹：“很失望，很失望。”至此，也许是蒋介石压服了胡适，或者是胡适感到了更大的压力，当11月23日台湾当局复审雷震案维持原判后，胡适就不再说什么了，只是在承认国民党当局对雷震的判决的基础上，在当时文化新闻界的《请求总统特赦雷震书》上签名呼吁。但这个“请求”并未受到“总统”的理睬。再后来，1961年7月26日，胡适只能亲自抄写了南宋大诗人杨万里的《桂源铺》绝句，送至狱中祝贺雷震六十五岁生日，表达对雷震争言论自由的敬仰与劝勉。

雷震事件给胡适身心的打击是剧烈的，心情的极度不快引起心脏病的复发。此后至逝世前夕，胡适的大部分时间几乎都是在病床和半休息状态中度过的。雷案之后的12月，蒋介石也对胡适做了一些安抚，专门为胡适的七十虚岁寿诞隆重地送来亲笔写的寿匾，并约宋美龄、陈诚、张群、谢冠杰、王云五、黄伯度、陈雪屏、罗家伦、毛子水、沈刚伯、钱思亮、唐纵等人参加为他举行的祝寿宴会。胡适在这热闹的场景中，在杯光人影的晃动中，想到此刻静坐大狱中怨恨交加、痛苦不堪的雷震，这一杯杯美酒对他来说却是苦涩的，脸上是欢欣的，其内心的寂寞与痛苦，外人又岂能真正了解呢。

晚年纷争与巨星陨落

胡适体弱，晚年更是日暮道远。加之自寓居美国后，心脏病经常发作，加速了这颗巨星的陨落。在胡适的最后两年里，他始终没有停止自己的工作，仍旧尽心于“研究院”的各项事务，但此时显然已经没有了心力。

家的宽慰：江冬秀回台

1961年10月18日，夫人江冬秀自美回台定居，一方面照料抱病工作的胡适，另一方面与长子胡祖望夫妇以及六岁的小孙子胡复一家五口团聚。胡适在“中央研究院”全体同仁眷属“欢迎胡夫人茶会”上深情流露地发言道：“太太来了之后，我的家确实温暖了，不像过去那样孤寂了。”

1961年10月30日，台湾“中研院”全体同仁及眷属在蔡元培馆举行欢迎江冬秀回台茶会。

江冬秀的到来，对胡适来说，

确实减少了部分寂寞，但同时也增添了几分嘈杂和烦恼。因为江冬秀随胡适到美国后，培养起了三大爱好：做徽州菜、看武侠小说、搓麻将。前两者对胡适来说倒没有什么不利，只是后一种给胡适带来了不少喧闹，而且江冬秀常常是赢家，因此搓麻将兴趣很浓。但是江冬秀一般也会特别注意把麻将桌搭在离书房较远的地方，为的是不打扰胡适的读书和写作。尽管太太回台湾后生活多有不如意处，甚至对朋友及胡适的助手等多有责骂，但是胡适都可以谅解。考虑到“中央研究院”的住所规定不准打牌，为了江冬秀的爱好着想，他曾私下对秘书王志维说：“傅孟真先生给‘中央研究院’留下的好传统之一，就是不准在宿舍打牌。我也应该遵守这条规矩。我有六万新台币的版税交你保管，请你设法在温州街一带买一所房子给我太太住。”

江冬秀是一个胆大心细有时还很风趣幽默的人，这点胡适特别欣赏。她的一句脍炙人口的名言便是：“适之造的房子，给活人住的地方少，给死人住的地方多。这些书，都是死人遗留下来的东西。”话虽如此，不看书的江冬秀却在战争的非常时期做起了“护书使者”，将这些“死人遗留下来的东西”一一做目录，保存完好，并将大量书籍、日记、书信、文稿辗转运到美国。就连韦莲司都不禁赞叹说：“我一直景仰着你的太太，她把你的藏书照顾得那么好！还有她对你的忠贞。”

最后的火药味：围绕胡适的论争

“雷震案”刚平静下来，胡适开始动手筹备即将在来年2月召开的院士会议，并想在3月赴美求医。也就在这时，胡适又遇到了舆论界新的围剿，这对已经步入暮年且患有心脏病的胡适来说，更是雪上加霜。

由于年事已高，再加上身体的不适，晚年的胡适学术研究能力大不如前，演讲的关于“民主政治”等政见日显空洞，渐渐地一些台湾文化界人士包括留美学者开始对胡适有种种非议，乃至全盘否定胡适一生的思想活动和学术成就，出现了一场所谓“围剿”胡适的运动。当然，也有一些人或是站出来为胡适辩护，或是试图客观地评价胡适生平思想的功过是非，围绕胡适的论争就这样展开了。

围剿的导火索是1961年11月6日胡适出席在台召开的“亚东区科学教育会议”开幕式，作了题为《科学发展所需要的社会改革》的发言。在这次发言中重申自己一直坚持的观点：“我相信，为了给科学的发展铺平道路，为了准备接受、欢迎近代的科学技术和文明，我们东方人也许必须经过某种知识上的变化或革命……我还相信，必须有这样的对东方老文明、对科学和技术的近代文明的重新估量，我们东方人才能够真诚而热烈地接受近代科学。”

胡适讲话是很中肯和客观的，主旨是近代科技文明的建立应该在批判和扬弃东方旧文明的基础之上，但这次讲话因对东方旧文明的批判过甚，就给“批胡派”留下口实。他们在报刊上大发文章对胡适进行“围剿”，称他为“少正卯”和“毒蛇猛兽”，继而“拥胡派”和“既批又拥派”也开始全面加入论争。

最先是徐复观站了出来，在他自己主持的《民主评论》上写了篇《中国人的耻辱，东方人的耻辱》，责骂胡适是“一个做自渎行为的最下贱的中国人”。一是处于他对传统文化的卫道，二是作为自由主义议政，他对胡适在“雷震案”上的软弱、妥协不满，并借机发泄这种不满。徐复观的文字刻薄、尖酸，他在这篇文章中说：

> 今天在报上看到胡博士在东亚科教会的演说，他以一切下流的词句来诬蔑中国文化，诬蔑东方文化，我应当向中国，向东方人宣布出来，胡博士担任中央研究院院长，是中国人的耻辱，是东方人的耻辱。我之所以如此说，并不是因为他不懂文学，不懂史学，不懂哲学，不懂中国的，更不懂西方的；不懂过去的，更不懂现代的。而是因为他过了七十之年，感到对人类任何学问都沾不到边，于是由过分的自卑心理，发而为狂悖的言论，想用诬蔑中国文化、东方文化的方法，以掩饰自己的无知，向西方人卖俏，因为得点残羹冷汁（炙），来维持早已摔到厕所里去的招牌，这未免太脸厚心黑了。

徐复观言辞的犀利，开始批胡派占据上风，只有一篇题为《胡适没有错》的短文出来为胡适辩护：“我们自五四以来，便高喊赛先生、德先生，何以迄今仍不富国强兵，其中最大的原因是我们太无条件地接受传统文化，太自愿地为传统所牵绊。我们谈革命，谈了近半个世纪，尚了解不到，革命便是革去没有用的东西，这才是可以叹息扼腕的事。胡适先生没有错，大家要多冷静想想，多为大局想想。”就在这个时候，台湾著名政评

徐复观（1903—1982），“现代新儒家”的代表人物之一。

台湾文化届名人李敖。

家李敖也站出来为胡适讲话。李敖对胡适的生平思想和著作素有研究。针对当时“批胡派”的观点，李敖写了《播种者胡适》一文，着重肯定胡适在新文化运动中的启蒙之功；同时又发表《胡适的经历与著作》，翔实地介绍了胡适的生平著述。

李敖的旗帜鲜明带来了更大的反驳之势。在批胡与拥胡之间逐渐形成了文化“保守”派与“西化”派的抗衡，以及官方“正统”派与自由主义“异端”派的对垒。其中批胡适的文章居多，除徐复观外，后来站出的还有胡秋原《超越传统派西化派俄化派前进》、叶青《谁是新文化的播种者》等，论争一直持续到胡适去世。

胡适看到了这场围绕自己而展开的争论，并没有做出多大反应。步入古稀之年的他，表现更多的是一种学者的宽容。在他猝然病逝前夕，说到这次事件时，也只是说自己“挨了四十年的骂，从来不生气，并且欢迎之至，因为这是代表了自由中国的言论自由和思想自由”。民主和自由主义在胡适的思想中根深蒂固。据说，他还有搜集各国男人怕老婆的故事的癖好。他曾说过，凡是有怕老婆故事的国家都是民主的国家，没有怕老婆故事的国家都是独裁极权的国家。他还将当时台湾男女阴阳裂变概括为男人的“三从四德”，即“太太出门要跟从，太太命令要服从，太太说错要盲从”；“太太化妆要等得，太太生日要记得，太太打骂要忍得，太太花钱要舍得”。这在一定程度上反映了胡适晚年的寂寞时光。

无上的哀荣：巨星陨落的追悼

1962年1月10日，在医院里待了整整一个半月的胡适在“围剿”与“反围剿”的硝烟正浓时走出台大医院特护病房，搬进福州街26号临时住宅。出院后的胡适一头扎进了“中研院”院长的日常工作事务中，开始筹备会议，又忘记了自己身体的不适和医生的嘱咐。

2月5日，吴健雄给胡适来信说：“院长已经两年未能来美召集临时会议，所以很想回去探望探望，如果学术机关有兴趣的话，家骝和我可以做几个学术演讲。”又说，“总之，这一次回去最大理由是探望你，其次是与在台学术界见见面。能有余暇，乘机看看台湾风景。”胡适读了信，异常高兴，立即与钱思亮、王世杰商量具体会议安排，一面又“请示”蒋介石。后又托张群转请蒋介石夫妇并亲自写信邀请因病正在休养中的陈诚一起出席院士会议。胡适对这一次的院士会议投入了极大的热情与精力，在他诚挚的邀请下，最终蒋介石与陈诚两人均表示愿意见面并宴请全体出席会议的十八位院士。

1962年2月20日，台湾“中研院”海外院士吴大猷、吴健雄、袁家骝、刘大中应胡适之邀回台北参加院士会议，他们一方面为师捧场，但更重要的是，他们知道“胡老

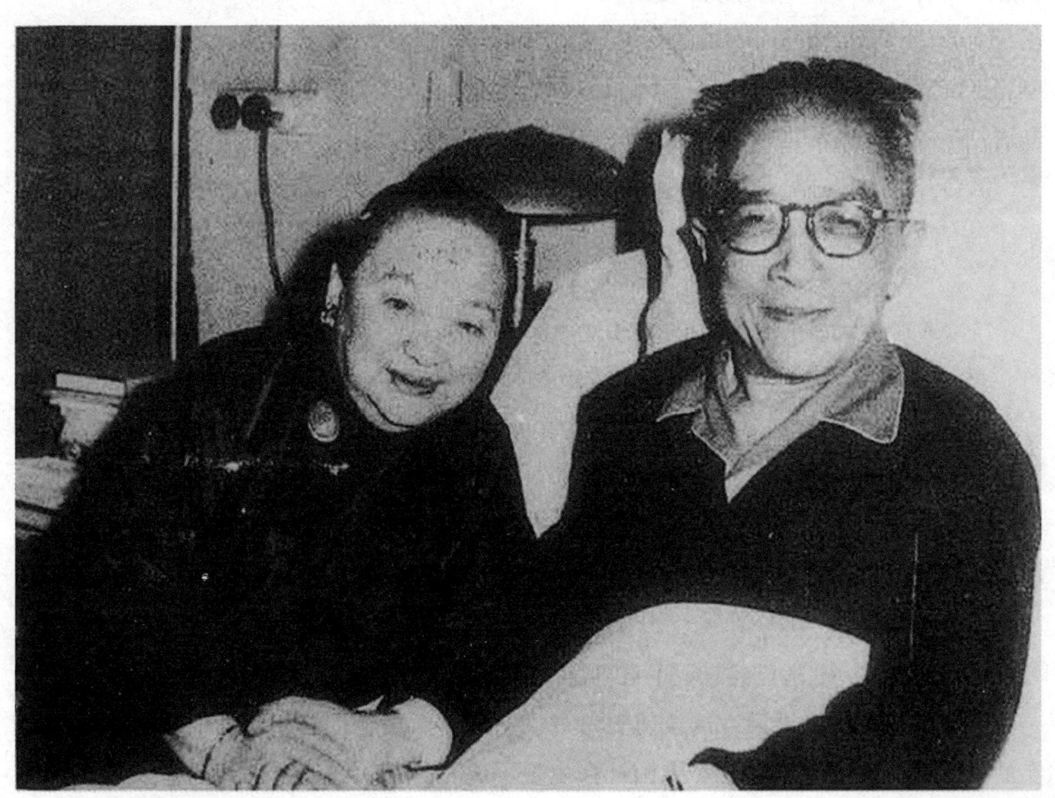

1961年胡适与江冬秀在台大医院病室。

师”生病，且继“雷案”之后又因批评“东方文化”而引发新的围剿，要在精神上抚慰、支持这位风烛残年的老人。尤其使胡适感到自豪、宽慰的是自己的学生——吴健雄女士。第二次世界大战时她参加了曼哈顿计划的原子弹制造工作，是打破普林斯顿研究院两百多年历史上录取女教授的第一位女性，也是诺贝尔奖金得主杨振宁、李政道推翻物理学上对等定律的实证人(李、杨只是从理论上推断，吴从实验室证实)，是世界级一流女科学家。

此时的胡适虽然已人至暮年，但仍旧“壮心不已”。2月24日，“中央研究院”在蔡元培馆举行第五届院士会议，出席会议的有在台的十四位院士和海外回来的四位院士。上午九时，胡适院长宣布开会后，就开始选举1960—1961年度的七名新院士。选举完成，会议又决定1962—1963年度院士预定在1964年选举，这一届评议员任期到1963年4月届满，授权胡适院长决定投票方式。接着胡适宣布下午五时举行欢迎新院士的酒会和26日中午“总统”宴请、晚上“副总统”宴请。

酒会开始前，胡适吩咐他的秘书王志维：“人文组请副院长李济做代表发言。如果李先生婉辞，就不必再请他。他不讲话最好，免得讲些不三不四的话。”哪知，王志维一请，李济当即表示：“胡先生之命，我岂敢不从？”

酒会开始，胡适见高朋满座，济济一堂，便在麦克风前高兴地向到会的百位来宾讲了一个有趣的故事：

> 我常向人说，我是一个对物理学一窍不通的人，但我却有两个学生是物理学家：一个是北京大学物理系主任饶毓泰，一个是曾与李政道、杨振宁合作证验“对等律之不可靠性”的吴健雄女士。而吴大猷却是饶毓泰的学生，杨振宁、李政道又是吴大猷的学生。排行起来，饶毓泰、吴健雄是第二代，吴大猷是第三代，杨振宁、李政道是第四代了。中午聚餐时，吴健雄还对吴大猷说：“我高一辈，你该叫我师叔呢!”这一件事，我认为生平最得意，也是最值得自豪的。

话到兴头上，胡适已经忘记了自己身体的不适，一杯在手，含笑痛饮。

接着副院长李济讲话，这位历史考古学家并不像胡适那样乐观，而是讲了几句务实的话：“我感到科学思想在中国社会生根不成，是最大的问题。经过五十年提倡，今天，我们的成绩如何？一切科学设备是从外面买来的，学生最后必须出洋去，我们有什么中文的科学大著作？还比不上日本，我真不敢乐观，科学不能在这里生根，就觉得它是舶来品。”继之，李济又提及了1961年11月6日胡适在“亚东区科学教育会议”上那篇引起围剿的演讲《科学发展所需要的社会改革》，表示自己不敢苟同胡适的某些观点。

李济（1896—1979），中国人类学家，1948年迁居台湾。

此时正处兴奋之中的胡适，脸色一下子变了，这是他近几个月心中屡遭伤害的隐痛。他没料想到“中研院”内他的朋友中也有人对他这点不满，在这个场合加以揭示，心中一阵酸楚。

吴大猷见李济触及胡适的痛处，便紧跟李济代表回台院士说话，他认为我们的基础实在很薄弱，在这一点上不能“自欺”。吴大猷强调发展科学“必须有研究的环境，政府的支持”。所以劝说李济：“不必太悲观，留学生出国，让他们慢慢地去成熟，十个人里有一个回来也很好了。”胡适顿时又感到这位“徒儿”是在为老师争面子，于是接着吴大猷的话题说，科学不要马上谈太空理论，不要奢望迎头赶上，要从头做起，从最基本的做起。并说：“我去年说了二十五分钟的话，引起了‘围剿’，不要去管它，那是小事体，小事体。我挨了四十年的骂，从来不生气，并且欢迎之至。”

胡适讲到这里时不由情绪亢进，声调有点激动。他从“科学”跳到了“民主”、“自由”：“因为这是代表了自由台湾的言论自由和思想自由。海外回国的各位：自由中国，的确有言论和思想的自由。各位可以参观立法院、监察院、省议会。立法院新建了一座会场，在那儿，委员们发表意见，批评政府，充分地表现了自由中国的言论自由。监察院在那个破房子里，一群老先生老小姐聚在一起讨论批评，非常自由。还有省议会，还有台湾二百多种杂志，大家也可以看看。从这些杂志上表示了我们言论的自由。” 胡适此时有点像大声疾呼，并且语无伦次。突然他停了下来，或许是感到不适，急忙请大家吃点心、喝酒，并和一些告辞的人握手，正要转身再和人谈话时，忽然面色苍白，酒杯落地，他晃动一下，身体向后倒下，后脑先碰桌沿，再摔到石板地上。胡适的这一次倒下却再也没能站起来，一生为“科学”、“民主”、“自由”奔走的胡适，从此长眠未醒，时年七十二岁。中国思想文化天幕上的一颗巨星陨落了。

胡适逝世，蔡元培馆里里外外顿时被悲哀的气氛所笼罩，一片呜咽哀鸣的声音。尤其是吴健雄，泣不成声，她自称专程回台看望“胡老师”的，不想竟是诀别。声势浩大的第五届“中研院”院士会议随即变成了追悼大会。

就在胡适倒下的当天晚上，胡适的助手胡颂平、王志维找出了他早在1957年6月4日由刘锴、游建文、李格曼为证人于纽约立的英文遗嘱，由钱思亮在治丧会筹备会上用中文当众宣布：

一、去世后遗体可用火葬(这不是命令)，骨灰由遗嘱执行人处理，自己没有意见(按：由于江冬秀的意见，死后改用棺葬)；

二、离开北平时，遗在北京大学的一百零二箱书籍……那些书全部捐给北大；

三、一位外国朋友替我画的像，赠给中央研究院作为纪念。

四、存在家中尚未出版的文稿、论文和书籍，全部送给台湾大学；

五、所有文稿均请美国哈佛大学教授杨联升及台湾大学教授毛子水两人整理编辑出版。

六、去世以后，如果留有遗产，留给夫人江冬秀女士，如江女士先行去世，则留给两子胡祖望、胡思杜，如两子仅一人留在，则留给该子，如两子均已去世，则留给孙子。

七、一时想不到的事物，均授权遗嘱执行人处理。

随之又成立了以副总统陈诚为主任的一百零三人治丧委员会。并决定：遗体移至极乐殡仪馆，呈请“政府”褒扬，“中研院”25日下半旗致哀。

2月25日早上，蒋介石派代表来极乐殡仪馆吊唁，询问治丧情况，并亲自写了一副挽联：

适之先生千古

新文化中旧道德的楷模

旧伦理中新思想的师表

后来又送来了一幅挽额：“智德兼隆”。6月27日特颁了“褒扬令”。陈诚送挽联：

开风气而为之师，由博涉融合新知，由实验探求真理。

瘁心力以志于学，其节概永传寰宇，其行谊足式人群。

3月1日，为公开瞻仰遗容的第一天，来凭吊的人超过三万，蒋介石本人也前来吊唁。他对着胡适遗像和躺在花丛中的遗体行了三鞠躬，又安慰胡祖望不要过分悲痛，并请转告胡夫人节哀。胡适灵柩上先后覆盖了北京大学的校旗和国民党的“青天白日旗”。因为胡适在担任前北大教授、校长期间，就是以北大为阵营，和一批先觉者在五四时期发动新文化运动，揭开了现代历史新的一页。同时，他又是国民党的“诤友”、“谏臣”、“政客”，始终为国民党政府殚精竭虑。当然这并非胡适生前的奢望，但得之却很自然。

下午3时整，大殓举行，即将胡适灵柩移于南港“中央研究院”会议室。沿途三十万人加入送殡行列，并沉浸在深深的悲哀之中。据《联合报》1962年3月3日记者写道：

到了三点钟，路旁的人越聚越多，万头攒动的人群里，有人含悲饮泣，有人静默志哀。此时阴霾的天气顿时云散天开，阴光照耀在人们的眼中、身上，风吹拂着

1962年2月24日，胡适逝世。3月1日，蒋介石亲临极乐殡仪馆悼念胡适（右为张群）。

灵堂内外的挽联，白幔翻飞，哀乐声催，胡博士的遗体被抬上了将载着他再回南港的灵车。随着胡博士灵车的启行，人群也动了起来，大家都想靠近一点，再靠近一点……

由灵车起步处迤逦到松江路口，几乎道旁每一方寸之地都是凭吊胡博士的人，不分男女老幼，不分贵贱贫富，大家的表情都是一样的沉重哀痛。那个景象、那种场面使人不觉对一个伟人在身后所能引起真正的同声一哭，发出由衷的礼赞。然而，这不过是博士出殡感人场面的开始！

“不论是妇孺老翁、士农工商，大家的表情都是那么哀戚。大伙儿的哀伤凝成一种宁静而沉痛的气氛，使人感受一种无法形容的情绪。好像在一刹那这个世界是属于胡适之的，而且这个世界也在为他的离去而陷入一片忧郁。灵车过中仑，沿路的商店暂时停止营业，工厂停工，门口站满了工人，学校停止上课，路祭者此起彼落的鞭炮声响个不停。人们朝着胡博士的遗像车鞠躬，工厂的女工们掏出手绢在揩眼泪，停在路边的卡车司机也走下车来向胡适灵车行礼。

一些小型的工厂和乡镇的机关社团，都集体在路旁向胡博士灵车行三鞠躬礼。南港国校的小学生全体排列在校门口，当胡博士灵车缓缓驰过时，大家顺次地从头上摘去白色的鸭舌帽。胡博士曾在这儿跟小朋友们研究过“注音符号”。更令人称道和惊奇的是，“胡适的朋友”除了公卿和知识分子以外，更包括了不少的布衣白丁，他确是一位“能使庶黎哀伤的伟人”。

胡适逝世，新闻界也纷纷表示哀悼。学生书局特为之编辑出版了《胡适之先生纪念集》。一直持续的对胡适的围剿与争论戛然而止。同时，美国、日本、加拿大、韩国、香港等国家和地区的著名大学和学术团体纷纷打来唁电，对作为国际著名学者的胡适表示哀悼。

1962年10月15日，胡适的遗体被安葬于“中央研究院”门口对面的旧庄山坡。墓园前的花岗石墓碑上刻着毛子水所拟的碑文：

胡适生前最后一张照片。

这是胡适先生的墓。这个为学术和文化的进步，为思想和言论的自由，为民族的尊荣，为人类的幸福而苦心焦虑，敝精劳神以致身死的人，现在在这里安息了！

我们相信，形骸终要化灭，陵谷也会交易，但现在墓中这位哲人所给予世界的光明，将永远存在！

一代学人、自由主义思想大师胡适就这样走完了他的人生之旅，长眠于宝岛。

美国国务卿腊斯克称赞胡适是“本世纪历史性伟大人物之一，满怀勇气和智慧，领导人们反抗人类精神的迫害”。美国助理国务卿哈里曼也认为，“很少有人像他一样，对时代思想有那么深刻的影响”。

胡适的老友蒋廷黻说：“胡适博士的人生观，对于维护个人自由及人类尊严，他是决不妥协的。作为一个学者，他从未轻易放过事实与真理。他毕生从事研究中国历史、

50年代，唐德刚为胡适口述自传录音时合影。

哲学与文学，自然了解中国文化的伟大，可是他也知道它的缺点。他赞赏过去悠久历史上中国伟大人物在各方面努力所获得的成就，他深信当代与后代的中国人，得到现代科学及西方文化的补助，甚至有更大的贡献。”

著名历史学家唐德刚说：“胡适之先生的了不起之处，便是他原是我国新文化运动的开山宗师，但是经过五十年的考验，他既未流于偏激，亦未落伍，始终一贯地保持了一个独特的形象。既不落伍，也不浮躁开风气之先，据杏坛之首，实事求是，表率群伦，把我们古老的文明，导向现代化之路。熟读近百年中国文化史，群贤互比，我还是觉得胡老师是当代第一人！”

胡适墓。

家庭、友情与爱情

亲情做半径画出的港湾圆

家是一个圆，无论你走多远都不能忘记你的背后总有一个半径跟着你走。胡适从徽州绩溪上庄出发走南闯北踏出国门，沐浴欧风美雨但其心头总萦绕着魂牵梦绕的根系——家，因为那是以亲情做半径画出的港湾圆。

双亲的殷切期盼

孩子是父母一生的牵挂，父母为孩子倾注一世的心血，父亲以深沉做半径画出严父圆，母亲以柔和做半径画出慈母圆，孩子便在这同心圆中肆意畅游汲取家的养分。但胡适却是例外，父亲过早离世，母亲便撑起了他的天与地，以女性独有的坚韧成就了儿子的大厦，不光是爱的付出还有智慧的浇灌。

胡适的父亲胡传（1841—1895）曾任台湾台东知州，又擅长写诗。对此胡适在《我的信仰》里说："我的父亲是一位学者，也是一个有坚强意志，有治理才干的人。"胡适曾谦逊地表示自己不会写诗，《尝试集》那类白话诗也确不以文采见长。但胡传却是个不折不扣的诗人。他的诗狂放而富有生气——"仰视飞云天外起，酒酣愁听大风歌"，在万马齐喑的晚清，这应该是踔厉飞扬的强音。胡传不甘心做个文人，便前往京师寻找报国机会，怀揣一封介绍书，走了四十二天，到达冰天雪地的吉林，面见钦差大臣吴大澂，要求随大清使节去解决中俄边界纠纷。吴大澂好奇地接纳了这个少年，据说，吴大澂曾称赞胡传有治省之才，这也许是胡适的一家之言，但胡传却的确是个称职的地方官。当时台湾刚刚建省，在朝廷大臣心目中是个瘴疠蛮荒的苦地方。胡传却主动请缨，离开怀孕待产的妻子，来不及看一眼新生爱子，就踏上了茫茫海路。

胡传到达台湾的时候，首任巡抚刘铭传的改革，已经人亡政去。东海危机乌云般翻卷在上空，到处是不安谧的波涛。胡传穷尽心血写下了第一部《全台兵备志》。他像勘察中俄边境那样，走进了台湾岛的森林、山峡、海口，踏遍了郑成功时代的城垛和荷兰人留下的赤嵌城。“华严世界，任凭我，踏遍云山千叠。”然而在王朝末日，这只是一个文人的梦想。三年后，中日甲午战争打响，胡传征募兵勇，守卫台东，但他的剑还未出鞘，就被光绪皇帝割让台湾的诏书封住了。皇帝下旨：所有在台官员一律内渡，将台湾交给日本。胡传拒绝奉旨，做了封建文人最大的反抗。他四处奔走，募兵保台，又徒步行走到台南，衣衫褴褛，面见黑旗军统领刘永福，以书生之身要求参战。也许胡适身上那打破千年文字八股的躁动血液，就流动在他父亲喷薄的脉管中。

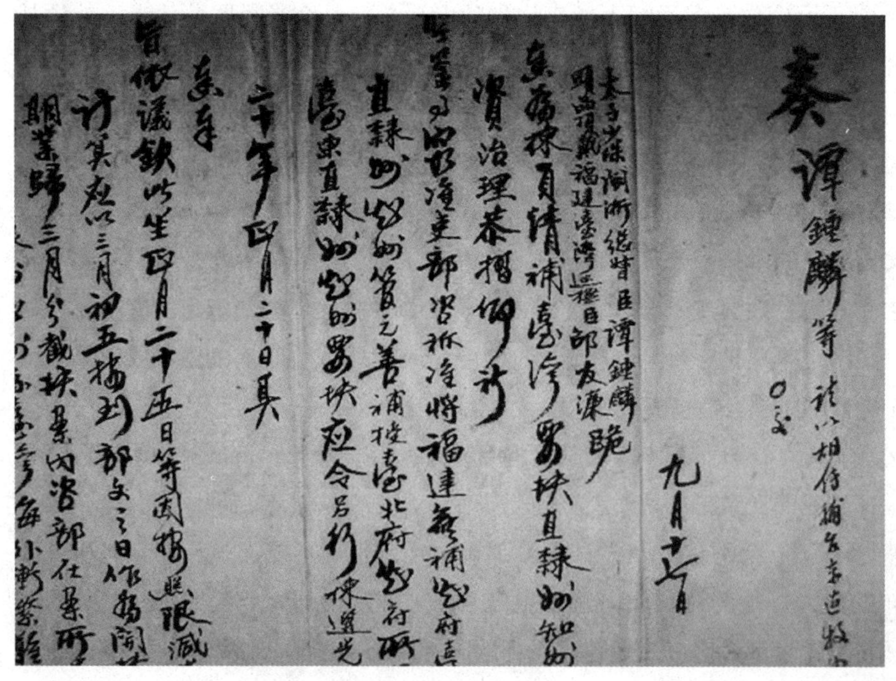

胡传手迹。

胡传病倒后被刘永福护送回到厦门，几天后死于脚气病，那是日军攻占八卦山的第二天。作为《全台兵备志》的作者，他应该是最知道八卦山对台南战略意义的人。与其说他死于时疫，不如说他死于台湾陷落的可怕命运。据说，胡传的家乡流传着他战死沙场的传奇，也许战死是胡传最美丽的神话。他壮硕的身躯，停歇在南国的红色土地上，仿佛关于历史和未来的无字之书。父亲忧愤死于厦门时，胡适只有三岁零八个月。而他的母亲，则是23岁的妙龄少妇。遥想娇妻幼子倚门而望，胡传眼中一定涌满坚硬如冰的泪水。那是失意诗人的泪水，是丧失国土的官员的泪水，更是一个丈夫和父亲的泪水。

胡传内渡的船只，是台湾海峡封锁前的最后船队。海面上惊慌的海鸥、哀鸣的白鹭，还有哭泣流离的人群，曾带给诗人怎样的哀愁？然而，诗人胡传已经不能动笔了，黑暗的午夜里，他躺倒在厦门的风浪声中。

胡适动笔写下《文学改良刍议》的时候，一定想起了他的父亲。当书生报国成为南柯一梦，文学就不得不站起来，拯救一个民族的生命力。这是一种倔强的坚韧，坚韧中也有淡淡的悲哀。胡传去世六十多年，他的儿子胡适终于第一次踏上了台湾。父亲的精魂守护在这里，激动的胡适无法克制血脉偾张，几年后骤然辞世。父子两人的生命，都在台湾画上了奇特的句号，这也许只是巧合。

以孝义回报母亲的含辛茹苦

胡适一生曾获36个博士学位，他学识渊博，在文学、哲学、史学、考据学、教育学、伦理学等诸多领域均有卓尔不群的建树。胡适曾在《我的信仰》里说道："在这个广大的世界中，独自求我自己的教育和发展，所带着的，只是一个母亲的爱，一个读书的习惯，和一点点怀疑的倾向。"胡适把母亲的爱作为其取得成就的三大因素之一，使得我们不得不对胡适的父母进行追寻。胡适的父亲胡传曾在广东、河南、江苏、台湾等处充任幕僚或地方官佐，他有过三次婚姻，前两个妻子先后死于战乱和疾病。第三次续娶冯顺弟，也就是胡适的母亲。冯顺弟虽然出身农家，但是寡言稳重，惹人喜爱，不像是庄户人家的孩子。冯氏17岁嫁入胡家，此时胡适父亲已四十有七，然而对他们来说，这是前世注定的姻缘。胡适出世仅90天，父亲便往台湾供职。1893年春，冯顺弟带着胡适来到台湾，老夫少妻稚子相聚，度过两年的天伦生活，这段时日是胡适沐浴父爱的唯一时光，也是享受人间亲情之乐的最美年华。然而美好的日子总是短暂的，中日甲午战争爆发后，冯顺弟便带着儿子回到徽州绩溪老家。不久，传来胡传病死厦门的噩耗，这时胡适仅三岁零八个月。父亲早亡抛下孤儿寡母，可想而知接下来的生活对母子俩来说是一种怎样的考验。

冯顺弟曾受过一定的教育，为胡适的启蒙教育奠定了良好基础。正如胡适所说："先母冯氏，屡遭劫难，备尝劳苦。一生行实，虽纤细琐屑不出于家庭闾里之间，而其生性至诚，有宜永存而不朽者……九年的家乡教育，除了读书看书之外，究竟给了我一点做人的训练。我的恩师就是我的母亲。"母亲对胡适的一生影响最大，对他的教育和婚姻都留下了不可磨灭的烙印，所以胡适回报集严父慈母于一身的母亲唯有孝义和大器。

胡适自幼身体弱小，五岁时还不能跨迈像徽州老宅那样高的门槛。但母亲还是把小胡适送去上学，上课时都要先生将其抱到高凳子上，坐上了又下不来，还得再由人抱下来。胡适在学堂年龄最小，却识字最多。乡下孩子多有逃学的习惯，母亲管教严厉，胡适又聪颖好学，常常一个人坐在学堂里温书念书，直到天黑才回家。每天拂晓，母亲把胡适喊醒后，便开始评点儿子前一天的行为，告诉他什么事做错了，什么话说错了，要知错认错改错，用功读书。每天早晨，胡适都是最早到学堂的，先去先生家拿钥匙，开了学堂的门，便一人坐在座位上背书。等到先生到来，才回家去吃早饭。母亲教训胡适从不拿腔作势，儿子做错了事，也不在众人面前打骂，顶多只是给他一个严厉的眼神。如果胡适犯的是小错，她会在第二天早晨儿子起床时教训他。如果是大错，那么到了晚上，她会关起房门，先是批评，然后便是行罚，不是罚跪，就是用手拧儿子的胳膊、大腿，不论如何痛楚都不许哭嚷。有一次，胡适因犯错被母亲训斥，边啜泣边用手背擦眼泪，请母亲原谅。第二天起床时，胡适两眼又红又肿，并因此而害了一年多的眼翳病。母亲很后悔，儿子可是她的命根子，是她的憧憬和希望。她听说用舌头舔眼可以治好眼翳，便在夜晚将儿子叫醒，用舌头轻轻地舔儿子的病眼。

徽州山里的蒙馆学费很低，每年只交两块银元，先生只教学生念死书、背死书，从不讲书。母亲清楚其中的蹊跷，便有意增加学费，嘱托先生要为儿子讲书。每读一字，须讲一字的意思；每读一句，须讲一句的意思。胡适说："我一生最得力的是讲书。"一次，同学的母亲请先生以她儿子的口吻给丈夫去信，信写成后，先生让同学带回家。同学偷偷抽出信，头一句便是："父亲大人膝下"，这位同学不懂何谓"父亲大人膝下"，前来向胡适讨教。这时，他才明白，"我母亲增加学金的大恩惠"。

胡母二十三岁守寡，这正是女人的如锦年华，而她所接受的家业，也已经失却往日的荣盛。她虽然是名义上的家主，可是，丈夫前妻遗下的儿子，对这位继母并非采取亲善的态度。两个儿媳妇都不太明晓事理，妯娌间常为一些小事闹得全家鸡犬不宁。她们谁也占不了上风时，便都把气撒到婆婆身上。有时，她们还以打骂孩子的方式，用刻薄寡情的语言，指桑骂槐地骂给婆婆听。胡适的母亲只是忍气吞声，尽量避免冲突。实在难以忍受时，便悄悄来到邻家回避，或者夜深人静时，一人独枕床上轻声哭泣。少年胡适在这种人生窘境中，知道了所谓人世间的脸色是件多么可怕的东西，他说："世界最可厌恶的事莫如一张生气的脸，世界最下流的事莫如把生气的脸摆给旁人看，这比打骂更难受。"

胡传前妻所生的儿女，几乎与冯顺弟年龄相当。长子已经成家，自小便不成器，后来又染上吸鸦片、赌博的恶习，挥霍无度，欠下许多还不清的债务。每年除夕，总有一帮债主前来讨债，一个挨一个地坐在堂屋的座椅上。母亲已是见怪不怪，照样心平气和地料理着过年的事情。一直挨到半夜，快"封门"时，她才从后门出去，央求本家亲戚或邻居，给每个债主打发些钱，好说歹说，将他们支出家门。这时，那个瘾君子才敲门回家，母亲从不骂他，也不在脸上挂一点愠色，一家人还是和和美美、欢欢喜喜地过年。

幼年失怙，家道衰微，在挫折中，胡适最深切的感受便是博大、慈祥的母爱。她给了儿子待人接物的榜样示范，处世做人的实际教诲，不经意间，胡适受到了健全的人格培养。他谨守母命、恪守孝道的最好例证，便是婚姻问题。早在1904年，母亲便做主他与江冬秀订立终身大事。江冬秀因父亲早逝，家中重男轻女，识字不多，自小缠足，完全是一个旧式乡村女子。胡适一直在外读书，与江冬秀从未晤面，又留学西洋，接触了一些知识女性，自然与江冬秀没那种卿卿我我的感觉。然而，由于是母亲所定，便只能认作神圣不可改变的事情。其实，胡适在大洋彼岸已经有自己的心仪之人。胡适曾透露在给母亲的信中，聪明的母亲当然察觉其中的微妙。可是，胡适终究是个孝子，想到寡母独处家中，经济拮据，甚至以首饰抵借过年，不免感慨系之，思绪万千，不愿违拗母命。

夫妻的长期营地

胡适与江冬秀的婚姻经历风风雨雨，最终以执子之手、与子偕老的圆满方式谢幕。这桩不是以爱情作序，并且以封建礼教媒妁之约结合的婚姻，对于风云人物胡适来说酸甜苦辣，个中滋味，无人知晓。胡适是新派人物的代表，接受过欧风美雨的洗礼，而江

胡适与妻子江冬秀。

冬秀却是山里饱受封建三从四德熏陶、识字不多的一个闺阁女子，毋庸置疑，两人的教育差距不言而喻，因此两人的精神世界南辕北辙在所难免。胡适作为一位大学者，上知天文下知地理，博古通今，在文学和哲学史上产生了重要影响。而江冬秀却钟情于麻将，胡适在临死前两天为方便太太打牌还特意嘱咐其秘书另买一套房子。1958年，胡适返台任“中央研究院”院长，之后其时任秘书王志维先生曾写过一篇《记胡适先生去世前的谈话片段》，其中记有胡适要其“帮我买一所房子”：

我太太打麻将的朋友多，这里是台湾大学的宿舍，南湾我住的也是公家宿舍，傅孟真先生给中央研究院留下来的好传统，不准在宿舍打牌。今天我找你来，是要你在我出国期间，在和平东路温州街的附近，帮我买一所房子，给我的太太住。

可见，作为丈夫的胡适对妻子还是体贴有加的，想必这也是这场婚姻得以维系的一个重要因素。这不是一对琴瑟和鸣、志同道合的夫妻，所以吵架是常有的事，就如民国9年，胡氏夫妇生日碰在一天，为此胡适写了一首诗《我们的双生日（赠冬秀）》：

他干涉我病里看书，
常说：“你又不要命了！”

我也恼他干涉我，

常说："你闹，我更要病了！"

我们常常这样吵嘴——每回吵过也就好了。

今天是我们的双生日，

我们订约今天不许吵了！

我可忍不住要做一首生日诗，

他喊道："哼！又作什么诗了？"

要不是我抢的快，这首诗早被他撕了。

可见婚后二人的精神世界殊不同归，教育背景的悬殊导致了江冬秀无法直接参与胡适后来生活上的种种活动，妻子对丈夫的事业而言却是个局外人，但最终他们相携一生，完整画上婚姻的句号，不得不让人敬佩。

1938年胡适担任驻美大使时，为抗战过度操劳而患心脏病，随后便体弱多病，1962年2月24日因心脏病发作而猝死。3月1日在台湾公祭胡适时，蒋介石送的挽联是："新文化中旧道德的楷模，旧伦理中新思想的师表。"胡适确实不愧是"旧道德楷模"，在五四先贤们"点把火先烧后院"，纷纷打破旧婚姻的全方位革命中，其包办婚姻一直很稳定，并与结发妻子——小脚夫人江冬秀风雨同行，白头偕老，这一点确实难能可贵。对此，有人指出他在爱情方面，"是位发乎情，止于礼的胆小君子。搞政治，他不敢'造反'；谈恋爱，也搞不出什么'大胆作风'。加之他对婚姻也颇能想出一套深足自慰的哲学；婚后蔗境弥甘，所以他也就与冬秀夫人和和平平40年，始终一对好姻缘；他二老白首相依，是十分幸福的"。胡适是思想方面的激进者，同时又是个人情感方面的保守名士，其实他骨子里绝对是个多情才子。从他早期写的一些爱情诗歌，就可以领略其婉约之柔肠。如他写于1917年被收入现代文学史上最早出版的一部个人诗集《尝试集》中的《梦与诗》：

都是平常经验，都是平常影象，偶然涌到梦中来，变幻出多少新奇花样！

都是平常情感，都是平常言语，偶然碰着个诗人，变幻出多少新奇诗句！

醉过才知酒浓，爱过才知情重，你不能做我的诗，正如我不能做你的梦。

多情才子却终能坚守婚姻的阵地，这不得不让人对其产生敬佩之情，发出难能可贵之慨。其实对这桩婚姻，胡适在婚前婚后都有过想挣脱不愿接受的倾向，在婚前其采取的是拖延战术。1908年，母亲要他暑假回来完婚，胡适接信，百般不愿，于是故技重施——继续拖延，在回其母信中还振振有词，慷慨陈述其无法遵命的六大理由，其中有毕业期在十二月而非八月，大哥及诸人所言有误；再者下半年不能请假，家中经济情况无力完婚，甚至不喜欢合婚择日，等等。与其说这封家书是胡适敷衍母亲的慰藉之词，倒不如说这是他对这桩婚姻的抗拒。且说胡适是孝子，母命难违，屈服命数与冬秀完婚，但婚后其恋情不断，最过分的一次还上升到离婚的高度，虽说当时是冬秀的彪悍唬住了胡适的荒谬想法，但在后来的岁月里他们夫妻基本上相安无事，这不能不说是胡适屈从了现实的婚姻，兑现了七尺男儿的担当和责任。对这段婚姻，胡适对外界的回应：

梦旦邀我到消闲别墅吃饭，饭时大谈，谈及我的婚事，他说许多旧人都恭维我不负旧约，是一种可佩服的事！他说，他的敬重我，这也是一个原因。我问他，这一件事有什么难能可贵之处？他说，这是一个大牺牲。我说，我生平做的事，没有一件比这件事最讨便宜的了。有什么大牺牲？他问我何以最讨便宜。我说，当初我并不曾准备什么牺牲，我不过心里不忍伤几个人的心罢了。假如我那时忍心毁约，使这几个人终身痛苦，我的良心上的责备，必然比什么痛苦都难受。其实我家庭并没有什么大不过不去的地方。这已是占便宜了。

试想胡适真与冬秀离婚，那一介村妇将何去何从，叱咤风云的胡适不可能没有想到这些问题，也许胡适抱着冬秀给了他一个家，他便回报以婚姻的安稳的想法。正如日本作家池田大作在《青春寄语》中这样对家赞誉：“对于男子来说，社会是战场，是令人不断处于紧张状态的舞台，而家庭则是心灵唯一的绿洲和安憩。”

波伏娃在《第二性》中说道：“妻子俨然是家庭的女皇，白天她被普照大地的阳光打扰，家是她唯一的现实，‘是避难所，是退隐处，是洞穴，是子宫，是预防外界险厄的场所。’”对于江冬秀来说，她与胡适的这场婚姻在外人看来她是胜利者，起码她捍卫了自己的婚姻，而不是新旧时代交替的封建婚姻的牺牲品。事实上，作为胡适的妻子，可能江冬秀一直活在胡适的光环阴影之下；作为一个女人来说，这一切对她来说是不公平的，对于当初的媒妁之言她自己也没有选择的权利，再说她对这桩婚姻她也有付

中年的胡适与江冬秀。

出，十三年的痴痴等待，这一等就等成27岁的老姑娘，最美的青春和年华都在这独自等待中消耗，同时还要忍受洋博士未婚夫的流言蜚语，如果这不是冬秀的深情和痴爱又有哪个女子能做到如此地步。终于守得云渐开，与梦寐以求的人成婚，这一桩天赐良缘的婚姻，江冬秀又岂能轻易放弃呢。所以当婚后丈夫梅开二度，欲与其分道扬镳的时候，她便不顾一切地捍卫自己的婚姻，甚至不惜拿自己的孩子作为威胁丈夫的筹码，成功地保卫了婚姻阵地。

虽然江冬秀捍卫了自己的婚姻，保住了妻子的名分，但她的婚后半生却是在与丈夫“精神出轨”的战斗中度过，试想有哪位妻子能忍受丈夫在外桃花不断暧昧不清，偏偏胡适风流倜傥、才华横溢，得到芳龄妙女的青睐在所难免，于是1938年8月14日江冬秀给远在美国当驻美大使的胡适写信说：

> 我算算有一个半月没有写信给你了。我有一件很不高兴的事。我这两个月来那（拿）不起笔来，不过你是知道我的皮（脾）气，放不下话的。我这次里（理）信件，里面有几封信，上面写的人名是美的先生，此人是哪位妖怪？

这样风波不断的结果使作为妻子的江冬秀以一副“母夜叉”的形象示人。她的“跋扈”不仅仅是在家里而且在胡适的朋友圈子里也“鼎鼎有名”。 当时多情诗人徐志摩与名媛陆小曼的良缘就是胡适从中牵线，为此江冬秀对胡适说：“你要做这个媒，就是到了结婚的台上（证婚人），我拖都要把你拖下来。”胡适终究没有为二人证婚。赵元任得新欢请胡适当证婚人，江冬秀却拒绝去喝喜酒，称看不惯这种孟浪习气。这样仗义的江冬秀一方面是为原配女同胞打抱不平，另一方面也是间接向胡适传达其“河东狮吼”的信号。作为胡适的妻子，江冬秀一直在为捍卫婚姻和保卫家庭而奋斗不息，难能可贵的是两人最终以美满结束。

孩子的光环梦源

对于子女来说，家是其保护伞，对此，密尔在《论妇女受压制》中这样写道：“公正地组织起来的家庭，应该成为培养自由平等美德的真正学校……家庭成为孩子们感情与行为的典范，从小让他们在成人的行为引导中得到锻炼，使之成为他们的习惯，最终变成自然。”对于家庭教育，胡适颇有自己的见解。就读于上海中国公学时的胡适曾写过一篇《论家庭教育》，此文发表于1908年9月6日的《竞业旬报》上，主要内容如下：

什么叫作家庭教育呢?就是一个人小的时候在家中所受的教训。列位看官你们不听见俗语中有一句话么：‘山树条，从小弯’(这是我们徽州的俗语)；又说道：‘三岁定八十’，可见一个人小的时候，最是要紧。将来成就大圣大贤大英雄大豪杰，或是成就一个大奸大盗小窃偷儿，都在这‘家庭教育’四个字上分别出来。儿子孙子将来或是荣宗耀祖，或是玷辱祖宄也都在这‘家庭教育’四个字上分别出来。看官要晓得这少年时代，便是一个人最要紧的关头。这家庭教育便是过这关头的令箭，所以我今天便详详细细地说一番。

列位且听我道来。我们中国古时候，最注重这家庭教育。儿子还在母亲怀中没有生下来，便要行那胎教。做母亲的，席不正不坐；行步不敢不正；不听非礼之音；不说非礼之言，这便叫做胎教。儿子生下地来，便要拣一个好的保姆，奸好的教导他。六岁教他什么，七岁教他什么，八岁九岁教什么，到了十岁才出来从师读书。十岁以内，便都是父母的教训，这便叫做家庭教育。

看官须记清，我中国古时的人，都是受过家庭教育来的了。看官要晓得，这家庭教育最重要的便是母亲。因为做父亲的，断不能不出外干事，断不能常常住在家中，所以这教儿子的事情，便是那做母亲的专责了。现在要改良家庭教育，第一步便要开办女学堂。

在文中，胡适强调“这家庭教育最重要的便是母亲”，所以，“现在要改良家庭教育，第一步便要开办女学堂”。遗憾的是，胡适的妻子江冬秀没有进过学堂，按胡适的观点，她是无法成为一个称职的母亲的。

1922年江冬秀和三个子女合影。

胡适关于家庭教育的观点终身未变，晚年，他曾对秘书说过这样一番话："娶太太，一定要受过高等教育的；受了高等教育的太太，就是别的方面有缺点，但对子女一定会好好管理教养的。母亲有耐心，孩子没有教不好的；孩子教不好，那是做母亲的没有耐心的关系"。

胡适和江冬秀育有三个子女。长子胡祖望虽接受了高等教育，但远远未能达到胡适对他的期望，胡祖望取得的成绩与他的"名父之子"的身份是不相称的。次女素斐五岁那年患病，救治不当，夭折。小儿子胡思杜就完全不成器了，读了两个大学都未能毕业，还染上不少坏习气，最终被美国当局驱赶回国。

长子祖望，出生在1919年3月16日，距胡适母丧仅四个月，取名"祖望"有望祖的意思；胡适教书写作繁忙，平时很少能陪孩子玩。1928年初，江冬秀带着三子思杜回到安徽家乡，替胡适建造先人的坟茔。近半年时间，胡适独自一人和十岁的胡祖望住在上海的家中，对他倍加关怀。1929年8月，胡祖望即将去苏州读书，胡适给他写了封信。

祖望：

你这么小小年纪，就离开家庭，你妈和我都很难过。但我们为你想，离开家庭是最好办法。第一使你操练独立的生活；第二使你操练合群的生活；第三使你自己感觉用功的必要。自己能照料自己，服侍自己，这是独立的生活。饮食要自己照管，冷暖要自己知道。最要紧的是做事要自己负责任。你功课做得好，是你自己的光荣；你做错了事，学堂记你的过，惩罚你，是你自己的羞耻。做得好，是你自己负责任。做得不好，也是你自己负责任。这是你自己独立做人的第一天，你要凡事小心。你现在要和几百人同学了，不能不想想怎么样才可以同别人合得来。人同人相处，这是合群的生活。你要做自己的事，但不可妨害别人的事。你要爱护自己，但不可妨害别人。能帮助别人，须要尽力帮助人，但不可帮助别人做坏事。如帮人作弊，帮人犯规则，都是帮人做坏事，千万不可做。合群有一条基本规则，就是时时要替别人想想，时时要想想“假使我做了他，我应该怎样？”“我受不了的，他受得了吗？我不愿意的，他愿意吗？”你能这样想，便是好孩子。你不是笨人，功课应该做得好。但你要知道世上比你聪明的人多得很。你若不用功，成绩一定落后。功课及格，那算什么？在一班要赶在一班的最高一排。在一校要赶在一校的最高一排。功课要考最优等，品行要列最优等，做人要做最上等的人，这才是有志气的孩子。但志气要放在心里，要放在功夫里，千万不可放在嘴上，千万不可摆在脸上。无论你志气怎样高，对人切不可骄傲。无论你成绩怎么好，待人总要谦虚和气。你越谦虚和气，人家越敬你爱你。你越骄傲，人家越恨你，越瞧不起你。

儿子，你不在家中，我们时时想念你，你自己要保重身体。你是徽州人，要记得“徽州朝奉，自己保重”。……儿子，不要忘记我们，我们不会忘记你，努力做一个好孩子。

胡祖望毕竟是个孩子，贪玩没把胡适的教诲放在心里。一段时间，他的成绩很不好。对此，胡适相当失望。胡适做人修养极佳，常告诫他人“不要给人看一张生气的脸”，对“容忍”推崇备至。由于他对子女期望过高，所以当胡祖望的考试分数不理想时，胡适也会因为急躁而失去了耐心。他曾给长子写过这样的信：

胡适长子胡祖望（1919—2005）。

祖望：

今天接到学校报告你的成绩，说你“成绩欠佳”，要你在暑期学校补课。你的成绩有8个“4”，这是最坏的成绩。你不觉得可耻吗？你自己看看这表。你在学校里干的什么事？你这样的功课还不要补课吗？我那一天赶到学堂里来警告你，叫你用功做功课。你记得吗？

你这样不用功，这样不肯听话，不必去外国丢我的脸了。今天请你拿这信和报告单去给倪先生看，叫他准你退出旅行团，退团已缴各费，即日搬回家来，七月二日再去进暑期学校补课。这不是我改变宗旨，只是你自己不争气，怪不得我们。

尽管胡适相当克制，但他的失望与气恼还是从字里行间泄露无遗。此后，胡适对自己如此责骂孩子很懊悔，曾劝过江冬秀不要总是责怪孩子："我和你都得改变态度，都应该把儿子看做朋友。"

抗战爆发后，胡适到南京参加庐山谈话会，祖望中学毕业后也到了南京。这年9月，胡适赴美做民间外交活动，他将祖望带到武汉后走了。祖望到长沙进了临时联大，最后随学校转移到了昆明，在西南联大工学院机械专业学习。胡适尊重儿子的专业选择，他给江冬秀写信说："儿子要学机械，自可听他去罢。"这时的胡祖望，学习比较认真，考试成绩虽然一般，但思想明显成熟了。他给胡适的信中，经常报告国内大事，比如日机在贵阳的大轰炸，缅甸公路昆明段的修建即将完成，昆明附近新建的飞机制造厂也快完工等，他说："我们一定不让日本人在天空纵横。"胡适高兴地给江冬秀说："祖望常有信来，思想很清楚。"两年后，胡适决定让祖望到美国求学，祖望知道后自然"高兴极了"，但他还能冷静地考虑到几件事，如他的英语不大好是否吃亏，这两年的学业丢了怎么办，父亲的经济能力是否承担得了，等等。

1939年8月，胡祖望终于到了美国，进了胡适的母校康奈尔大学，攻读航空机械专业。"儿子能照管自己，比我出洋时高明多了。"胡适给江冬秀写信说。较之在国内，祖望学业明显有所进步：第一学期成绩不够好，七门课三门及格，四门超过75分；第二学期好多了，其中有三门课可以"免考"，即平时分数平均在85分，就可以免去大考。此外，他还能用英语同胡适写信。胡祖望毕业后，与胡适一起留在美国，直到1946年父子俩先后回国。祖望开始在《大美晚报》，后来在天津新港搞他的本行工作。1948年底，胡祖望随父母亲一起离开大陆。他与曾淑昭结婚后，曾在岳父驻泰国曼谷的一家公司任工程师，后任台湾驻美经济机构代表，再后在美国与朋友经营一家工商服务公司。2005年病逝于华盛顿，时年86岁，是胡家几代最长寿的一个。

次女素斐，出生于1920年8月16日，不幸在1925年5月早夭，对此胡适一直内疚不已，遗憾终生。1927年2月5日，远在美国纽约的胡适给江冬秀写了封信，信中谈到天折的女儿。

冬秀：

我今天哭了女儿一场，你说奇怪不奇怪。我这几天睡少了，今天下午无事，睡了半点钟。梦里忽然看见素斐，脸上都是病容。一会儿就醒了。醒来时，我很难过，眼泪流了一枕头；起来写了一首诗，一面写一面哭。忍了一年半，今天才得哭她一场，真想不到。我想我很对不住她。如果我早点请好的医生给她医治，也许不会死。我把她糟掉了，真有点罪过。我太不疼孩子了，太不留心他们的事，所以有这样的事。今天我哭她，也只是怪我自己对她不住。我把这首诗写给你看看。

素　斐

梦中见你的面，一忽儿就惊觉了。
觉来终不忍开眼，明知梦境不会重到了。
睁开眼来，双泪迸堕。
一半想你，一半怪我。
想你可怜，想我罪过。
"留这只鸡等爸爸来，爸爸今天要上山来了。"
那天晚上我赶到时，你已死去两三回了。
病院里，那天晚上，我刚说出"大夫"两个字，
你那一声怪叫，至今还在我耳边直刺！
今天梦里的病容，那晚上的一声怪叫，
素斐，不要叫我忘了，永永留作人们苦痛的记号！

可见幼女身亡对胡适的打击是极大的，爱女心切的慈父形象跃然纸上。

幼子思杜，出生在1921年12月17日，这天正好也是胡适的生日，取名"思杜"是为了表示对恩师美国哲学家杜威的感激之情。1928年初，江冬秀带着仅六岁多的思杜，到家乡替胡适修建先人的坟茔。远在上海的胡适隔三差五写信，除询问修坟的进程，还将幼子常常挂在心头。如问"小三怎么样，他喜欢家里吗？"听说他会说徽州话了，给他说："我很高兴。你不要忘了北京话。早点回来，爸爸同哥哥都很想

你。”胡思杜从小跟母亲在家，当哥哥到苏州上中学后，他在上海上小学。抗战爆发后，胡适带着祖望南下，江冬秀辗转到了上海租界，思杜也上了中学。这时大上海已成“孤岛”，而租界依然是灯红酒绿的世界。江冬秀平时爱打牌，对儿子管教不够，让幼子思杜沾染上不良习气。有次，胡适从朋友送他的家庭电影中，看到思杜走路摇头晃脑的样子，感到很不成体统。他写信告诉妻子，盼望她“时时注意，叫他自己留心，不要养成这种不好看的样子”。他还劝妻子：“小三也很聪明，你不要太悲观。每月给他一点钱买书，叫他多读有用的书，英文必须补读。”思杜确实聪明，兴趣也广泛，胡适还专门收集邮票和画片寄给他。思杜回信说，现在学习“比较努力，成绩也还可观”，还说他买了《经史百家杂钞》、《文选》等书来读，还准备请一个英语老师教他会话作文。胡适为思杜的进步感到高兴，他给妻子说：“小三能看书，可以多让他买书，买书的钱是值得花的。”

思杜快20岁了，即将面临上大学的问题。他想学政治，妈妈不同意，胡适劝她不用着急，他以自己为例，开始学农，后来还是改变了多次。鉴于思杜从没离开过家，胡适力劝他出外尝试独立自治的生活，到昆明准备考大学。后来江冬秀要胡适将思杜带出去，他的朋友也提醒要谨防幼子沾染上海青年恶习，这让胡适为此大伤脑筋。一个最实际的问题是：大儿子已在美国读书，若让小儿子也出来，就必须筹划一大笔学费和用费。

最后胡适还是决定让思杜出来，先安排到费城的海勿浮学院，后来又转到中部的印第安纳大学，这样费用就能降低一半。谁知思杜在大学并没有好好读书，让胡适大失所望。胡适晚年曾给秘书说过：“思杜在印第安纳大学时，有一个学期根本没有上课，他把我汇给他的钱全部跑马跑光了，还欠了一身债。结果为了两张支票的事，险些儿被警察找去，后来还是我的一个朋友把他救出来。他的两个衣袋全是当票，其中一张还是我给他的一架打字机的当票。”

胡思杜大学也没毕业，在1947年10月回国。因为胡适的关系，好几个大学都要聘他，了解儿子的胡适谢绝了，最后将他安排到北大图书馆搞资料。12月15日，解放军兵临北平城下，胡适决定全家南下，但思杜却愿意留下，他说：“我又没做什么有害共产党的事，他们不会把我怎么样。”江冬秀无奈，就将一皮箱金银细软留给儿子，从此思杜与家人天各一方。

北平解放后，胡思杜被安排到华北革命大学政治研究院，一边学习，一边对照检查，写思想总结。据说学习结业后，他还将母亲留下的金银细软交给组织，以表示与胡适划清界限。1950年9月11日，胡思杜给母亲写了一封信："从去年九月起，我就在学习，学了十一个月以后，上个礼拜毕业了……我从下个星期起，就要到唐山交通大学（应为唐山铁道学院）去教书。"他还嘱咐胡适"少见客，多注重身体"。9月22日，香港《大公报》发表了胡思杜《对我的父亲——胡适的批判》一文（这是他"思想总结"的第二部分），在海外引起很大反响。文章说他经过学习革命理论，并与"自己斗争的结果"，逐步认识胡适是"反动阶级的忠臣，是人民的敌人"。最后表示："在他没有回到人民的怀抱来之前，他总是人民的敌人，也是我自己的敌人。在决心背叛自己阶级的今日，我感受了在父亲问题上有划分敌我的必要。"胡适看到此文，只是将它剪下来贴在9月28日的日记上，写下"此文是奉令发表的"几个字。有家媒体采访胡适，他"对此不屑置喙"，认为"这条新闻非常有趣，并未被它所严重困扰"。

在唐山铁道学院政治理论教研室，胡思杜教公共课——新民主主义革命史。据他的学生说，他是留过洋的讲师，对人一团和气，言谈很"革命化"，但派头颇有洋派和海派味。1957年秋，因为他给系里领导提过意见，被打成右派，批斗得很厉害，他感到前途无望，就上吊自杀了。始终孤身一人，死时仅36岁。

海内存知己的白开水之交

台湾著名作家李敖说："在时代的潮水中，没有人是一个孤岛，不影响潮水或不受潮水侵蚀。个人的生命是时代的生命，个人的消逝是时代的死亡——至少部分是这样。"这句话用在胡适身上是如此恰到好处。这个世界不存在一个孤立的人，就算是胡适这样的大家也不例外。那个时期的胡适犹如一杆指明灯，围绕在他周围的圈子是辽阔开放的。

同仁相携之交：蔡元培

千里马和伯仲的故事是蔡元培与胡适关系的最佳描绘，蔡元培可以说是胡适到北大的恩师。对此，胡适在日记中提到："蔡先生看到我19岁时写的《诗三百篇言字解》一文后，便要聘我到北大教书，那时我还在美国。"其实这样说蔡元培聘胡适的初衷未免

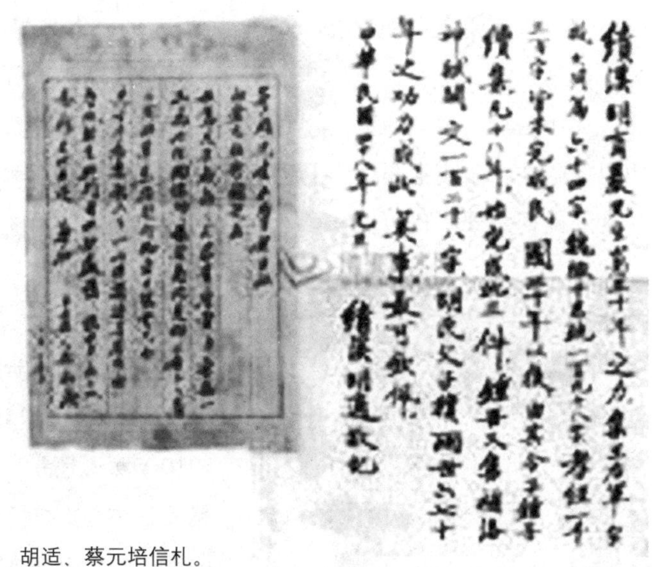

胡适、蔡元培信札。

过于简单，说到底还是胡适的才华和学识让蔡元培对其青睐有加，从后来胡适在北大的成绩来看，也算是不负重望。

初来北大，胡适总归还是有些忐忑不安，毕竟这是当时国内一流学府，自己到底能否胜任还是一个未知数。但是作为当时北大校长的蔡元培一直给年轻的教员打气鼓励，胡适即将到北大开讲的一天晚上，蔡元培来到胡适家，刚开始什么都没说，只是耐心地倾听胡适在那滔滔不绝，当胡适意识到校长是不是有什么事的时候，不料蔡元培便起身告辞，当胡适丈二和尚摸不到头脑的时候，蔡元培在门外黑暗中站定，只说："我们聘你到北大来，就是相信你。"这种相携之恩岂能忘怀，所以胡适唯有以满腔的工作热情和严谨的学术作风作为回报。

对于胡适的新派头言行，许多旧式人物与其针锋相对，指责其"仅仅以白话文藏拙"。但是蔡元培却偏爱胡适，只要有关于胡适的不实之词，他都会站出来为之辩解："胡君家世汉学，其旧作古文，虽不多见，然其所作《中国哲学史大纲》言之，其了解古书之眼光，不让于清代乾嘉学者。"蔡元培曾发表演说高度赞扬胡适："最近五年，北京大学的教员，有竭力提倡白话文的，其中最重要的一个人，就是哥伦比亚毕业的胡适氏。"对于奠定胡适学术地位的《中国哲学史大纲》的出版也得益于蔡元培。当时没有出版商愿意接受这部书稿，但是

蔡元培作《中国古代哲学史大纲序》。

蔡元培却笃定这是一部好书，多次强调这是一本难得的著作，终于在他的努力下，商务书馆勉强接受出版，但却并不看好，只付给胡适30元版税。胡适对蔡元培一直心存感激，多年后功成名就的他这样说：“我的青年期如果没有蔡先生的着意提挈，我的一生也可能就在二三流报刊编辑的生涯中度过。”想必后来胡适在北大的叱咤风云与蔡元培早期的提携是分不开的。

赵元任（1892—1982），被称为汉语言学之父，中国科学社创始人之一。

同窗相持之谊：赵元任

胡适之与赵元任的交情可谓是“桃花潭水深千尺，不及胡适送我情”。赵元任比胡适小一岁，1910年两人还是庚款留美的同窗，当时录取的时候赵元任的成绩排名远在胡适之上，之后两人均就读于美国康乃尔大学，其间两人还一同选修克雷登教授的哲学课程，并同时入选全美高校联合学会会员，共同发起了“中国科学社”。赵元任兴趣广泛，在哲学、数学、物理、语言学、音乐各方面均有造诣。因此胡适多次说：“每与人评论留美人物，辄推赵元任为第一。”

胡适比赵元任先回国，并且因其“文学改良”已享负盛名。为让好友顺利回国，胡适特意向当时的清华大学校长曹云祥推荐赵元任，而且一再强调“赵先生比我聪明”，并妙趣横生地讲了一则关于赵元任的小故事：曾经有人说用拼音可以代替中国的文字，对此赵元任不做评论，只写了一篇文章《施氏食狮史》：“石室诗士施氏，嗜狮，誓食十狮。氏时时适市视狮。十时，适十狮适市。是时，适施氏适方。氏视是十狮，恃矢势，便是十狮逝世。氏拾是十狮尸，适石室。石室湿，氏使伶拭石室。天空扰，氏始试食十狮尸。食时，始识是十狮尸，实十石狮尸。试释是事。”赵元任用此文让“拼音可以代替汉字”的说法不攻自破。曹校长听后当即决定聘用赵元任，之后，赵元任与梁启超、王国维、陈寅恪被称为清华国学研究院“四大导师”。

1946年5月，阔别祖国八年多的胡适，终于从美国归来，担任北京大学校长。此后，胡适和赵元任都被选为“中央研究院”第一届院士。胡适一直希望赵元任能回来，他写信问道：“你们怎么还不回来？我至今还盼望元任能到北大教书。”赵元任原本想

胡适与赵元任（右）合影。

暂住一段时间，没料到竟在加州大学度过了他的后半生。同样让胡适没有料到的是，不到三年时间，随着国民党政权的垮台，他自己也不得不出走美国。

1949年4月，胡适从上海飞往美国，仍住在纽约的一所公寓。这时的他，失去了昔日的辉煌，他的精神和心境极其沮丧与凄凉。胡适刚到美国时，赵元任曾接他到家中住了几天，还在家举办自助餐招待有关朋友和他见面。但胡适回去之后，写信告诉赵元任夫妇说："别后，我的心境很不好。"这年年底，还说我"实在提不起劲来，有些日子真难受！"1982年2月24日，赵元任在美国逝世，20年前的同一天胡适也与世长辞，这个巧合为两人的终身友谊蒙上了神秘的色彩。

同乡同龄不同道：陶行知

陶行知与胡适同为徽州人，比胡适晚一年入哥伦比亚大学，异国他乡偶遇老乡自然感情不错。

1919年，两人一同接待了来华访问的他们的恩师杜威。杜威的来访，给中国的"平民教育"加了温，胡适对"平民教育"多有鼓吹，陶行知更全身投入其中，并作为终身致力的事业。有一次陶行知问胡适："你家里可能办平民教育吗？"胡适说"能"。陶行知又问："谁教咧？"胡适说："我的车夫可以教。"陶行知顿受启发，一个教一个、被教的在学的同时又可以教下一个的“连环教学法”在他头脑中逐渐明晰起来。隔不几天，陶行知就给胡适夫人江冬秀寄了六本《平民千字课》，同时写了一封长信，详细介绍“连环教学法”，希望胡府的车夫吴二做教员，教别的佣人识字，“祖儿或者也可以教几课咧”。

胡适（左二）与陶行知（右一）在大学合影。

1919年杜威访华时合影（前排左起：史量才、杜威夫人爱丽丝、杜威；后排左起：胡适、蒋梦麟、陶行知、张作平）。

但是随着观念的差异，两人变得越来越疏远。后来陶行知在南京市郊创办晓庄师范，因收有共产党员身份的学生，学校被当局查封，陶行知也被通缉，此时，胡适已与陶行知形同陌路。早年，陶行知与胡适同样都是以自由主义立身的知识分子；抗战胜利后，胡适做了政府的“诤友”，陶行知则成为一个与政府对抗的民主斗士，两人再无一点共同语言了。

胡适与朋友在杭州观潮合影（左起徐志摩、朱经农、曹诚英、胡适、汪精卫、陶行知、马君武）。

思想相左对垒之故：鲁迅

鲁迅与胡适的分道扬镳始于1925年。那时鲁迅开始由官场退向民间，而胡适则由书斋走向议政之路。这种对立的选择，构成了两人性格中的闪亮点之一，一个充当了社会与政府的批评者，另一位成了现存政权的诤友。但鲁迅的走向民间，其实是站在了弱者的立场发言，他本身对世俗社会的厌恶，并不亚于对官场的冷视。同样，胡适与现政权——无论是段祺瑞政府还是蒋介石集团，亦保留着相当大的独立性。

鲁迅，新文化运动的领导人、左翼文化运动的支持者。

鲁迅与胡适的信函——《致胡适之》。

鲁迅能享誉整整一个世纪的文坛威名自有其高明之处，胡适温文尔雅也自有他过人的本领。鲁迅逝世以后，胡适并没有落井下石去口诛笔伐一位已经不能开口讲话的故人，相反，他完全是以一种友善甚至“故友”的姿态来对待和维护逝去的鲁迅。鲁迅逝世后，许广平和“鲁迅全集编辑委员会”众人为编辑出版《鲁迅全集》奔走，但苦于财力有限，与理想中的出版机构商务印书馆并无深厚关系，许寿裳委托马裕藻向胡适求助。胡适痛快地答应并积极奔走，当时许寿裳给许广平的信可以为证：“与商务馆商印全集事，马幼渔兄（即马裕藻）已与胡适之面洽，胡适表示愿意帮忙。唯问及其中有无版权曾经售出事，马一时不便作肯定语，裳告马绝无此事，想马已转告胡矣。商务回音，俟后再告。”胡适积极奔走对《鲁迅全集》的顺利出版起了重要的作用。或许，二者换位的话，鲁迅也会如此。

爱心支援成相交：林语堂

林语堂有句座右铭：“文章可幽默，做事须认真。”林语堂提倡幽默，他主编的《论语》、《人间世》杂志都能体现出他的办刊风格。有一次某大学举行毕业典礼，邀请林语堂出席，他听着一些头面人物长篇大论的发言有些不耐烦了，好不容易轮到他演讲了，他劈头就说：“讲演要像女人的裙子，越短越好！”大家先是一愣，接着哄堂大笑，然后爆发出雷鸣般的掌声。

1919年，林语堂带着新婚的妻子到美国留学，林语堂是穷牧师的儿子，家里无法提供帮助，在美国生活相当拮据，偏偏在哈佛大学专心求学时，他的半公费奖学金又突然被停了。林语堂在万般无奈中给胡适拍电报，说明了自己的情况。此举有些有病乱投医的意味，并没抱多大的希望。但过了不久，钱竟然寄来了，不过条件是他学成后要回北大任教。后来林语堂得到哈佛大学硕士学位，转入德国莱比锡大学攻读博士学位时又向胡适借了1000美元。林语堂学成回国，如约到北大任教，当向校长蒋梦麟归还2000美元的借款时，蒋校长莫名其妙，林语堂才知道那是胡适个人的钱。

林语堂（1895—1976）。

1932年12月17日，中国民权保障同盟在上海成立，宋庆龄任主席，蔡元培任副主席，杨杏佛任总干事，林语堂任宣传主任。同盟的宗旨是支援为争取结社、言论、出版、集会自由等民主权利而进行的斗争，首先关切的是援助那些拥塞在监狱中的大量的政治犯。身为中国民权保障同盟北平分会主席的胡适却在《独立评论》第38号上发表题为《民权的保障》一文，反对“同盟”的会章中“释放政治犯”的要求，同时，他又在上海的报刊《字林西报》登出谈话，表示“民权保障同盟不应当提出不加区别地释放一切政治犯，免于法律制裁的要求”。宋庆龄看了文章很生气，电告胡适，劝他表明态度，遵守会章。蔡元培也给胡适拍电报，劝他不要改变初衷，然而胡适拒绝了。中国民权保障同盟执委会马上召开会议，决定开除胡适的会籍，林语堂坚定地投了赞成票，在友谊与原则面前，他选择了后者。但是胡适并未与之决裂，多年以后，有人造谣说林语堂发明中文打字机发了大财时，胡适站出来为他辩护，说明了林语堂为了研制打字机已经倾家荡产的真相，这也显示出了胡适的大度。

20世纪70年代，林语堂回台湾定居后，在胡适墓前向世人公布了他与胡适的友谊，泪流满面地讲述了胡适在他求学时期，慷慨解囊借给他2000美元的故事，在场之人无不动容。

几缕相思千万绪的心头痛

跨越时空的爱恋：韦莲司

1913年，康奈尔大学学生胡适是绮色佳镇橡树街120号韦莲司先生家的房客，韦莲司小姐是胡适初涉美国社会时的一道阳光：“美国大学学生大多数皆不读书，不能文，谈吐鄙陋，而思想固隘。”在胡适看来，韦莲司则“其人极能思想，读书甚多，高洁几近狂狷”(胡适留学日记)。胡适对韦莲司的欣赏跃然纸上，他认为自己“一直是一个受益者”，与韦莲司的谈话总能启发他去认真思考。胡适对韦莲司充满敬意，并“对自己的谨小慎微的态度感到汗颜”。

韦莲司（1886—1971），1914年6月与胡适在美国纽约康乃尔大学结识。

在绮色佳的湖畔月下，常常留下胡适与韦莲司流

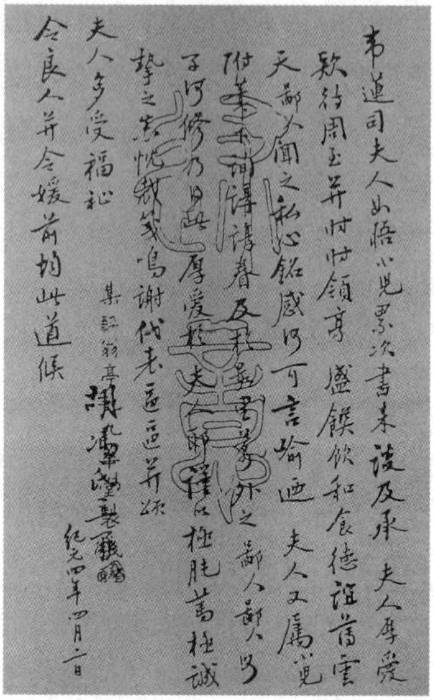

连忘返的身影。他们一起热烈地探讨许多问题，韦莲司对胡适的思想产生过深刻的影响。胡适曾在日记中写道：“吾自识韦女士以来，生平对于女子之见解为之大变……今始知女子教育之最上目的乃在造成一种能自由能独立之女子。”胡适对韦莲司的人品与学识非常欣赏，他曾以“高洁几近狂狷”许韦莲司，而又以“傲骨狂思”自许，可见他与韦莲司在心灵上是和谐相通的。

胡适母亲给韦莲司母亲的一封信。

1917年，胡适通过哥伦比亚大学毕业考试，回国前专程到绮色佳辞行。在绮色佳的5天“殊难别去。韦夫人与韦女士见待如家人骨肉，犹难为别”。

此去经年，胡适娶妻生子并在新文化运动中声名斐然，隔着汪洋的韦莲司一直感同身受地为他祝愿。

他们的再一次见面，是在十年之后。1927年三四月间，胡适此次赴美与韦莲司两次聚首，他在西雅图登船回国前，写信给韦莲司：“唯一的遗憾是我无法待得久些。”

胡适给韦莲司的明信片。

1962年2月，刚刚回到台湾就任“中央研究院”院长才4个月的胡适心脏病发作猝然离世。三年后，韦莲司把她50年中胡适寄发的所有函件寄到台湾，1965年1月27日，韦莲司应江冬秀要求给她寄去一份手写的自传。这位一生坚持自己爱情理想的女性在给胡适遗孀的自传中写道：“我无非是一个幸运的胡博士信件的接收者，而这些书信也生动地取代了日记。”

志同道合的情缘：陈衡哲

胡适与陈衡哲相识于留美期间，胡适是1916年10月开始与陈衡哲通信的，1917年4月7日由任叔永陪同，他们才见了第一面。胡适在《藏晖室札记》中记道：“4月7日与叔永去普济布施村访陈衡哲女士，吾于去年10月始与女士通信，五月以来，论文论学之书以及游戏酬答之片，盖不下四十余件。在不曾见面之朋友中，亦可谓不常见也。此次叔永邀余同往访女士，始得见之。”这是胡适在美留学期间与陈衡哲女士的第一次见面，也是唯一的一次见面。他们虽然见面次数不多，但在五个月之内，胡适单方面便寄出了信函“四十余件”，差不多每月十件，为数颇不算少。尤其是那些“游戏酬答之片”，双方的感情还是很亲密、很谐趣的。1914年11月1日，因彼此称呼问题，“寄陈衡哲女士”云：

陈衡哲（1893—1976），中国第一位新文学女作家，曾先后担任过北京大学历史系、东南大学历史系教授。

> 你若“先生”我，我也“先生”你。
> 不如两免了，省得多少事。

11月3日，记“陈女士答书”曰：

> 所谓“先生”者，“密斯特”云也。
> 不称你“先生”，又称你什么？
> 不过若照了，名从主人理，我亦不应该，勉强“先生”你。

但我亦不该，就呼你大名。还请寄信人，下次寄信时，申明要何称？

胡适答云：

先生好辩才，驳我使我有口不能开。

仔细想起来，呼牛呼马，阿猫阿狗，有何分别哉？

我戏言，本不该。

下次写信，请你不用再疑猜：

随你称什么，我一一答应响如雷，决不再驳回。

胡适（右一）、陈衡哲（中间）与任鸿隽（左一）。

这些，只是朋友之间的“游戏酬答之片”，绝对算不上“情书”。一则胡适是一个很遵循传统道德的君子，他知道任鸿隽正在追求陈衡哲，“朋友之‘友’不可友”，是当时留学生很讲究的一项侠义传统，他不会做违背这一传统的“第三者”。更何况胡适是一个大孝子，母亲已在家乡给他与江冬秀女士订下了婚约，他也不会轻易违抗母命。二则陈衡哲女士当时正充满理想，主张“不婚主义”，胡适也不会轻易放下面子，去碰这个钉子。

胡适曾在《尝试集自序》里说：“至今回想当时和那班朋友，一日一邮片，三日一长函的乐趣，觉得那真是人生最不容易有的幸福。我对于文学革命的一切见解，所以能结晶成一种有系统的主张，全都是同这一班朋友切磋讨论的结果。”其实当时的情况却并非如此，刚开始胡适的文学革命并没有得到朋友们的支持，而陈衡哲却是其白话文运动的最早同志。一方面陈衡哲对他的文学革命主张表示支持。胡适后来借给《小雨点》写序的机会，表达了自己的心情：“民国五年七八月间，我同梅、任诸君讨论文学问题最多，又最激烈。莎菲(陈衡哲的笔名)那时在绮色佳过夏，故知道我们的辩论文字。她虽然没有加入讨论，她的同情却在我的主张的一方面……她不曾积极地加入这个笔战；但她对于我的主张的同情，给了我不少的安慰与鼓舞。她是我的一个最早的同志。”另一方面陈衡哲女士用自己的创作实践，支持胡适文学革命的主张。胡适主张“作诗如作文”，提出了《文学改良刍议》，高举文学革命的大旗，陈衡哲是最先响应并拿起笔来进行创作的作家之一。她最早从事白话新诗的创作，1918年便在《新青年》上发表了新诗《人家说我发了痴》(第五卷第三期)。胡适在《尝试集 · 自序》里，无不夸耀地赞扬她：“美国陈衡哲女士，都努力做白话诗。”她也最早从事白话小说的创作，1917年在《留美学生季报》上发表白话小说《一日》，比鲁迅的《狂人日记》还早了一年。《小雨点》也是《新青年》时期最早创作的一篇小说。胡适在《〈小雨点〉序》中客观公正地评价道：“我们试回想那时期新文学运动的状况，试想鲁迅先生的那一篇创作——《狂人日记》——是何时发表的，试想当日有意作白话文学的人怎样稀少，便可以了解莎菲的这几篇小说在新文学运动史上的地位。”陈衡哲最早用自己的创作实践支持胡适文学革命的主张，不愧为新文学“最早的同志”。

陈衡哲作品《小雨点》。

后来为引荐陈衡哲到北大教书，胡适曾积极奔走。1921年7月31日，胡适在日记中记有这样的话：“得冬秀一信，知叔永、莎菲新得一女。因重到鸡鸣寺，作一诗贺他们。”诗曰：

重上湖楼看晚霞，湖山依旧正繁华；
去年湖上人都健，添得新枝姊妹花。

还在诗末加注说：“三个朋友一年之中添两女，吾女名素斐，即用莎菲之名。”胡适在这里说得明明白白，毫不含糊。后来，胡适的爱女素斐因病夭折，任鸿隽、陈衡哲还把自己的女儿给胡适做了干女儿，足见他们的友谊弥足珍贵。

陈衡哲与任鸿隽。

胡适与友人合影（右三陈衡哲，右四胡适，右七林徽因）。

一见钟情未了憾：曹诚英

曹诚英是胡适三嫂的妹妹，别字佩声，胡适称曹诚英为表妹，曹诚英称胡适为穈哥（胡适小名叫嗣穈）。这对有情人有过短暂的浪漫与幸福，但更多的是不幸与悲怆。1917年，胡适回乡成亲，曹诚英是婚礼上的伴娘之一，两人初识。

1923年，胡适到杭州休养，曹诚英也在杭州读书。久别重逢，此时曹诚英正处心境万分凄凉之时。因为四年前嫁与了上庄村指腹为婚的胡冠英，在自己争取下，成婚后不久就离开丈夫，就读“杭州女子师范学校”。其婆婆对她十分不满，借口曹诚英结婚三年未有生孕，让胡冠英续小妾。曹诚英作出了大胆的反抗，她毅然于1923年春天，与胡冠英离了婚。

是年，胡适与她的感情迅速升温，是“驱不走的情魔”，是“吹不散我心头的人影”（胡适诗《秘魔崖月夜》），也是他们一生中最为缠绵热烈的一段恋情。

然而现实的枷锁让这段婚外恋无疾而终，对此胡适在《如梦令》中写道：“月明星稀水浅，到处满藏笑脸。露透枝上花，风吹残叶一片。绵延，绵延，割不断的情缘。”然而曹诚英的不幸远远超过胡适，正如胡适在《尝试》一诗中所言：“两个黄蝴蝶，双

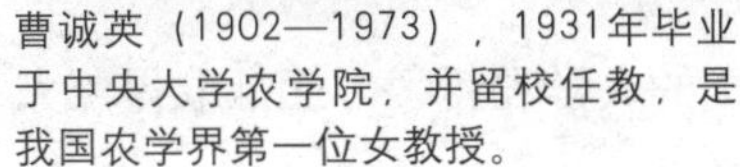

曹诚英（1902—1973），1931年毕业于中央大学农学院，并留校任教，是我国农学界第一位女教授。

胡适（右二）、曹诚英（右一）与高梦旦（左一）、郑振铎（左二）在一起。

双飞上天。不知为什么，一个忽飞还。剩下哪一个，孤身怪可怜。”这正是曹诚英的真实写照，之后由胡适推荐她于1934年赴美国就读于康奈尔大学农学院，1937年曹诚英学成回国，接着抗战爆发，胡适出使美国，曹诚英远避四川，海天万里，情牵一线。曹诚英对胡适，一直是痴情不改，一往情深，鸿雁不断，相互都品尝着苦涩的婚外恋情。

1949年，胡适不听曹诚英的劝阻流亡到美国，从此两人鸿雁断绝，留下的是无尽的怀念，曹诚英更是终身未嫁。1952年，全国大学院系调整，曹诚英调到沈阳农学院任教，成为了我国著名的马铃薯专家。事业上的成就改变不了精神上的孤寂，1958年退休后于1969年落户绩溪山城，原想找一处房前屋后能够耕作的住所，自筹资金建一个养猪场、气象台，但这些设想都一一落空。生活上十分清苦孑寂，她写有一首《临江仙》：“老病孤身难寄，南迁北驻迟疑，安排谁为决难题？哥哥长病废，质仰死无知。徒夸平生多友好，算来终日痴迷。于今除却党支持，亲朋休望靠，音信且疏稀。”这段刻骨铭心的相思，她珍藏了一辈子，死后也随她带去了天堂。据说曹诚英死后，嘱咐将自已葬在绩溪旺川的公路旁。这是一条通过胡适故居所在的上庄村的必经之路——也许她还寄望在路边与胡适生死相逢，斯人已逝，只留下一段持续半个世纪的似断非断的恋情，引人长长叹息。

执着追求的政治信仰

胡适是我国“五四”时期思想启蒙的领军人物，在中国的文学和哲学方面都取得巨大的成就。怀揣一颗拳拳爱国之心，向往美国“民主”政治的自由主义者胡适，自诩“不谈政治”，不加入任何政党。除抗战期间担任驻美大使外，不参与实际的政治工作，期望真正的人格自由。实际上，他却无一日停止对政治的关怀，这其中既有主观上对政治的热忱和兴趣，也有时局对他这类文化巨人的“逼迫”，以及作为一名爱国知识分子的社会责任感。胡适议政参政时，扮演的是一个政府批评者和建言者的角色，他参与政治的轨迹是：从在《每周评论》发表《多研究些问题，少谈些主义》，表明他的“点滴地改良”的政治理念，到1922年创办以评论时政的《努力周刊》，提出“好人政治”、“好政府主义”的政治方案，后又在《新月》杂志上发表政论，讨论“人权与约法”，争取言论自由，再到后来抗战期间临危受命出使美国担任驻华大使，为国家、民族积极奔走。

政治意识的萌动与生成

影响胡适政治思想的主要阶段就是上海求学时期和留美时期。上海求学时期是他各种政治思想的接触和萌芽阶段，留美时期是他政治兴趣的培养和训练的重要阶段，而担任驻美大使则是他政治思想的实践和反思阶段。总之，胡适一生的活动与政治紧密相连，他对政治问题的认识是随着个人经历以及时局而逐步转变的过程。

上海求学时期政治观念的萌发

在家乡接受了九年私塾教育的胡适，于1904年随三哥到上海求学，从相对闭塞、远离政治的乡里到思潮涌动、日新月异的国际化的大都市，从讲读《四书》、《五经》的旧私塾到学习数学、外语、科学技术的新学校，他的思想获得了第一次大解放，对政治的兴趣也是在这里开始萌芽。赴美留学前他在北京待了六年，前后在四所学校读书：梅溪学堂、澄衷学堂、中国公学、中国新公学。在学校开始接触政治问题，并在懵懂中进行了政治问题的初步试水。

胡适到上海后先进梅溪学堂读书。学校开设的主要课程有国文、英文和数学，得益于家乡打下的基础和本身的求学的热情，他进步非常快，短时间内连跳四级，开始高中课程的学习。在学习过程中，为了应对国文老师《原日本之所由强》之类作文题目的要求，他开始接触各种维新书刊，读了《明治维新三十年史》、《新民丛报汇编》等进步书籍，曾夜里偷偷点上蜡烛抄写邹容的《革命军》，思想上受到了很大的震撼和感染。正如胡适自己所说："这一年之中，我们都经过了思想上的一种激烈变动，都自命为'新人物'了。"后因不愿参加上海道衙门举办的旧式考试而离开梅溪学堂，转入澄衷学堂。

澄衷学堂是上海有名的一所私立学校，开设课程很全，除国文、英文、数学外，还有物理、化学、博物、图画等科目，对学生的管理也很严格，胡适在这样的环境下学习，进步很大。在这里，对他影响最大的莫过于国文老师杨千里先生。这位老师的思想很新，为了鼓励胡适，亲自在他的作文本上题了"言论自由"四个字，对胡适的自由思想的启迪很大，为这四个字不遗余力地挣扎抗争了一生。在老师的指导下，阅读了严复翻译的《天演论》，透过这本书，赫胥黎成为对胡适影响巨大的人。天演论学派所固有的开明保守的倾向加上后来美

严复翻译的《天演论》。

国实验主义的洗礼，使他逐渐变为一个改良主义者，不接受“一触即到”式的阶级斗争的方法，也不相信什么全面解决的论调。这使他一开始就不赞成激烈和暴力的革命，而主张“一点一滴地解放，一点一滴地改造”，使他最后成为“一个自由主义的右派，一个保守的自由主义者”。也是在这一时期，胡适开始阅读梁启超的文章，并受到重大的影响，他曾直截了当地说：“我个人受了梁先生无穷的恩惠。”读过梁的《新民说》和《中国学术思想变迁之大势》，他那“笔锋常带感情”的健笔让少年胡适深受鼓舞，那些从未听过的、新鲜的词汇开始充斥他的大脑，梁启超那“破坏亦破坏，不破坏亦破坏”的革命的态度使他受到震撼，虽然没有成为一个革命者，但对胡适赞成“道义的抗争”是一个启发作用，梁所向往的公德、自由、自治、自尊、自立等政治思想成为胡适一生孜孜追求的理想。

十八岁的胡适。

1906年暑假后，胡适转入中国公学读书。该校由留日学生和同盟会成员创办，是我国第一所私立大学。该校的制度和刊物对胡适的政治思想产生了很大的影响。首先，学校是由学生创办，职员也是学生，二者没有明确界限，这些学生很多都是同盟会成员，充满了革命和民主气息。这种“民主的政治制度”对胡适的影响和启发是不能忽略的。该校还组织成立了一个学会，叫竟业学会，目的是“对于社会，竞于改良；对于个人，争自濯磨”，同时又办了一份白话小报《竞业旬报》，为革命做宣传。胡适也加入此会，并担任了16期旬报主编，给他自由发表思想创造了一个极好的平台。后来因为中国公学出了一件大风潮，学校分裂，绝大多数学生退学又组建了一所新学校，叫中国新公学，胡适也进入这所学校当老师，讲授低年级的应用，很快又因经济等原因解散，胡适离开学校。这次学潮和家庭经济的变故使他的理想主义受到打击，一度消沉的胡适渐渐开始找寻自己的道路，抓住了赴美留学机会，开始自己对理想的追寻。

美国留学时期政治兴趣的升级

美国留学时期是胡适培养政治兴趣和政治训练的关键时期，七年的留美学习是他政治观、哲学观奠定的重要时期。在美国，虽没有主修政治学，但他密切关注美国政治问题，积极参与政治活动，初步了解美国的政治制度并深深地爱上了这种民主政治制度，这成为其一生所追求的理想。

20世纪初的美国，正处于一个经济飞速增长、政治民主、言论自由的新时代。七年的留美学习和生活，给了胡适一个了解美国民主政治制度的绝佳的机会。他选修各种政治类的课程，参加世界学生会团体和会议，并参与了1912年和1916年两次美国总统大选，对其政治理想的形成起到了关键的作用。

初到美国，胡适进入康乃尔大学农学院，一年半之后，因对农学失去兴趣，转入文学院。美国的自由和民主深深地打动了年轻的胡适，他广泛涉猎各科知识，积极参加社会活动，潜心投入政治观察，经过几年的学习和实践，逐渐形成了他追求自由民主、向往和平的政治观。

康奈尔大学。

胡适在1916年的留美日记中总结自己对政治问题的兴趣时写道：

余每居一地，辄视其地之政治社会事业如吾乡吾邑之政治社会事业。以故每逢其地有政治活动，社会改良之事，辄喜与闻之。不独与闻之也，又将投身其中，研究其利害是非，自附于吾所以为近是之一派，与之同其得失喜惧。

还在农学院时，胡适就读了美国的《独立宣言》，这本被马克思高度赞扬并称为人类历史上第一个人权宣言的小册子使他大受感动，激发了他对政治问题的兴趣。转入文学院后，他更广泛了解美国的民主政治制度，不仅选修了美国政治、美国政党等政治课程，还曾两次倾情投入美国总统大选，对政治表现出了极大的热情。1912年，正值美国四年一度的大选之年。这时，胡适已经转入文理学院，他虽不是美国人，没有投票权，但他并没有将自己置身旁观者行列，而是积极参与此次选举。身临其境的经历让他熟悉了美国的政治，更感受到他的老师们对政治的关注。一位讲授美国政治和政党课程的名叫山姆·奥兹的老师要求每个学生都要订阅三份报纸：《纽约时报》、《纽约论坛报》和《纽约晚报》，这三份报纸分别支持三个总统竞选人威尔逊、塔夫脱和罗斯福。要求学生仔细研读报纸中的大选新闻，写出“摘要”和读书报告。期终作业就是把联邦48个州在选举中的违反乱纪做一比较。此次大选，胡适支持的是进步党派的老罗斯福。他佩戴了一枚象征支持罗斯福的大角野牛像的徽章积极奔走，身为世界学生会康乃尔大学分会主席的他还在学校里组织各国学生进行民意测验，选举美国总统。他在日记中说：“夜，予忽发起于世界学生会餐堂内作‘游戏投票’，选举美国总统”。1916年再次大选，已转入哥伦比亚大学研究院攻读博士学位的胡适热情依旧，为了等待选举结果，他甚至在纽约时报广场等到午夜，后步行十里返校。

IN CONGRESS July 4, 1776.

The unanimous Declaration of the thirteen united States of America.

美国《独立宣言》。

威尔逊当选的消息出来后，他马上加入游行队伍狂欢，激动得热泪盈眶。出于对政治的热情，胡适还积极参加各种政治团体和活动，比如，发起成立“政治研究会”，代表康大去费城出席世界学生联合会，并作演讲。1913年，被选为康大实践学生会会长，加入“联谊会”，积极参加各种世界学生会议，多次发表演讲。学习并在实践中运用“罗氏议会规程”，逐渐掌握了民主议会议事程序的精义，并将此种规则带回国内。在1913年波士顿卜朗吟学会征文比赛中，他以《论英诗人卜朗吟之乐观主义》一文应征，获得“卜朗吟文学奖”而成为当地的新闻人物。通过对美国民主政治的了解，对议会程序的观察和运用，胡适的政治意识加强，感受到美国政治的民主和公民的言论自由，对政治产生了一种“不感兴趣的兴趣”，奠定了其一生关心政治的基础。

胡适后来回忆说，留美时期“所目睹的两次美国大选，对我后来对政治和政府的关心，都有着决定性的影响”。大选中，康大教授举办了一次政治辩论，支持不同党派的教授激烈辩驳的情景让胡适欣羡不已，这些不事政治的教授却如此关心政治，对胡适产生了极大的影响，形成了“关心政治是知识分子的责任”和“于社会国家政治之见，则从西方人”的人生观和政治观。在参加政治社会活动中，胡适又结识了许多政治界和思想文化界的代表人物，如美国著名的和平主义者乔治·纳斯密士、康奈尔大学校长休曼、美国前总统塔夫脱、英国“新和平主义者”诺曼·安吉尔以及实验主义倡导者杜威等。美国民主政治训练和以杜威为代表的实验哲学在胡适的政治观上留下了深刻的烙印。另外，当时人道主义、大同主义、和平主义、乐观主义和基督的容忍等也占据了胡适政治思想的重要地位，连同中国传统文化中老子和墨子的“不争”、“非攻”主张，最终使他成为一个和平主义者。

任驻美大使期间政治理念的成型

胡适回国之初，就定下了“二十年不干政治”的誓约，只是形势所迫，很快就违背了他的诺言，以一个政府批评者和建言者的姿态站出来大谈政治。胡适在谈论政治和直接参与政治之间，长期保持着只议政不参政的立场。观其一生，真正的从政经历只有抗日战争初期，为国家和民族大义而临危受命，担任了四年的驻美大使。胡适出使美国，是他一生中真正走上政治舞台的唯一经历，是他终于放弃“不干政治”禁约，从议政转向参政的重大角色突破，更是他成型后的政治理念的大胆尝试。在国家、民族处于生死存亡的危难时刻，他临危受命，作为驻美大使，为争取国际援助奔走呼号，摩顶放踵，

担任驻美大使的胡适。

历时四年，为抗战的胜利作出很大的贡献。

初到美国的胡适，是以一个自由使者的身份从事民间游说。他利用自己留学美国时期所积攒的各种人脉关系，或以文化交流为媒介，或以个人感情做纽带，四处奔走，揭露日本侵华的暴行，介绍宣传中国人民艰苦卓绝的抗日壮举，争取欧美民主国家对中国抗战的支持和援助，特别是劝说美国政府放弃“为中立而中立”的退缩政策。一年的游说工作取得了积极的效果，增进了欧美各国对中国人民抗战的了解和同情。蒋介石权衡利弊后，即发出了任命胡适为驻美大使的电报。这道任命书使这位无党无派的自由主义大师陷入两难境地。面对蒋介石政府三番五次的催促，经过几番犹豫和挣扎后，他毅然决定接受此任，发出了这样的电文：“国家际此危难，有所驱策，我何敢辞。惟自审二十余年闲懒已惯，又素无外交经验，深恐不能担负如此重任，贻误国家，故迟疑至今，始敢决心受命。”当时的中国，广州沦陷，武汉收受，战事急剧逆转，国际间对中国抗战的前途持有怀疑和观望态度。上任后的胡适告诉使馆的同事说：“我是明知国家危急才来的。国家越倒霉，越用得着我们。我们到国家太平时，才可以歇手。”他的拳拳爱国之心，昭然可见。对于这项差事，胡适竭尽全力，丝毫不敢怠慢，用他自己的话，就是“做了过河卒子，只能拼命向前”。

胡适出任驻美大使的事情，在国内外舆论界都掀起了强烈的反应。张季鸾在《大公报》的一篇社论中说：“胡适是一个大学教授，是一个众所周知，且举足轻重的民主主义和自由主义者，美国人应当相信他是一位最冷静与最公平的学者兼外交家。”并对胡适能够胜任此项使命表现出很大的信心：“他最了解美国，也最了解祖国，我们政府与人民十分期待他此次能达到更增进中美友谊的使命之成功。”美国《纽约时报》也发表社论指出：“胡适不是狂热分子，他是言行一致的哲学家。他的外交必定是诚实而公开的。他将有很大的贡献，使中美两国人民既有的和好关系更能增进。”表示对胡适的欢迎，认为胡适是最适合、最有资格担任这一职位的人。而这一消息传到日本，却引起日本当局的异常关注和震动，他们认为胡适是“他们‘侵略主义’的大对头”，并即刻调整外交人才，派出擅长经济和雄辩的鹤见祐辅、石井菊次郎、松冈洋共同对付胡适。

作为自由知识分子的胡适，初涉政坛，角色的转换让他很难适应，也吃了不少苦。他本身的爱面子，为人处世时浓重的人情味决定他并不适合做一个职业为政者。为了完成使命，他不得不斡旋于各色人中，做着自己不愿意甚至鄙视的事情。他常将这种苦闷写信讲给自己的妻子，他说："我一定回到学术生活上去"，"我现在过的日子，也是苦日子。身体上的辛苦，精神上的痛苦，都不是好过的。……我到此已五十日，没有领到一个钱的薪俸。全馆十余人，还须我垫借钱应用……我不怕吃苦，只希望于国家有一点点益处"。任职四年，胡适东奔西走，上下游说，共作400多场演讲。凭着对美国社会和民众的了解，把中国抗战的需要和国际形势的发展与美国社会结合起来，对症下药地动之以情，晓之以理。他的演讲为争取美国舆论对中国抗战的理解和支持，对推动实现美国援华制日的外交目标，发挥了重要的作用。直到美国被迫参战，太平洋战争全面爆发，中国逐渐取得了抗日战争的有利地位，不久，蒋介石便任命魏道明接替了胡适继任驻美大使，胡适的大使使命正式终结。

出任驻美大使四年，胡适尽职尽责，积极奔走宣传，通过广泛游说争取欧美各国的理解和支持。特别是争取美国经济和军事援助，劝其放弃中立态度，最终打开了美国援华之门。在任期间，顺利完成了国民政府提出的各项外交任务，为抗战做出很大贡献。

驻美大使胡适。

这是他一生鲜有的从政经历，在这之后，胡适又“回到学术生活”中，恢复他作为一名自由主义大师的“自由身”。

心态的转变与理念的深化

胡适对政治有一种天然的兴趣和热忱，在《我的歧路》一文里曾这样说：“我是一个注意政治的人。当我在大学时，政治经济的功课占了我三分之一的时间。当1912至1916年，我一面为中国的民主辩护，一面注意世界的政治。”对其影响至深的导师杜威也说：“他的关心国际政局的问题，过于一切的事情。”胡适的一生，不管是主动的还是被动的，都不可避免地卷入政治的大浪中，他的各种政治方面的言论和主张，与其说是一种政治倾向，倒不如说是一种美好的政治理想，这个理想的大前提就是本着一颗爱国之心，在不同时期不同背景下的一种理想的沿承与变动。

新和平主义者安吉尔。

由不争转向积极和平主义

胡适的“不争主义”思想的源头还要追溯到我国的墨子和老子。墨子倡导“兼爱”、“非攻”，老子提倡“不争而善胜”。胡适对这两位圣人的思想非常钦佩和推崇，他在回忆中谈道：“在我十几岁的时候，我就已经深受老子和墨子的影响。这两位中国古代哲学家，对我的影响实在很大。墨子主‘非攻’，他的‘非攻’的理论实在是篇名著，尤其是在三篇里的《非攻上》实在是最合乎逻辑的反战名著；反对那些人类理智上最矛盾、最无理性、最违反逻辑的好战的人性。”而对老子那种“不争而善胜”的以柔克刚、以弱制强的“不争”思想更是服膺不已。还在上海求学时，他就曾作一首名为《秋柳》的诗句：“已见萧飕万木摧，尚余垂柳拂人来。凭君漫说柔条弱，也向西风舞一回。”并在诗前小序中表达对老子“以柔克刚”的赞同：“秋日适野，见万木皆有衰意。而柳以弱质，际兹高秋，独能迎风而舞，意态自如。岂老氏所谓能以弱者存耶？感而赋之。”留学美国，在与韦莲司女士讨论中日关系问题时曾引用《新苑》中老子的一段话来表明自己“不争”、“非战”的立场：“夫舌之存也，岂非以其肉耶？齿之亡也，岂非以其刚耶？”留美期间，“意气颓唐”的时候，对基督教大感兴趣，读完《圣经》，还差点加入基督教，自然受到耶稣基督那种主张容忍不争的影响，《新约圣经》里告诫信徒：“有人打你的右脸，连左脸也转过来由他打。有人想要告你，要拿你的裹衣，连外衣也由他拿去。有人强逼你走一里路，你就同他走二里。”中国古老传统文化潜移默化的影响加上西方耶稣主张的容忍使得“不争主义”在胡适的脑中生根发芽。

当然，促使这种“不争主义”思想形成还要归因于美国留学期间师友的交往。胡适在学习之余，参加了很多课外活动，广泛结交美国政治界和思想文化界的一些知名人物，像美国和平主义者乔治·纳斯密斯、康奈尔大学校长休曼、美国前总统塔夫脱以及美国“新和平主义者”诺曼·安吉尔。通过与他们的交往，胡适深信只要在一个高度文明的社会里，和平是可以实现的。1914年，“一战”爆发的时候，胡适在惊讶之余，经过仔细的研究和挣扎，终于站到了“不争主义”这一派，“深为比利时的命运所动，而成立一个确定的无抵抗者”。1914年12月，胡适“已决心主张不争主义（Non-resistance），决心投身世界和平诸团体”。他反对暴力战争，认为暴力并不能制止战争，反而会引发更加激烈的战争，在日记中说：“‘武装和平’这，所谓‘以暴治暴’之法也。以火治火，火乃益然；以暴治暴，暴何能已？”所以，“救世之道无他，以人道易兽道而已矣，以公理易强权而已矣”。提倡不抵抗主义，大力鼓吹“不争主义”并以此来规劝别人。胡适的美国好友韦莲司女士本来在学校学习美术，因愤于欧战之起，决定弃笔从戎，希望做随军护士来报效国家，不料由于缺乏专门医护训练而被拒绝。愤愤不平的韦莲司向胡适抱怨，胡适便以歌德的事例来劝她。歌德说过，他“每遇政界有大事震动心目，则黾勉致力于一种绝不关系此事之学问以收吾心，”即使在拿破仑之战最紧张之时，他都两耳不闻窗外事，借助学术研究来收心，培养镇静功夫。胡适认为，爱国的方式有很多，并不是只投身革命一途：“人生效力于世界，宜分功易事，作一不朽之歌，不朽之画，何必执戈沙场，效劳病院，方为有贡献于社会呢？”韦莲司女士听从了胡适的意见，安心学画。通过与别人的沟通和游说，胡适对“不争主义”更加尊崇，当然也给自己带来不少的麻烦。

“一战”爆发后，日本加入协约国向德国宣战，进攻德国在山东的租借地。占领青岛后，于1915年以武力相逼，向袁世凯提出“二十一条”。消息传到美国，留学生义愤填膺，纷纷集会游行，主张立即与日开战的声浪高涨。胡适冷静地考虑中日两国实力，认为交战胜利的可能微乎其微，战争并不能给中国带来任何好处，主张以“不争主义”对付中日问题。在留美中国学生召开的反对《二十一条》特别会议上，胡适以“道不同不相与谋”而拒绝参加会议，并送去一纸短函：“吾辈远去祖国，爱莫能助，纷扰无益于实际，徒乱求学之心。点焊交驰，何裨国难？不如以镇静处之。”会长当众宣读，听众纷纷议论，嗤之以鼻。随后他又写了一封公开信给《中国留美学生月报》，劝谏留学生们不要冲动，每个人应守本分，尽自己的责任，对于学生来说，当务之急要读书求学。学生之间非议声不断。连他的好友任鸿隽也不赞成他的态度，奚落他说：“胡适之的不争主义又来了！”由于言辞中说到主张中日开战的学生是“不折不扣的疯癫”而引起众怒，指责他是“木石心肠”，受到严厉的攻击，还被斥为“汉奸”、“卖国贼”。

客观地讲，胡适的这种“不争”、“不抵抗”并不是完全的不抵抗主义，被扣上“卖国贼”的帽子有失公允。胡适的不争主义不仅深受他的文化价值观影响，也和他选择的救国方式相关。他在1914年发表的《非留学篇》中指出：“而不知一国之乱，盛衰之大原，实业工艺，仅其一端。”“吾国苟深思其故，当有憬然于实业之不当偏重，而文科之不可轻视者矣。”可见，基于对中国国情的认识，胡适认为文化建设才是改造国家的基础，他的不争主义更多的是想通过革新中国文化，培养文科人才，为政治改良打好文化基础。胡适的理想是“执笔报国”，他虽然没有参加学生集会游行活动，但他“不争”并不代表他不关心，他始终对国家有着深深的爱和忧虑，只是和他人的表达途径不同而已。胡适曾经写了两封“为祖国辩护”的信给美国报纸，对中日问题的论点进行驳正，走访美国副总统塔夫脱，询问对中日交涉的意见，并发表申明：“每一个国家有权决定自己政府的形式”，“中国有权利发展她自己，不容日人干涉”等，很赞同和支持国内抵制日货的运动，希望用另一种方式为国家寻找发展的道路。虽然在反日侵略的爱国运动中，胡适遭到了同学们的激烈抨击，但之后，同学们对他还是很友好和信任的。后来胡适回忆往事说：“所以我认为一个人在公开场合采取坚定的立场，择善而固执之，总是值得的。”因此，面对非议、指责甚至诽谤，胡适很是坦然，他十分赞成鼓吹人道主义、和平主义和世界主义的美国时任总统威尔逊的政治主张，其“爱国不在得众人之欢心，真爱国者在认清是非，但向是的一面做去，不顾人言，虽牺牲一身而不悔”的言论道出了胡适的心声。胡适的爱国之心是不容置疑的，他只是希望以和平的方式来进行，对于知识分子来说，执笔报国就是其中一种。他反对暴力战争，并不是对中日问题不关心。他曾写信给美国报纸，对中日问题进行驳正，走访美国前总统塔夫脱，询问对中日交涉的意见，并发文申明："每一个国家有权决定其自己政府的形式"，"中国有权利发展她自己，不容日人干涉"等，希望用另外一种形式来为国家寻找发展的道路。

但是，胡适的"不争主义"，由于时代的变迁而得到了修正，逐渐走上了"积极和平主义"的道路，也就是道义的抗争主义。在1930年以前，胡适一直都主张不争和容忍，反对一切武装战争，他认为："武力造成的国际新局势，只能用更大的武力去维持，所以军备必须无限制地扩充；而无限制的军备扩充，这足以增加国际上的疑忌，因而引起全世界的军备竞赛，也许终久还要引起国际的大战祸。"希望以了解和合作等和平方式处理两国之间的问题。直到"九一八"事变后，日本加大了对中国的侵略，国家陷入生死存亡的危难关头，胡适开始反省自己，他认为在和平问题上，不争并不是唯一的出路，如果是为了抵抗侵略而做出一定的抗争，以防止侵略的扩大，那么终会获得和平。这种做法是可行的，这是一种道义的抗争，是一种积极的和平主义。1931年，"九一八"事变发生后，南京国民政府从各个方面对胡适做工作。派何应钦找胡适谈话，"把日本的钢铁年产量、武器、弹药和我国的钢铁年产量、武器、弹药等详细地谈了，认为要努力准备才能打"。胡适激动地说："空谈准备，土地一天天地被吞噬完了"，"日本真要动手打，我们只有同它打，拼到底"。这个时候，胡适的思想开始转向积极和平主义，希望"以力制力"，这种思想的转向既是对国际局势变化的新认识，还得益于英美思想界的两位巨人安吉尔和杜威。

安吉尔是当时英国著名的"新和平主义者"，他不否定力量，关键在于使力量用得其所，不要造成浪费。杜威则认为面对暴力，不能一味地采取不抵抗主义，而是需要一种外力来进行约束和强迫，并认为法律就可以充当这种力。并且，当时美国《独立周刊》的主编成立了一个国际性的"强制和平同盟会"，以一种强制力来制止暴力战争，更加增加了胡适的信心，促使胡适思想转向了积极和平主义，寻求道义的抗争。在一次以"国际和平"为主题的全美大学校际之间论文比赛中，胡适的论文《在国际关系中，还有什么东西可以代替力量吗？》获得了一等奖，他表示"此文受安吉尔与杜威两先生的影响最大"，提出"强制推行国际间的法律和和平"。已经从不争主义走出的胡适，还积极说服朋友进行道义的抗争。很快，美国也加入了反法西斯的战争，对于二战中强迫征兵的行为，很多持消极和平主义者力主“非攻”，拒不应征。胡适一面表示对他们的理解，一面规劝朋友不要和政府作对，认为这是取得和平的道义的战争，并表明自己的立场：“吾今日所主张已全脱消极的平和主义，吾惟赞成国际的联合，以为平和之后援，故不反对美国之加入，亦不反对中国之加入也。然吾对于此种‘良心的非攻者’，但有爱敬之心，初无鄙薄之意；但惜其不能从国际组合的一方面观此邦之加入战团耳。”可见转向积极和平主义后的胡适对持不争主义者仍怀有一种尊敬的态度。1937年，卢沟桥事变发生后，胡适抱着“我们必须抵抗”的信念，勇往直前。据胡适的好友王世杰回忆，“七七事变”发生四天后，胡适就上庐山找蒋介石，“他到庐山之后当天下午给蒋委员长谈话”，对蒋的“长期抗战的决策”起到了“决定性的作用”。他告诉朋友：“我的态度全变了。”而上海“八一三”的抗敌炮火更加促使胡适“渐渐抛弃和平的梦想”，“从此走上‘和比战难百倍’的见解”。1937年9月26日，胡适乘飞机抵达旧金山，从事民间外交，为抗日战争寻求国际社会的支持和援助。次年8月，他被国民党政府正式任命为驻美大使，在国家、民族生死存亡关键时刻四处奔走呼号，历时四年，做出了很大的贡献。

在八年的抗日战争胜利后，1946年，胡适在上海各大校长暨文化界、新闻界、教育界联合举行的欢迎茶会上作了演讲，把他自己从“容忍”、“不争”到低调抗日再到积极奔赴国难的心路历程讲得清清楚楚，他说：“九年以前，或者十五年以前‘九一八’事变的时候，我们都曾仔细考虑过局势，我们也从不主张轻易作战。为什么呢？就因为我们经济、文化、工业等的基础都有些不敢接受这种挑战，打这空前大仗。到庐山会谈的时候，我们认为忍受得已经够了。正像一个患盲肠炎的人，明知开刀有性命危险，但是为保全自己的生命，也不能再怕冒险。所以就接受了挑战，参加了战争，一打就是八年”。

参与“问题”与“主义”的争论

1917年7月，胡适结束七年的留学生涯，回国后任教北京大学，讲授英文学、英文修辞学和中国古代哲学课程。与当时同任北大文学科长陈独秀一起以《新青年》杂志为阵营，进行文学革命，倡导用白话文写诗、小说。回国之前，胡适就曾拟定心中文学革命的宣言书：“文学革命的手段，要令国中的陶谢李杜皆敢用白话高腔京调做诗；又须令彼等皆能用白话高腔京调做诗。文学革命的目的，要令中国有许多白话高腔京调的陶谢李杜。”并作《文学改良刍议》一文发表在《新青年》第2卷第5号上，获得了包括章太炎、钱玄同等文化名人的赞同，给了胡适很大的信心，后加入《新青年》编辑的行列。

1918年任北京大学图书馆主任时的李大钊。

回国后的胡适将思想文化的改良和革新作为努力的首要方向，这时，他还是很反对谈论政治，希望知识分子把精力放在学术研究上，并有一个“二十年不谈政治”的誓言，他说：“那时我有一个主张，认为我们要替将来中国奠定非政治的文化基础，自己应有一种禁约：不谈政治，不参加政治，不与现实发生关系，专从文学和思想两方面着手，做一个纯粹的思想文化运动。所以我从那个时候起二十年不谈政治，不干政治，这是我自己的禁约。”对于胡适不论政治，致力于从思想文化上“造新因”的原因，他曾做过解释：“1917年7月我回国时，船到横滨，便听见张勋复辟的消息；到了上海，看了出版界的孤陋，教育界的沉寂，我方才知道张勋的复辟乃是极自然的现象，我方才打定二十年不谈政治的决心，要想在思想文艺上替中国政治建筑一个革新的基础。”

1916年，正值袁世凯复辟帝制的时候，面对日益严重的社会和民族危机，他在《论“造新因”》一文中提出了从事社会教育来为祖国“造新因”，一点一滴地改良，一点一滴地进步。他说：“适以为今日造因之道，首在树人；树人之道，端赖教育。故适近来别无奢望，但求归国后能以一张苦口，一支秃笔，从事于社会教育，以为百年树人之计：如是而已。”他认为救国没有捷径可言，根本在于启迪民众，创造新因。这也是他同其他大多数同人所共同持有的“教育救国”的理想。当然，事实证明，胡适不可能脱离政治，完全不论政治，这是后话。从文化上为中国打基础，“造新因”是当时学界普遍的价值取向，在胡适的倡导下，《新青年》大肆鼓吹文学改良、文字改良和思想革命等方面，整个刊物形成了“不谈政治”的默契。但是，也有一些反对的声音，陈独秀、李大钊、高一涵等人还是很热心政治讨论的。出于对政治热情的高涨，陈独秀、李大钊等人迅速筹办了注重讨论时事政治的《每周评论》，发表了很多宣传马克思主义和讨论政治问题的文章。胡适对这一做法很是不满，认为新文化运动应该避开现实政治问题，

（星期日）　中華民國八年七月二十日　（第一版）

每週評論

▲發行所　北京騾馬市大街米市胡同　門牌七十九號

The Weekly Review

31

本報特別啟事

▲多研究些問題、少談些「主義」！（胡適）

“问题”与“主义”之争。

而致力于研究和解决最基本的问题，诸如中国社会文化、教育等方面的问题，为祖国的建设打下一个坚实的文化基础。五四运动爆发后，由于陈独秀发表的一系列激烈的言论、散发爱国传单而被捕入狱，胡适接替陈出任主编。历史证明，在那样的内有军阀割据、党派纷争，外有列强觊觎侵略的大变局中，任何人想独善其身都是不可能的，胡适也不例外，不久，他就“忍不住”想要出来谈政治了。

对于舆论对其违背“誓言”的责备，他是这样回应的：“我等候了两年零八个月，中国的舆论界仍然让我大失望。一班‘新’分子天天高谈基尔特社会主义与马克思社会主义，高谈‘阶级战争’与‘赢余价值’；内政腐败到了极致，他们好像都不曾看见，他们索性把‘社评’、‘时评’都取消了，拿那马克思—克洛泡特金—爱罗先珂的主张来做挡箭牌、障眼法。”他说是当时国内政治的腐败和整个舆论界高谈主义不解决具体问题的不良氛围让他不得不违背初衷站出来唤醒大家。又说："我现在出来谈政治，虽是国内的腐败政治激出来的，其实大部分是这几年的'高谈主义而不研究问题'的'新舆论界'把我激出来的。我现在的谈政治，只是实行我那'多研究问题，少谈主义'的主张。……我谈政治只是实行我的实验主义。……我的唯一目的是要提倡一种新的思想方法，要提倡一种注重事实、服从证验的思想方法。"客观地讲，处于一个社会剧烈变动、内忧外患的时代，作为一个有爱国良知和社会责任感的知识分子，这种戒约不容易守，也不应该守。

1919年7月20日，胡适在《每周评论》第31号上发表了《多研究些问题，少谈些"主义"！》一文，正式提出他的政治主张，他说："我们不去研究人力车夫的生计，却去高谈社会主义；不去研究女子如何解放，家庭制度如何救正，却去高谈公妻主义和自由恋爱；不去研究安福部如何解散，不去研究南北问题如何解决，却去高谈无政府主义；我们还要得意洋洋夸口道：'我们所谈的是根本解决。'老实说罢，这是自欺欺人的梦话，这是中国思想界破产的铁证，这是中国社会改良的死刑宣告！"文中呼吁人们："多多研究这个问题如何解决，那个问题如何解决，不要高谈这种主义如何新奇，那种主义如何奥妙"，因为"'主义'的大危险，就是能使人心满意足，自以为寻着包医百病的'根本解决'，从此用不着费心力去研究这个那个具体问题的解决法了"。劝说人们应该从社会具体问题着手，一点一滴地改革，还讽刺那些空谈"主义"的人，说这种事情是"阿猫阿狗都能做的事，是鹦鹉和留声机都能做的事"。

蓝公武（1887—1957），中国著名爱国民主人士。1917年后任《国民公报》社长、《晨报》董事、北洋政府国会议员。

文章发表后，引起各方面的注意，褒贬声不断。中国青年党的创始人曾琦致信称赞："《每周评论》卅一号刊登的大作，对于现在空发议论而不切实的言论家，痛下砭鞭，我是万分佩服。"而当时有名的"中国三少"之一（另两位是张君劢、黄元庸）的蓝公武却不能赞同胡的说法，写了《问题与主义》与胡适商榷，着重从哲学角度阐述了"主义"的重要性。当时热衷宣传马克思主义、社会主义、布尔什维克主义的李大钊读到这篇文章，对胡适的这一论调很不以为然，且认为对马克思主义在中国的传播极为不利，于是给胡适写信，讨论问题与主义，他说："我是喜欢谈谈布尔扎维克主义的"，"布尔扎维克主义的流行，实在是世界文化上的一大变动。我们应该研究他，介绍他，把他的实象昭布在人类社会"。并认为宣传主义和研究问题都是需要的："宣传理想的主义与研究实际的问题是交相为用、并行不悖的，社会问题的解决必须依靠社会上多数人的共同运动，而要有多数人的共同运动，就必须有一个共同的理想、主义作为准则，所以谈主义是必要的，如果不宣传主义，没有多数人参加，不管你怎样研究，社会问题永远也没有解决的希望。"揭开"问题与主义"之争的序幕。胡适在8月17日的《每周评论》第35号上以《再论问题与主义》刊登了李大钊的这封信。同时又写了《三论问题与主义》发表在8月24号的第36号上。文中这样说：

> 蓝君对于主义的抽象性，极力推崇，认为它为最合于人类的一种神秘性；又说："抽象性大，涵盖力可以增大。涵盖力大，归依的人数愚增多。"这种议论，自然有一部分真理；但是我们同时也该承认人类的这种"神秘性"，实在是人类的一点大缺陷。蓝君所谓的"神秘性"，老实说来，只是人类的愚昧性。……我们做学者事业的，做舆论家的生活的，正应该可怜人类的弱点，打破他们对于抽象名词的迷信，使他们以后不容易受这种抽象的名词的欺骗。所以我对于蓝君的推崇抽象性和人类的"神秘性"，实在很不满意。蓝君是很有学者态度的人，他将来也许承认我这种不满意是不错的。
>
> 但是我们对于人类迷信抽象名词的弱点，该用什么方法去补救它呢？我的答案是：多研究些具体问题，少谈些抽象的主义。一切主义，一切学理，都该研究，但是只可认作一些假设的见解，不可认作天经地义的信条；只可认作参考印证的材料，不可奉为金科玉律的宗教；只可用作启发心思的工具，切不可用作蒙蔽聪明，停止思想的绝对真理。如此方才可以渐渐养成人类的创造的思想力，方才可以渐渐使人类有解决具体问题的能力，方才可以渐渐解放人类对于抽象名词的迷信。

在这篇文章中，胡适回应了蓝公武对"主义"的看法，并指出不能迷信抽象的主义，一切主义都只能作为一种假设，而不是一个教条，作为一个工具，而不是一个真理。只有多研究些具体问题才能解放对于抽象主义的迷信。这种独到的见解值得深思。

面对李大钊认为的那种“只要把这个那个的主义拿来工具，用以为实际运动，他会因时、因地、因所、因事的性质生一种适应环境的变化”，胡适斥之为“不负责任的主义论”，他说：“只记得几首汤头歌诀，便要开方下药，妄想所用的药进了病人的肚里，自然会起一种适应环境的变化。那就要犯一种‘庸医杀人’的大罪了。”写了《四论问题与主义》继续与之讨论，可惜由于《每周评论》被警察查封，此文也未能与读者见面，后收录在《胡适文存》中。“问题与主义”之争遂告一段落。

对于胡适与李大钊的“问题与主义”之争，陈独秀站到了李大钊这边，他说：“胡适之先生不主张离开问题空谈学理，我以为拿学理来讨论问题固然极好。就是空谈学理，也比二十年前的《申报》和现在新出的《民心报》上毫无学理八股式的空论总好得多。”客观地讲，胡适所反对高谈之“主义”并不是针对李大钊的，他的初衷也不是为了反对马克思主义，而是对当时舆论界所崇尚的打着“包医百病”招牌的各种教条主义、本本主义的抨击。胡适是信奉实验主义的社会改良者，他不相信有什么“包医百病”的药方和“根本解决”的办法，社会的进步只能靠点滴的改良才能成功。他在《新思潮的意义》里说道：“文盲不是笼统造成的，是一点一滴地造成的，进化不是一晚上笼统进化的，是一点一滴地进化的，现今的人爱谈‘解放’与‘改造’，须知解放不是笼统解放，改造也不是笼统改造。解放是这个那个制度的解放，这种那种思想的解放，这个那个人的解放：都是一点一滴的解放。改造是这个那个制度的改造，这种那种思想的改造，这个那个人的改造：都是一点一滴的改造。”

1920年胡适（右二）与李大钊（右一）等。

总的来说，“问题与主义”之争是一场政治色彩浓

胡适、高一涵等合办的《努力周报》。

厚的学术辩论，它的展开是改良者和革命者的一场政治立场的论争，也是实验主义与马克思主义之间的一次交锋。客观上也说明胡适渐渐抛弃了不谈政治的“禁约”，决定采用谈政治的形式来宣传自己的理论和主张。1922年，胡适曾回忆彼时的思想变化，他说：“那时正是安福部极盛的时代，上海的分赃和会还不曾散伙。然而国内的‘新’分子闭口不谈具体的政治问题，却高谈什么无政府主义与马克思主义。我看不过了，忍不住了……因为我是一个实验主义的信徒，……于是发愤要想谈政治。”他的好朋友丁文江也批评他不应该放弃干预政治的责任，责备他：“你的主张是一种妄想：你的文学革命、思想革命、文化建设，都禁不起腐败政治的摧残。良好的政治是一切和平的社会改善的必要条件。”在朋友的支持和鼓励下，胡适决定一改自己“不干政治”的主张，而积极讨论时政，先是在自己家中成立了一个自由知识分子论政的团体——努力会，并为动荡的政局设计了一个治疗的药方——“好政府主义”，提出要知识分子站出来承担责任，推举出“好人”组建“好人政府”，取代军阀组成的“恶政府”。1922年又与丁文江、高一涵等人开始筹办《努力周报》来发表其自由主义的言论，上海求学时期政治思想的接触与美国留学时期政治兴趣的培养与锻炼此时充满了胡适的头脑，“谈政治”的小宇宙终于爆发了。

在《努力周报》第一期的发刊词《努力歌》中就表达了他愿为社会付出努力的心声：

……
朋友们，
我们唱个《努力歌》：
“不怕阻力！
不怕武力！
只怕不努力！
努力！努力！”

"阻力少了！
武力倒了！
中国再造了！
努力！努力！"

以《努力周报》作为自己言论的载体，开始履行一位有社会良知的知识分子的责任，积极论政议政，在他看来，身处乱世，不能妄想"独善其身"，个人的力量虽然微薄，但这是每个人必须承担的社会责任，不能逃避。他借用清人周亮工《书影》里的一则寓言故事来表明自己的心迹：

昔有鹦鹉飞集陀山。山中大火，鹦鹉遥见，入水濡羽，飞而洒之。天神言："尔虽有志意，何足云也？"对曰："尝侨居是山，不忍见耳。"今日正是大火的时候，我们骨头烧成灰终究是中国人，实在不忍袖手旁观。我们明知小小的翅膀上滴下的水点未必能救火，我们不过尽我们一点微弱的力量，减少良心上的一点谴责而已。

处于社会大变局中的知识分子，想要独善其身、明哲保身是很难的，况且对于一个有社会责任感的知识分子，则更不应该也不能够不担当起保卫民族、捍卫主权的责任。在《我们走那条路》里，胡适这样说："在变态的社会之中，没有可以代表民意的正式机关，那时代干预政治和主持正义的责任必定落在知识阶级的肩膀上。"胡适作为自由主义知识分子，为了承担自己的社会责任，总是充当政府的批评者和建言者的角色，也因此而得罪了不少人，有国民党也有共产党，但他一直坚持自己的独立地位，始终没有加入国民党。面对来自各方面对他的批评和威胁，他并没有退缩和屈服，更勇敢地担负起启蒙国民、民族大义的责任来，抗战期间出使美国即是他参政的初步，也是唯一一次尝试。

对"人权"与"约法"发表意见

所谓人权，是指"人，因其为人而应享有的权利"。维护和保障人权是一项基本道义原则。人权的本质特征是自由和平等。人权的范围涉及社会生活的各方面，包括不作無益事，一日當三日。人活五十年，我活百五十。

胡適

生命权、自由权、人身权、财产权、政治权、经济权、文化权、人民自决权等。它是人的人身、政治、经济、社会、文化等诸方面权利的总称。拥有人权是一个人追求自由、平等、幸福、创造的基础和前提，保障人权是近代以来产生的一个最伟大的文明成果。

人类历史上有两个影响深远的人权宣言：一个是1776年美国的《独立宣言》，它被马克思高度赞扬并称为人类历史上第一个人权宣言。另一个是1789年法国的《人民与公民权利宣言》，它提出“天赋权利不可侵犯”。我国几千年来的封建制，皇帝掌握着生杀大权，“人权”自然不存在。直到近代，到西方留学的人越来越多，各种革命运动中要求自由、民主的呼声越来越高，保障民权的意识开始觉醒。中华民国刚建立时，孙中山也看到了人权的重要性，他说：“今后民国前途之安危若何，则全视民权之发达如何耳。”并宣称民国之国民拥有四大民权：“民有选举官吏之权，民有罢免官吏之权，民有创制法案之权，民有复决法案之权。”愿望是美好的，只是在国民革命军北伐成功后，国民党开始实行党化教育，推行一党专政，实行“训政”，剥夺人民参政议政的权利。胡适密切关注政局的变动和国民党南京政府的政治决策，他发现国民党没有在民主和革新上下功夫，反而以“革命”的名义，实施种种专制手段，甚至大规模残杀异己。胡适公开批评国民党那套“党化政治”主张，并在《新月》杂志上接连发文，猛烈抨击。引发胡适对国民党展开尖锐批评的导火索是一个国民党关于提出的所谓“严厉处置反革命分子案”。

徐志摩主办的《新月》杂志。

1929年3月26日，上海各报登出消息说，国民党上海特别市党部主任和宣传部部长陈德征提出一个“严厉处置反革命分子案”。规定：“凡经省党部及特别党部书面证明为反革命分子者，法院或其他法定受理机关应以反革命罪处分之。”所谓的“反革命分子”就是指“一切反对三民主义的人”，对于“反革命分子”，法院不需要证据，可以直接“处置”。这个提案显然是国民党压制剥夺人权的重要体现。随后就有安徽大学校长刘文典因为言语上顶撞了蒋介石而被拘禁了几天，他的家人却无法控诉。唐山市民因商人杨润晋被当地驻军拷打监禁而罢市等严重侵犯人权的情况出现。如果说之前胡适对蒋介石主政的国民党还抱有幻想的话，1929年4月20日南京政府下的一道“保障人权”的法令则让他的美好幻想化为泡影，转而成为深深的失望和愤怒。这道所谓“保障人权”法令规定：“当此训政开始，法制基础亟宜确立。凡在中华民国法权管辖之内，无论个人或团体均不得以非法行为侵害他人身体、自由及财产。违者即依法严行惩办不贷。”

胡适在《新月》杂志上发表《人权与约法》一文发泄失望和愤怒，指出国民党这种欺世盗名的虚伪：

在这个人权被剥夺几乎没有丝毫余剩的时候，忽然有明令保障人权的盛举，我们老百姓自然是喜出望外。但我们欢喜一阵之后，揩擦眼镜，仔细重读这道命令，不能不感觉大失望。失望之点是：第一，这道命令认“人权”为“身体、自由、财产”三项，但这三项都没有明确的规定。就如“自由”究竟是那几种自由？又如“财产”究竟受怎样的保障？这都是很重要的缺点。第二，命令所禁止的只是“个人或团体”，而并不曾提及政府机关。个人或团体固然不得以非法行为侵害他人身体自由及财产，但今日我们最感觉痛苦的是种种政府机关或假借政府与党部的机关侵害人民的身体自由及财产。如今日言论出版自由之受干涉，如各地私人财产之被没收，如近日各地电气工业之被没收，都是以政府机关的名义执行的。四月二十日的命令对于这一方面完全没有给人们什么保障。这岂不是“只许州官放火，不许百姓点灯”吗？第三，命令中说，“违者即依法严行惩办不贷”，所谓“依法”是依什么法？我们就不知道今日有何种法律可以保障人民的人权。中华民国刑法固然有“妨害自由罪”等章。但种种妨害若以政府或党部名义行之，人民便完全没有保障了。

并痛指国民党以打击“反革命”为幌子，各种侵犯人权的行径：

> 无论什么人，只须贴上“反动分子”、“土豪劣绅”、“反革命”、“共党嫌疑”等等招牌，便都没有人权的保障。身体可以受侮辱，自由可以完全被剥夺，财产可以任意宰制，都不是“非法行为”了。无论什么书报，只须贴上“反动刊物”的字样，都在禁止之列，都不算侵害自由了。我们什么学校，外国人办的只须贴上“文化侵略”字样，中国人办的只须贴上“学阀”、“反动势力”等等字样，也就都可以封禁没收，都不算非法侵害了。我们在这种“学问”、“反动势力”等方面，有什么保障呢？

胡适认为，若以党代法，“只凭党部一纸证明，便须定罪处刑”的议案通过，那就意味着民国从根本上取消法治，而在这样的国家里，人权注定得不到保障。而要想保障人权，避免人权受到更大的侵害，只有用“法治”来约束。国家只有真正做到了“法治”，人权才有保障可言。而要想实现“法治”，必须制定一部宪法，可以保障人权，最低限度也要有一部约法，呼吁：“我们今日的当务之急是要制定一部中山先生说的‘规定人民之权利与革命政府之统治权’的一个约法。我们要一个约法来规定政府的权限，过此权限，便是‘非法行为’。我们要一个约法来规定人民的‘身体、自由及财产’的保障，有侵犯这法定的人权的，无论是152旅的连长或国民政府主席，人民都可以控告，都得受法律的制裁。”他又认为，今天侵犯人权的最大的行为者并不是什么“个人或团体”，而是政府机关和国民党党部机关。所以，法律管辖的范围必须是每个人，当然包括政府机关和党部机关。在《人权与约法的讨论》中，他说：“不但政府的权需要受约法的制裁，党权也要受约法的制裁。如果党不受约法的制裁，那就是一国之中仍有特殊阶级超出法律制裁之外，那还成‘法治’吗？”号召人们树立起“宪法”高于一切，重于一切的观念，有违反宪法的，哪怕是国民政府主席，人民照样可以起诉，司法院照样可以控告。可事实是，国民党政府以“革命尚未成功”，训政为由迟迟不肯制定保障人权的立法，胡适坚信：“我们不信无宪法可以训政，无宪法的训政只是专制。我们深信只有实行宪政的政府才配训政。”并认为国民党这种只讲“训政”，不讲“约法”，是因为他们“根本不信任中国人民参政的能力”。胡适认为普通民众参政初期，难免会出项错误，但民众的智慧不可小觑。总之，参政不仅可以学到关于民权的知识来保护自己，还可以锻炼他们参政的经验，“一回生，二回便学乖了”。随后，胡适又在《新月》上发表《我们什么时候才可有宪法》和《知难行亦不易》两篇文章，质疑孙中山的《建国大纲》。

胡适与梁实秋。

胡适的大声疾呼，引起了强烈的社会反响。罗隆基、梁实秋等都加入到这场人权活动中来。罗隆基是哥伦比亚大学政治学博士，法律问题的专家。梁实秋是有名的文学家，专攻西洋文学批评。梁实秋在《论思想统一》一文中声称：“我们要思想自由，发表思想的自由，我们要法律给我们以自由的保障。”有了这些人的支持，胡适更有底气，胆子更大了，将矛头对准孙中山的建国大纲，在《我们什么时候才可有宪法》中，他指出：“建国大纲里，不但训政时期没有约法，直到宪政开始时期也还没有宪法”，认为这是一个重大的遗漏。这样直接挑衅弹劾领导人的做法，让胡适吃了不少苦头。蒋介石及其政府被激怒，先是组织一批国民党御用文人对胡适和《新月》杂志进行一年多的围攻和打压，攻击他“放言怪论，诋毁总理，狂评主义，污蔑中央，凡煽惑人心之言，危害党国之论，无所不用其极”。情况越来越严重，各地要求严厉“惩办”、“缉办”胡适的呼声高涨，国民党以中央党部的名义对胡适提出了警告，并查封《新月》，还将批判胡适的文章编辑成《评胡适反党义近著》出版。在这样严峻的形势下，胡适被迫辞去此前担任的上海中国公学校长的职务，甚至因发表《人权论集》而遭到国民党政府的通缉。其他参与人权论战的知识分子也受到了很大的压制和迫害，罗隆基不仅被解除教授职务，还被国民党特务追杀，最终侥幸逃脱。

这场与国民党当局论战的关于保障人权、制度约法的运动就这样结束了，胡适参政的热情被现实伤害后冷却了下来，转而投入学术的研究和大学的改革。但是这场人权讨论却给后世带来深远的影响，给民众普及了人权知识，使得人权知识深入人心，起到了思想启蒙的作用。

胡适对国民党政府的尖锐批评，只是说明他反对蒋介石的专制统治，在政治上仍然倾向于国民党政权，希望自己的言论可以启发他们，并始终没有放弃对新兴的国民党政权的幻想。他说："现政权虽不高明，但此外没有一个有力的反对派，故可幸存。若有一年苟安，中下的人才也都可以做出点事业。"他虽然一度参加了反对蒋介石封建法西斯主义的"中国民权保障同盟"，但由于与宋庆龄为代表的国民党左派鲜明的反蒋立场不同，很快就发生了分歧。在政治上，胡适是拥蒋反共的，随着蒋介石权力的扩大，胡适竟然承认"蒋介石先生在今日确有做一国领袖的资格"。与"民盟"的决裂也让蒋介石对胡适的态度有所缓和，胡适的政治态度也逐渐过渡到支持抬举蒋介石上。胡适作为学界领袖的这种影响力和号召力也让蒋介石政府看到了他的可利用性，开始拉拢他，为他出任驻美大使提供了可能。

高调倡导追求政治自由

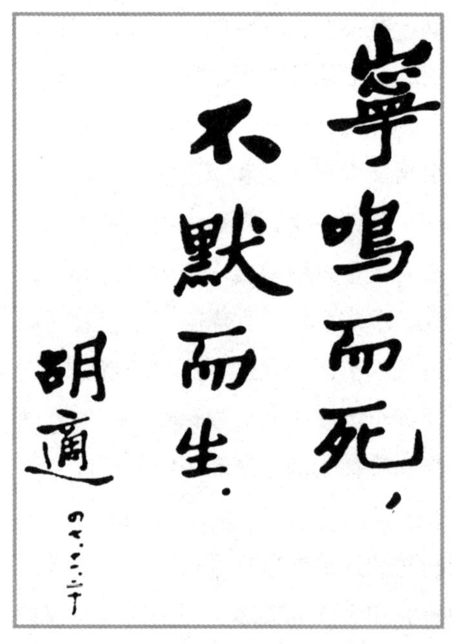

自由与民主是胡适思想的主要部分，也是他基本的政治立场。他极其向往美国那种民主的政治制度和自由的言论环境。"自由"是一个神圣而令人向往的东西，古今中外多少人曾向往自由，为自由不惜抛头颅、洒热血。有陶渊明的"久在樊笼里，复得返自然"，也有裴多菲的"生命诚可贵，爱情价更高，若为自由故，二者皆可抛"。胡适是一个自由主义的大师，追求自由是他一生孜孜以求的目标。

那么，胡适所谓的自由主义到底是什么呢？自由包括哪些方面呢？在《什么是自由主义》中，具体地说明了他所追求的到底是怎样的自由：

自由主义最浅显的意思是强调尊重自由，现在有些人否认自由的价值，同时又自称是自由主义者。……据我的拙见，自由主义就是人类历史上那个提倡自由、崇拜自由、争取自由、充实并推广自由的大运动。“自由”在中国古文里的意思是“由于自己”，就是不由于外力，是“自己做主”。

在欧洲文字里，“自由”含有“解放”之意，是从外力裁制之下解放出来，才能“自己做主”。在中国古代思想里，“自由”就等于自然，“自然”即“自己如此”，“自由”是“由于自己”，都有不由于外力约束的意思。……我们现在说的“自由”，是不受外力约束压迫的权利，是在某一方面的生活不受外力限制束缚的权利。

在宗教信仰方面不受外力限制，就是宗教信仰自由。在思想方面就是思想自由，在著作出版方面，就是言论自由、出版自由。这些自由都不是天生的，不是上帝赐给我们的，是一些先进民族用长期的奋斗努力争出来的。

可见，胡适所说之“自由”，就是不受外界约束，能自己做主的权利，即人格独立、个性解放。这权利包括宗教信仰自由、思想自由、言论自由、政治自由等方面，并指出这些自由并不是自然而然就有的，而是需要付出努力去追求、争取的。他一生都在追求自由的道路上艰难前行着。

胡适高度称赞我国古代先哲们为追求自由所付出的努力，并历数了追求自由的理想人物如老子、孔子、孟子、桓谭、王充、张衡等人，赞扬他们为争取宗教自由、思想自由所付出的努力。但接着又说：“东方自由主义运动始终没有抓住政治自由的特殊重要性，所以始终没有走上建设民主政治的路子。西方的自由主义绝大贡献正在这一点，他们觉悟到只有民主的政治方能够保障人民的基本自由，所以自由主义的政治意义是强调拥护民主。……我们始终没有法可以解决君主专制的问题，始终没有建立一个制度来限制君主的专制大权。”这里，胡适提出了政治自由在一个人追求自由中的重要性，它是一切自由的前提。自由政治自由了，人的权利才能得到保障，才能解放人的个性，获得人格独立。

那么怎样才能获取自由？自由需要得到哪些方面的保障才能实现？胡适认为，民主的社会才有自由可言，封建专制的社会是谈不上自由的。李大钊也说：“民与君不两立，自由与专制不并存，是故君主生而国民死，专制活而自由亡。”只有建立民主的制度，才能使人们获得自由。胡适说："争你们个人的自由，便是为国家争自由！争你自己的人格，便是为国家争人格！自由平等的国家不是一群奴才建造得起来的！"

时局所迫，知识分子并不能通过逃避政治就可以独善其身，为了争得自由，也为了国家、民族存亡着想，必须趟政治这趟浑水。1920年8月19日，胡适与蒋梦麟等七位教授发表了《争自由的宣言》，称：

> 我们本不愿意谈实际的政治，但是实际的政治却没有一时一刻不来妨害我们。自辛亥革命直到现在，已经有九个年头，这几年在假共和政治之下，经验了种种不自由的痛苦。……政治逼迫我们到这样无路可走的时候，我们便不得不起一种彻底觉悟：认定政治如果不由人民发动，断不会有真共和实现。但是，如果想使政治由人民发动，不得不先有养成国人自由思想、自由评判的真精神的空气。我们相信，人类自由的历史，没有一国不是人民费去一滴一滴的血汗换得来的。没有肯为自由而战的人民，绝不会有真正的自由出现。这几年来军阀政党胆敢这样横行，便是国民缺乏自由思想、自由评判的真精神的表现。我们现在认定，有几种基本的最小限度的自由，是人民和社会自下而上的命脉，故把它郑重提出请我全国同胞起来力争。

这个宣言成为近代知识分子争取自由的第一篇公开的宣言，也是胡适政治意识觉醒的表现。

作为一名自由主义者，言论自由是胡适特别注重的一项权利。可以说自己想说的话，是他的最底线，而国民党控制舆论的行为却让胡适很不舒服，很有意见。他曾在《新文化运动与国民党》一文中说："在思想言论自由的一点上，我们不能不说国民党政府所代表的国民党是反动的。"说他们"天天摧残思想自由，压迫言论自由，妄想做到思想的统一。殊不知统一的思想只是思想的僵化，不是谋思想的变化"。还要求国民党必须做到以下几件事：

> (1) 废止一切"鬼话文"的公文法令，改用国语。
>
> (2) 通令全国日报，新闻论说一律改用白话。
>
> (3) 废止一切钳制思想言论自由的命令、制度、机关。
>
> (4) 取消统一思想与党化教育的迷梦。

(5) 至少至少，学学专制帝王，时时下个直言的诏令。

如果这几件最低限度的改革还不能做到，那么，我的骨头烧成灰，将来总有人公替国民党上“反动”的谥号的。

这些都是他为国着想、追求自由的真实表现，他敢于批判当政领导者，坚守自己的原则，的确很令人钦佩。可是，这样激烈的批判，未必每个人都能接受，为此，他也受到了身心的围剿和胁迫。对于弹劾质疑国民党政府的做法，他声称并不是对哪个政党有意见，而是以一个批评者和建言者的角色，为国家做着监督补遗的工作。他曾对宋子文说过：“我们的态度是‘修正’的态度，我们不问谁在台上，只希望做点补偏救弊的工作。补得一分是一分，救得一弊是一弊。”

“九一八”事变后，胡适继续秉持他敢言敢做的一贯作风，于1932年创办了《独立评论》。该刊以“不依傍任何党派，不迷信任何成见”的独立精神，关注国家内政外交，发表了大量有关政治问题的言论。1932年到1937年这五年，是胡适集中发表政见的时期，共发表了17篇讨论民主与独裁问题的文章，阐明了其民主主义的立场。

胡适所秉承信奉的实验主义改良思想，和共产党人所信仰的马克思主义也有很大的冲突，导致胡适也很不赞同共产党所谓“根本改造”的说法，与李大钊等人的论战也可

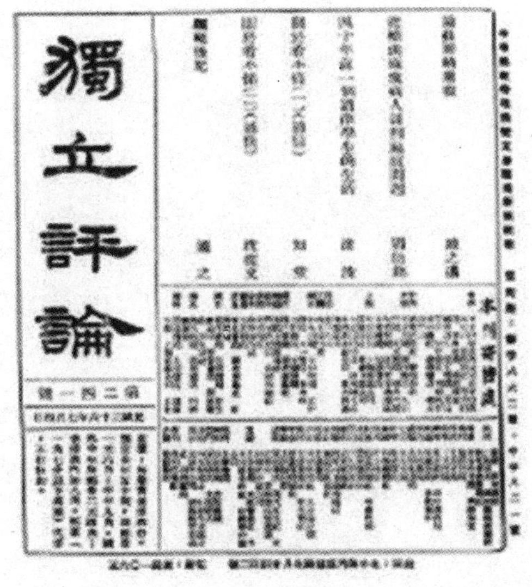
獨立評論

獨立評論

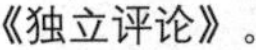
《独立评论》。

以说明对社会改造方式的不同。但胡适并没有和共产党产生很尖锐的冲突，因为胡适认为，追求自由的人，必须是能够容忍的人，容忍和认可与自己意见相左的人，他说："凡不承认异己者的自由的人，就不配谈自由！"在1924年段祺瑞否决国民党建议召开的"国民会议"，而筹备召开优待清室的"善后会议"时，胡适不惜与主流社会政治势力和舆论倾向对抗，应邀入会，虽反映了胡适的书生意气和政治上的不成熟，但更显示出他作为一名倡导自由、争取自由的知识分子的那种容忍异端、不媚俗、不畏忌的政治态度。

20世纪二三十年代，政治虽然混乱不堪，文化思想界却呈现"百家争鸣，百花齐放"的盛况，各种主义，如实用主义、平民主义、工读主义等思潮涌动，这不能不归因于一批思想先进、追求自由的人所秉承的宽大容忍的胸怀，是值得我辈钦佩和学习的。

胡适素来以文学、史学和哲学方面的成就而享誉学术界，但是他政治方面的一些看法也有很多值得我们思考的地方。他追求自由民主，向往和平的政治观可以说是一名学者对政治的美好理想。为实现这一理想，他勇敢充当一名批评者和建言者，甚至触犯强权，这样的精神是值得人们深思和学习的。

追寻实验主义的哲学心路

胡适是一位中西思想兼容的思想家，在他身上，既有固守中国传统学术文化的底色，也有兼采西方进步思想的尝试。胡适出生于徽州绩溪，这里存有程朱理学的遗风，又有乾嘉考证的学统，他兼收传统文化的精髓，从小形成了怀疑的倾向，并埋下了“考据癖”的种子。留美之后，跟随实用主义大师杜威，并受赫胥黎及达尔文进化论思想的影响，吸收了科学实用主义的哲学方法，形成了自己的实验主义哲学观。归国后，胡适把这种方法运用于整理国故、提倡新文化运动之中。胡适考证了《红楼梦》、《水浒传》等章回体小说，并出版了《中国哲学史大纲》，从而名声大噪，确定了在学术上的领导地位，同时，由于他思想的尝新性，也备受学界的热议。

中西文化熏染下的实验主义哲学

胡适的实验主义哲学兼具中西两种文化的思想，既有徽州绩溪留给他的存疑和考证的遗风，又有赫胥黎影响下的怀疑主义，以及杜威科学实验主义的方法。可以说，胡适的实验主义哲学，是中西两种思想文化的杂糅体。

传统文化的根植：实验主义哲学产生的中国土壤

唐德刚对胡适资料进行注解时，提到："大凡一个思想家，他思想体系的建立，总跳不出他自己的民族文化传统和他智慧成长期中的时代环境。这是他的根。其后枝叶茂盛，开花结果，都是从这个根里长出来的。"胡适的思想不可避免带有中国传统文化的徽记与底色，程朱理学与乾嘉学派的一些思想濡染了胡适的一些思想理念和价值观念。

胡适从小在家乡徽州绩溪接受了九年的私塾蒙学教育，这对其一生思想学术的影响可谓是深远而有力。因为，在徽州这个不受战乱之扰的桃源之地，不仅风景秀美，还具有浓厚淳朴的人文气息；不仅留存着程朱理学的遗风，还有乾嘉考证之学皖派的学风。

第一，程朱理学研习下的存疑主义。

南宋著名理学家、思想家朱熹。

胡适在进私塾之前，其父已经教会了他近一千个字。所以在进私塾之后，他没有念《三字经》、《百家姓》、《千字文》一类的蒙学读物。他念的第一部书是他父亲编的四言韵文——《学为人师》。"为人之道，在率其性"，出自《中庸》，所谓"天命之谓性，率性之谓道，修道之谓教"。父亲"以期作圣"的宏愿潜移默化地影响了胡适，并成为他的一种内在文化自觉。胡适在熟读这些哲学味较浓的读本之后，激发了对哲学的兴趣与爱好。胡适进入私塾跟随先生读书，私塾先生所选的课本大多都是朱熹的教材。私塾先生对胡适要求甚严，不仅让他背诵正文，对于注释也要熟读背诵。他正处年幼期，内心并有明确的价值取向，通过熟读记诵程朱理学的要义，致使程朱理学所倡扬的社会责任观念，在心中开始萌发。

胡适幼年丧父，虽然父亲的形象在他的记忆中已模糊不清，但父亲给他留下的"程朱理学"的遗风却深刻而久远。理学家认为宇宙万物是由"理"和"气"构成。程朱极力提倡"格物致知"，讲求穷理。胡适在父亲胡传的影响下，承袭"格物致知"、"穷理"的传统，培养出对事物的一种理性态度。朱子理学的另外一个核心特征是怀疑态度和精神。朱子怀疑的精神主要表现在对儒家经典的质疑与反抗，并形成了辨伪疑经之风气。胡传秉承朱子的怀疑精神，他遗留在日记和日程中关于张载的语录，便是强有力的印证。胡适非常清晰地记得张载的语录："为学要不疑处有疑，才是进步！"胡适认为，"这是个完全中国文明传统之内的书院精神"。胡适深信，他父亲笃信宋儒，尤其是崇奉程颢、程颐和朱熹，是所谓的"理学"。胡适对他父亲的评价是："他受程朱理学的影响很大，所以他毫不犹豫对大清帝国内当时所流行的宗教，予以严肃的怀疑与批判。"胡适认为其父带给他两方面影响，"一方面是遗传，因为我是我父亲的儿子，一方面是他留下了一点程朱理学的遗风，四叔家和我家的大门上都贴着'僧道无缘'的条子，也就是理学家庭的一个招牌。"

胡适的幼年还曾有过一段被神灵所困的经历。胡适在父亲过世之后，他的四叔去做学官，家里的女眷开始信奉佛学。通过一些佛家书籍的描述，在胡适的头脑中不断浮现出地狱的凄惨图景，例如，放焰口的和尚陈设在祭坛上的十殿阎王的画像，和十八层地狱的种种牛头马面，有钢叉把罪人叉上刀山，叉下油锅，抛下奈何桥去喂饿狗毒蛇的景象。他的母亲希望他健康成长，将来考取功名，实现他父亲的遗愿，便经常向胡适灌输一些神灵思想。但是当他温习朱子的《小学》之时，读到了关于司马光家训的一段话，其中把地狱描述成："形既朽灭，神也飘散，虽有剉春磨，亦无所施"，他反复念读并揣摩这几句话的深意，突然像是茅塞顿开，大彻大悟一样。"我心里很高兴，真像地藏王菩萨把锡杖一指，打开地狱门了。"另外，影响胡适转向无神论的是阅读《资治通鉴》。有一天，他读到《资治通鉴》第一百三十六卷中一段记载范缜反对佛教的故事，说："缜著神灭论，以为形者神之质，神者形之用也。神之于形，犹利之于刀。未闻刀没而利存，岂容形亡而神在哉？此论出，朝野喧哗，难之，终不能屈。"范缜关于利与刀、形与神的比喻，使胡适对无神论的信念更加坚定。胡适感觉，"司马光引了这三十五个字的《神灭论》，居然把我脑子里的无数鬼神都赶跑了。从此以后，我不知不觉地成了一个无鬼无神的人。"从以上关于神灵的两件事当中，我们可以发现胡适的读书不是尽信书，对于别人灌输的思想也不是深信不疑，而是不断进行深入思考、自我反思和不断追问。正如他所说："学源于思，思起于疑。疑难是思想的第一步。"

胡适通过不断学习程朱理学，领会其中的要义，逐渐形成了怀疑、理性的精神，到十二岁时，已经形成了自我价值观，对有神论有了清晰的认识。其中一件事情可以表现出胡适对神灵的否定与不屑。十二岁那年正月，胡适和外甥一起去大姊家拜年，在路途中看到门厅中供着几个神像，胡适脑海中突然迸发出毁掉神像的念头。于是便提议和外甥一起把泥菩萨拆毁，扔到厕所里去。一起同行的长工阻止了胡适的行为，致使胡适毁神像、灭鬼神的想法破灭。为了表示对鬼神思想的不屑与拒绝，他捡起石头便向神像抛去。通过幼年时期所经历的一次次的自我否定，胡适的理性态度不断变得更为坚定。这些信仰转变的主要原因是胡适的存疑思想发生了作用。“我对许多问题存疑；我（尤其）反对迷信鬼神。我对我的文化生活，乃至日常生活中的一切理论、记载和事实，如一有怀疑，也都要予以批判来证明或反证明。这都是由于我的怀疑的倾向所致。所以纵使我才十几岁的时候，我已经在寻觅一个能解决我怀疑的方法。”胡适在结束家乡传统教育，告离母亲前往上海继续求学之时，流露出他对母亲的依依不舍之情以及对自己求学的肯定，“我就这样出门去了，向那不可知的人海里去寻求我自己的教育和生活——孤零零的一个小孩子，所有的防身之具只是一个慈母的爱，一点点用功的习惯，和一点点怀疑的倾向。”最后这句“一点点怀疑的倾向”表露出徽州的区域文化及传统的家学遗留给他的理学精神。这种怀疑的倾向与态度也是胡适接受赫胥黎进化论和存疑主义思想的内在学术根基，是其后来思想形成的学术基础。

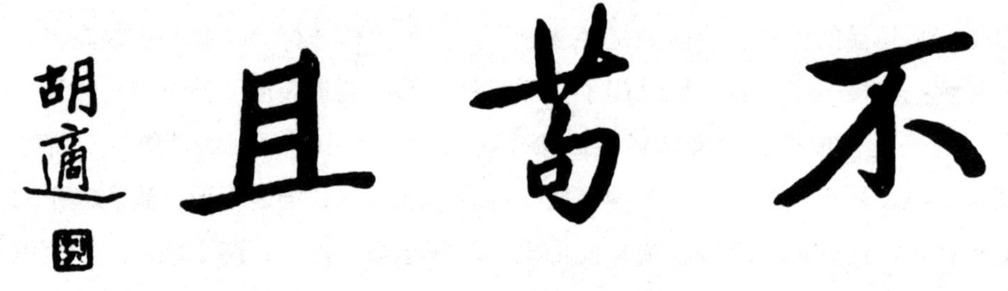

胡适在上海求学，接受新教育的时候，其善于思考、勤于怀疑的习惯逐渐养成，这些习惯成为他思想的重要出发点，并对自己的求学之途有了很明白的倾向。他在《旬报》第三十六期上发表了一篇《苟且》，痛论随便省事不肯彻底思想的毛病，说“苟且”二字是中国历史上的一场大瘟疫，把几千年的民族精神都瘟死了。在《真如岛》小说第十一回（《旬报》三十七期）论扶战的迷信，也说：

程正翁，你想罢。别说没有鬼神，即使有鬼神，那关帝吕祖何等尊严，岂有听那一二张符诀的号召？这种道理总算浅极了，稍微想一想，便可懂得。只可怜我们中国人总不肯想，只晓得随波逐流，随声附和。国民愚到这步田地，照我的眼光看来，这都是不肯思想之故。所以宋朝大儒程伊川说“学源于思”，这区区四个字简直是千古至言。——郑先生说到这里，回过头来，对翼华翼璜道：程子这句话，你们都可写作座右铭。

第二，乾嘉学派承袭下的求证主义。

胡适晚年曾谈道：“我将来如有工夫来写自己的传记，定要用很大的一章来写我那个时代徽州的社会背景。”由此可以看出，胡适对他家乡徽州的无限热爱，以及徽州对他一生所产生的深刻影响。“在我们徽州，所谓江（永）戴（震）之乡，前辈的小学功夫很深，从小就要背《说文》。要背《十三经》以及毛、郑之注。”乾嘉江戴之学崛起于徽州，并成为朴学的重镇之地。另外，徽商这一阶层的兴起，也是学风转向的重要条件，由过去空谈义理之学风转而为讲求考证，从而开启了朴学的考证之潮。就学风而言，“徽州学派”集中体现了清代尚实、笃实的考证之风，诞生在这个文化背景中的胡适，自然要受地域文化的影响，在其文化心理结构中积淀下最基本的因素便是“徽州学派”的基本治学精神——实事求是、敢于怀疑、质疑经典、挑战权威。刘筱红把徽州朴学总结为三个特点，“首先，提倡实学，厌弃空言心性，对抽象的哲理不感兴趣。他们治学往往将抽象的道德礼义和哲学概念转换为客观事物。如江永的天算、声韵治学，戴震的《考工记图》等。其次，注重治学的实践精神。戴震《考工记图》，亲自制图，并命工匠们复制古代的浑天仪。江永的著作经常引用方言作为论据。最后，对学术性与科学性的追求。徽州的学人不仅仅注重考证，同时也注重把理论运用到具体的实践中，尤其是自然科学领域，如一批朴学家对地理、天文、历算等门类的运用。”从徽州朴学家

清代徽州学派的学术大师戴震（1724—1777）。

们的研究中，可以透视出实证学风及科学精神。胡适认为清代朴学中蕴含着一种求真求实的科学精神。认为“中国旧有的学术，只有清代的朴学‘确有’科学精神”。这是整个大的朴学环境对胡适的熏陶。

对于胡适的家庭而言，朴学之风弥散其中。胡适父亲胡传也是在实践中躬行朴学考证精神。例如，他在考实边疆地理之时，曾为探明一处地理形势，在森林大雪中迷路，三日三夜走不出来，在绝境中，想到水流必出山，隧寻得山涧，沿山涧而行，才走出老林。后来在广东，胡传又深入海南岛，穿过五指山，进行实地考察，为巡抚决策提供意见。胡适的二哥对经史之学也颇有些造诣。当胡适具备了一些古文基础之后，便建议他读《资治通鉴》，并且不同意他学作八股文章、策论经义，认为那一套是为科举而准备的应试方式，他要求先生只给他讲书、读书，注重胡适自我研习和成长。无论是来自徽州整个考据之风，还是来自家庭的熏陶，都在无形中激发了胡适对考证求实的兴趣。他在私塾求学之时，跟随私塾先生熟读经史，研习程朱理学的义理之词，蒙学阶段传统文化的积累奠定他以后学术思想的形成。纵观胡适一生学术历程，重考据成为他治学的主要表征，在《四十自述》中他坦言：“这都与我们徽州的学风、我是我父亲的儿子有着联系。”当胡适崛起于“五四”时期的学术界，梁启超便在不同的场合称道“绩溪诸胡多才，最近更有胡适”，与“绩溪诸胡之后有胡适者，亦用清儒之方法治学，有正统派遗风”。在历史的轨迹中我们可以发现，从朱熹到戴震到陈独秀、胡适，验证了“五百年必有王者兴”。因此，胡适经常自夸说：“安徽出的思想家多是转移一时风气的断代大人物。”这是胡适在接受新式教育之前所接受的传统文化的浸润。

无论是程朱理学的存疑之学风，还是乾嘉学派的朴学传统，都对生活在徽州这片土地上的士人产生了无形的影响。这种影响包括他们的价值取向、学术信仰、思维范式和心理机制。胡适在走出徽州，接受西学的过程中，会不自觉地以徽州地域学风作为参考基点，去选择性吸收西方思维方式与价值观念。虽然胡适走出了徽州，去吸纳世界文化，但徽州学风的底色仍未褪色。

异域文化的熏陶：实验主义哲学产生的西方环境

胡适曾言：“我的思想受两个人的影响最大，一个是赫胥黎，一个是杜威先生。赫胥黎教我怎样怀疑，教我不信任一切没有充分证据的东西。杜威先生教我怎样思维，

英国著名博物学家托马斯·赫胥黎。

教我处处顾到当前的问题，教我把一切学说理想都看作特征的假设，教我处处顾到思想的结果。这两个人使我明了科学方法的性质与作用。”胡适的实验主义哲学也正是受赫胥黎与杜威的影响。

一是赫胥黎存疑主义的影响。胡适接触和学习赫胥黎的思想主要是在上海求学之时。他在澄衷学堂求学，受杨千里（杨天骥）的影响最大。据胡适回忆：“我在东三斋时，他是西二斋的国文教员，人都说他思想很新。我去看他，他很鼓励我，在我的作文稿本上题了‘言论自由’四个字。后来我在东二斋和西一斋，他都做过国文教员。有一次，他教我们班上买吴汝纶删节的严复译本《天演论》来做读本，这是我第一次读《天演论》，高兴得很。”“他出的作文题目也很特别，有一次的题目是‘物竞天择，适者生存，试申其意’。这种题目自然不是我们十几岁小孩子能发挥的，但读《天演论》，作‘物竞天择’的文章，都可以代表那个时代的风气。”《天演论》是严复根据赫胥黎的《进化论与伦理学》翻译的，由此可以看出赫胥黎的思想对当时中国知识界的影响。胡适曾对赫胥黎的影响作出评价，他认为，“《天演论》出版之后，不上几年，便风行到全国，竟做了中学生的读物了。读这些书的人，很少能了解赫胥黎在科学史和思想史上的贡献。他们能了解的只是那‘优胜劣败’的公式在国际政治上的意义。在中国屡次战败之后，在庚子、辛丑大耻辱之后，这个‘优胜劣败，适者生存’的公式确是一种当头棒喝，给了无数人一种绝大的刺激。几年之中，这种思想像野火一样，延烧着许多少年人的心和血。‘天演、‘物竞’、‘淘汰’、‘天择’等等术语都渐渐成了报纸文章的熟语，渐渐成了一班爱国志士的‘口头禅’。”在西学之风盛行之时，很多人起名字，倾向于用带有这些名词的字，而胡适名字的得来也受这种风气的影响。据他回忆，“有一天早晨，我请我的二哥代我想一个表字，二哥一面洗脸，一面说，就用‘物竞天择适者生存’的‘适’字，好不好？我很高兴，就用‘适之’二字。”可以说，少年时代的胡适在接受赫胥黎的思想时，还是比较懵懂模糊的，对赫胥黎思想的精髓并未深入掌握和了解，只是略知皮毛，稍知大意。在胡适去美国留学之后，接受赫胥黎的思想更为系统化、深入化了。

达尔文的进化论对西方的思想产生了巨大的文化冲击和震荡。赫胥黎成为辩护达尔文进化论作战先锋，并认为科学的唯一武器是证据，所以他奔走疾呼，提出“无敌的武器”。自“拿证据来”的口号宣扬之后，世界哲学思想就期待着一场哲学方法上的大革命。达尔文和赫胥黎在哲学方法上最重要的贡献，是他们提出的“存疑主义”。存疑主义这个名词，是赫胥黎造出来的，直译为“不知主义”。胡适觉得孔子的“知之为知之，不知为不知，是知也”的论说确实是存疑主义的一个好解说。但近代的科学家还要进一步求证，他们要问：“怎样的知，才可以算是无疑的知？”赫胥黎认为，“只有那证据充分的知识，方才可以信仰，凡没有充分证据的，只可存疑，不当信仰这是存疑主义的主脑。”赫胥黎在其儿子死后，他的朋友金司莱写信来安慰他，信中提到了人生的归宿与灵魂的不朽两个大问题。赫胥黎的答信也是存疑主义的正式宣言，部分内容如下：

> 灵魂不朽之说，我并不否认，也不承认。我拿不出什么理由来信仰他，但是我也没有法子可以否认他。……我相信别的东西时，总要有证据；你若能给我同等的证据，我也可以相信灵魂不朽的话了。……这个宇宙，是到处一样的；如果我遇着解剖学上或生理学上的一个小小困难，必须要严格的不信任一切没有充分证据的东西，方才可望有成绩；那么，我对于人生的奇秘的解决，难道就可以不用这样严格的条件吗？用比喻或猜想来同我谈，是没有用的，我若说：“我相信某条数学原理”，我自己知道我说的是什么：够不上这样信仰的，不配做我的生命和希望的根据……科学好像教训我，“坐在事实面前像个小孩子一样；要愿意抛弃一切先入的成见；谦卑的跟着‘自然’走，无论他带你往什么危险地方去：若不如此，你决不会学到什么。”

从赫胥黎的这封答信中，可以看出他的科学信仰，也是他的“怀疑主义”的精神，即，严格地不信任一切没有充分证据的东西。而“拿证据来”成为赫胥黎的价值追求和思想信仰。赫胥黎也曾说过：“拿也如同可以证明我相信别的东西为合理的那种种证据来，那么我就相信人的不朽了。向我说类比或能是无用的。我说我相信倒转平方律时，我是知道我意何所指的，我必不把我的生命和希望放在较弱的信证上。”他还说：“一个人生命中最神圣的举动，就是说出并感觉我相信某项某项是真的。生在世上一切最大的赏，一切最重要的罚，都是系在这个举动上。”由此可见，胡适后来的“拿证据来”的思想也是深受赫胥黎的影响。

胡适在澄衷学堂阅读《天演论》，对赫胥黎的思想有了朦胧感知，后来到美国留学以后，系统接受了赫胥黎的科学精神，尤其是存疑主义的“拿证据来”。胡适对赫胥黎的“怀疑主义”从起初的懵懂到后来的深信不疑地坚守，表现出西方思想对胡适不断同化的过程。然而这种存疑思想并非第一次进入到胡适的思想视域当中，在他接受的传统私塾及家学教育中，蕴含着朴学的求真考据的学风，根固于胡适思想深处的传统学术思想与西方赫胥黎的“存疑主义”适恰实现了融合。在胡适的思想中，中西两种“怀疑、考证”的观念共同融入并深深印在其思想之中。正如他所信守的，“作为一种方法论原则，怀疑的态度，便是不肯糊涂信仰，凡事须要经我自己的心意诠订一遍。”

二是对杜威实用主义的吸收。赫胥黎存疑主义思想方法的核心主要是重证据，对于一切迷信和传说，都要拿证据来考量和评价。胡适便汲取了赫胥黎的“拿证据来”的方法论理念。同时，美国实用主义大师杜威的思想和方法也对胡适产生了重要影响。胡适认为：“杜教授当然更是对我有终身影响的学者之一。”

杜威与胡适。

胡适进入康奈尔大学，对起初选择的农学专业不感兴趣，对哲学却情有独钟，开始接触美国哲学家杜威的著作。胡适在参加“国际政策讨论会”时，认识了诺曼·安吉尔。安吉尔认为，两种力量如发生冲突，最后必然是相互抵消而形成浪费和无结果，所以应考虑如何使力量用得其所。胡适对安吉尔的观点很认可，与安吉尔观点相似的还有美国哥伦比亚大学的教授杜威。杜威在当时美国学界可谓是家喻户晓、风靡一时。美国实用主义有一种风起云涌的势头，胡适很想知晓其人物和思想。于是，胡适便开始阅读杜威作品，并对杜威其人和思想产生了强烈好感。另外，胡适转学哥大的原因之一是康奈尔哲学系基本上被“新唯心主义”学派占据。康奈尔赛基派的哲学倾向于批判“实验主义”，尤其是一些重要的实用主义思想的代表人物。杜威作为当时风靡一时的代表人物，自然成为赛基派批判的对象。“在聆听这些批杜的讨论和为这参加康大批杜的讨论而潜心阅读些杜派之书以后，我对杜威和杜派哲学渐渐地发生了兴趣，因而我尽可能多读实验主义的书籍。在1915年的暑假，我对实验主义做了一番有系统的阅读和研究之后，我决定转学哥大去向杜威学习哲学。杜威是实验大师中的硕果仅存者，他的著作也是我所倾慕的。”1915年9月21日，胡适正式注册哥伦比亚大学哲学系研究生部，顺利进入哥伦比亚大学学习，他选修了“论理学之宗派”和“社会政治哲学”这两门课，尤其是“论理学之宗派”这门课，启迪了胡适博士论文《中国古代哲学方法之进化史》的构思与写作。

皮尔士
(1839年—1914年)
美国哲学家
逻辑学家
自然科学家
实用主义的创始人

威廉·詹姆斯
(1842年－1910年)
美国本土第一位哲学家
实用主义的倡导者
美国机能主义心理学派创始人之一

约翰·杜威
(1859年—1952年)
学者
哲学家
实用主义的集大成者

实用主义是一个十分庞杂的哲学体系，产生于19世纪末的美国。由于它的代表人物的思想观念、理论观点存在一定的差异，胡适便对实用主义理论进行选择性吸收。胡适认为："杜威对我其后一生的文化生命有决定性的影响，他对我具有那样的吸引力，可能也是因为他是那些实验主义大师之中，对宗教的看法是比较理性化的了。杜威对威廉·詹姆士的批评甚为严厉，老实说，我也不喜欢詹氏的名著《信仰的意志》。我本人就是缺乏这种'信仰的意志'的众生之一，所以我对杜威的'多谈科学，少谈宗教'的更接近机具主义的思想方式比较有兴趣。"胡适在他的《实验主义》中谈到了"实用主义"与"实验主义"的区别，"实用主义这四个字可让詹姆士独占"，应"另用'实验主义'的名目"来概括杜威的学说，并强调说："实验主义虽然也注重实际的效果，但他更能点出这种哲学所注意的是实验的方法。实验的方法就是科学家在实验室里用的方法。"胡适在他的《留学日记》中表达了杜威对他的影响：

> 我在1915年的暑假中，发愤尽读杜威先生的著作……从此以后，实验主义成了我的生活和思想的一个向导，成了我自己的哲学基础。……我写了《先秦名学史》、《中国哲学史》，都是受那一派思想的指导，我的文学革命主张也是实验主义的一种表现；《尝试集》的题名就是一个证据。

他谈到了杜威的实验方法对其一生的影响。"杜威对我其后一生的文化生命……有决定性的影响。我治中国思想与中国历史的各种著作，都是围绕'法'这一观念打转的。'方法'实在主宰了我四十多年所有的著述。从基本上说，我这一点实在得益于杜威的影响。"

胡适认为，杜威实用主义哲学十分强调生活、实践和行动，反对不切实际的哲学思辨，同时更注重科学方法论的应用。杜威主张，"观念必须在实践中检验，只有经过实验证明，在实践上能解决实际问题的观念，才是有价值的观念，也就是知识必须自实践出发。它不是'只论目的，不择手段'。相反的，它是为达成解决实际问题，于实验中选择正当而有效的手段"。这就是杜威的"实验主义"。胡适所吸收的杜威的实用主义，主要是从方法论的视角借取和吸纳的。

胡适对杜威的思维方法论也很认可。他认为："杜威哲学最大的目的，知识怎样能使人养成那种'创造的智慧'，使人应付种种环境充分满意。换句话说，杜威的哲

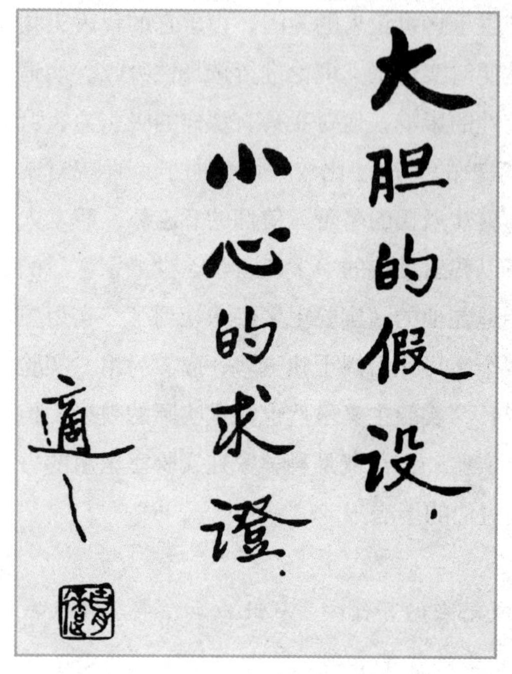

学的最大目的是怎样能使人应付种种环境充分满意。杜威的哲学的最大目的是怎样能使人有创造的思想力。”他说：“思维的功能，即在于求一个新情境，把困难解决，疑虑排除，问题解答。一到情境解决了，确定了，有秩序了，明白了，任何特定的思维过程自然结束，要等到一个新的麻烦或疑难情境发生时，才引起思维。”胡适对杜威的“思维五步说”进行了分析。一是疑难的境地。就是说，一切有用的思想都起源于一个疑问符号，一切科学的发明都起于实际上或思想上的疑惑困难。二是指定疑之点究竟在何处。这如同中医“脉案”、西医“诊断”一样重要，但又须防止武断。三是提出种种假定的解决方法。这是思想的最要紧的一部分，而这种假定的解决方法的提出依赖于平生的经验学问。四是决定哪一段假设是适用的解决，即采用比较起来最能解决困难的解决方法的假设。五是证明，即用实地的证明、实验的方法等作实证。如不能证实，便不能使人信用；如果得到证实，方才可以使人信仰。胡适从方法论的角度出发，阐发了实验主义的两个根本概念：第一是科学实验室的态度，第二是历史的态度，并据此认为“实验主义不过是科学方法在哲学上的应用”。此外，杜威实证思维方法，促使胡适再一次认识和体悟，中国传统的考证学中也孕有科学实证的方法。他说：“在那个时候，很少人（甚至根本没有人）曾想到现代的科学法则和我国古代的考据学、考证学，在方法上有其相通之处。我是第一个说这句话的人，我之所以能说出这话来，实得之于杜威有关思想的理论。”

从以上胡适接受的中西两种文化的分析可以看出，胡适在接受赫胥黎的怀疑主义思想时，其实是与程朱理学的怀疑主义相连接，他的思想中仍带有理学的印痕。也正如格里德说：“在美国做学生的时候，胡适满怀热情欣然接受的，是那些他的早期教育已为他奠定下根底的思想，而且，他只是吸收了与他到美国之前虽未坚定于心却也显露端倪的观点最为合拍的那些当代西方思想。”对于杜威的实用主义方法论，胡适是在清代考据学的基础上进行同化，以此为背景，胡适对实验主义的方法进行中国化的建构与整合，把杜威的方法与中国的考据学结合起来，形成了一套自己的治学方法，提出“大胆的假设，小心的求证”。正如余英时评论：“胡适对杜威实验主义只求把握它的基本精神、态度和方法，而不墨守其枝节。他是通过中国的背景，特别是他自己在考证学方面的训练，去接近杜威的思想的。”胡适在谈到这个方法时说：“近几十年来我总喜欢把科学法则说成‘大胆的假设，小心的求证’。我总是一直承认我对一切科学研究法则中所共有的重要程序的理解，是得力于杜威的教导。事实上治学方法，东西双方原是一致的。双方有其基本上相同之点，就是因为彼此都是从人类的常识出发的。”余英时对胡适中西文化传统吸收有一段评论：“事实上，胡适对西方的‘新奇的学说、高深的哲理’并没有很高的兴趣，他服膺杜威的实验主义主要是在方法论的层次上面。他对西学的态度可以说是‘弱水三千，我只取一瓢饮’。而且让所‘取’的不是绣好的鸳鸯，而是绣鸳鸯的金针和方法。胡适的学术基地自始即在中国的考证学。实证主义和科学方法对于他的成学而言都只有援助的作用，不是决定性的因素。”

实验主义哲学的方法论体认

胡适归国之后，曾公开表示他是一个实验主义的信徒。胡适在糅合了中国传统的朴学以及西方的实验主义及科学的态度与方法之后，建构与形成了自己的方法论和治学方法。实验主义是科学方法在哲学上的应用。他曾发表了诸多谈论方法论的文章，正如他所说的——方法的提倡贯穿其一生。在不同历史时期，他对实验主义方法的表述不尽相同，如历史的方法、实验的方法；思想五步法、三步法；大胆的假设，小心的求证；拿证据来；怀疑、假设、求证三步骤；还有科学的方法、科学评判的态度、科学的精神等表述。虽表述的形式不一，但治学理路是一致的。有人感叹说，胡适实验主义方法“在五四运动以后的十年支配了整个中国思想界，尤其是当时青年的思想，直接间接都受此思潮的影响，而所谓新文化运动更是这个思想的高潮”。胡适“大胆的假设，小心的求证”这一实验主义口号的宣扬与传播，影响到当时学术界及学人的治学理路，整理国故、古史辨伪等学术活动都与胡适实验主义方法的提倡不无关联。以下主要探讨他的实验主义方法论的内容与具体运用。

实验与历史同奏：实验主义方法论的内容

胡适认为："中国最需要的是从西方人那里学到解决中国问题的普遍有效的工具或方法，因为中国之所以缺乏科学研究，是由于方法上的问题。"胡适归国后，深刻感觉到"中国人最缺的是一种正当方法"。由此，胡适吸收杜威实用主义的研究方法，提出了他的实验主义方法论。

第一，实验的态度与方法。

胡适在他的《实验主义》一文中，较为具体形象地阐述了实验的态度。他从科学家对于科学律例的态度和视角分析"假设"的应用。实验的态度，"就是不承认真理是永恒不变的天理，只承认其是一种待证的假设，假设真不真，全靠他能不能发生他所应该发生的效果"。"从前，崇拜科学的人，都有一种迷信的态度，以为科学的律例都是一成不变的天经地义。他们以为天地万物都有永久不变的'天理'，这些天理发现之后，便成了科学的律例。这种'天经地义'的态度，近几十年来随着科学的发达而渐渐地更变了。科学家渐渐地觉得这种天经地义的迷信态度很可以阻碍科学的进步；况且他们研究科学的历史，知道科学上许多发明都是运用'假设'的效果；因此他们渐渐地觉悟，知道现在所有的科学律例不过是一些最适用的假设，不过是现在公认为解释自然现象最方便的假设。"为了生动形象地解释"假设"，胡适举了一则行星运行三种假设的例子。第一种假设，古人天天看见日出于东，落于西，并不觉得有什么奇怪。后来有人问日落之后到什么地方去了呢？有人说日并不落下，日挂在天上，跟着天旋转，转到西方又转到北方，离开远了，我们看不见它，便说日落了，其实不曾落（王充《论衡说日》篇）。第二种假设，有人说地不是平坦的，日月都从地下绕出；再进一步，说地是宇宙的中心，日月星辰都绕地行动；再进一步，说日月绕地成圆圈的轨道，一切星辰也依着圆圈运行。第三种假设，随着天文学的进步，有哥白尼说日球是中心，地球和别种行星都绕日而行，并不是日月绕地而行。即此一条律例看出，律例原不过是人造的假设用来解释事物现象的，解释得满意，便是真的；解释得不满意，便不是真的，便该寻别种假设来代替它了。

科学律例态度的变迁包含三种意义，"其一，科学律例是人的发明绝不是宗教神话。其二，科学律例能否成立，全靠其解释事实能不能满意，方才可定它是不是适用的。其三，科学律例绝不是永久不变的天理，它作为一种'假设的律例'不过是记载一切自然变化的'速记法'"。胡适认为，"这种对于科学律例的新态度是实验主义的一个最重要的根本学理。”“实验主义绝不承认我们所谓‘真理’就是永久不变的天理；他只承认一切‘真理’都是应用的假设；假设得真不真，全靠他能不能发生他所应该发生的效果。”

以实验的方法处理问题，要求人们至少注重三件事。“一是从具体的事实与境地下手；二是视一切学说和理想、一切知识都只是待证的假设，并非天经地义；三是一切学说与理想都须用实行来实验过，实验是真理的唯一试金石。第一件，注意具体的境地，使我们免去许多无谓的假问题，省去许多无意义的争论。第二件，一切学理都看作假设，可以解放许多‘古人的奴隶’。第三件，实验，可以稍稍限制那上天下地的妄想冥思。实验主义只承认那一点一滴做到的进步——步步有智慧的指导，步步有自动的实验——才是真进化。”实验态度也需要思维过程的逻辑分析。杜威把思维的运作分成五个步骤，而胡适在此基础上，提炼为三个步骤：“（一）发现种种问题，找出疑难之处；（二）提出解决疑难的假设；（三）通过实验加以求证”。以下具体分析这三个步骤：

首先，怀疑。胡适认为，怀疑是科学研究的起点，是寻求真知、探索真理的第一步，正如他坚信“学源于思，思起于疑”。“一切有用的思想，都起于一个疑问符号。一切科学的发明，都起于实际或思想里的疑惑困难”，“有了怀疑的态度，就不会上当”，才能有新的发现。胡适以程颐的话，引出疑难是思想的起点。宋朝的程颐说：“学源于思”。这句话固然不错，但是悬空讲“思”，是没有用的。他应该说“学源于思，思起于疑”。疑难是思想的第一步。例如，看白话小说的人，看到正高兴的时候，忽然碰着一段极难懂的话，自然发生一种疑难。又如迷了路的人，走来走去，走不出去，平时的走路本事都不中用了。到了这种境地，我们便寻思“这句话怎么解呢？”“这个大树林的出路怎么寻得出呢？”“这件事怎么办呢？”“这便如何是好呢？”这些疑问便是思想的起点。在胡适看来，“天下没有一成不变的绝对真理，一切主义、一切学理都只能作为假设见解，我

们不能把它认为是天经地义的信条，奉为金科玉律的宗教，只能把它当作为参考印证的材料，用来做启发心思的工具，如果我们看不到一切学理的假设性，而盲目信从它，就会因此而蒙蔽聪明，停止思想。只有大胆地怀疑，打破‘自古成斯’的成见，抛弃旧观念，才可以渐渐养成创造性的思想方法和治学方法，使科学研究有创新、有进步。”

其次，假设。胡适认为，假设来自于已有的学问经验，既经认定疑难在什么地方，稍有经验的人，便自然会从所有的经验、知识、学问里面，提出种种的解决方法。胡适仍以迷路的例子来说明假设是从经验与知识中生发而出的。“迷路的人要寻找一条出路，他的经验告诉他爬上树顶去望望看，这是第一个解决法。这个法子不行，他又取出千里镜来，四面远望，这是第二个解决法。这个法子又不行，他的经验告诉他，远远的哗啦哗啦的声音是流水的声音；他的学问又告诉他，水流必有出路，人跟着水行必定可以寻一条出路。”假设的解决，都是从经验学问中生发出来的。没有经验学问的积累，便没有这些假定的解决。经验、学问为假设提供资料、库藏。“从这库藏里涌现出来了几个暗示的主意，我们一一选择过，斥退那些不适用的，单留下那最适用的一个主意。”那经验学问是如何产生的呢？胡适认为：“活的学问知识的最大来源在于人生有意识的活动，使活动事业得来的经验，是真实可靠的学问知识。这种有意识的活动，不但能增加我们假设意思的来源，还可训练我们时时刻刻拿当前的问题来限制假设的范围，不至于上天下地地胡思乱想。”怎样从经验、学问里生发出种种假设呢？胡适觉得分析和综合的思维活动很重要。他认为像灵感、直觉、想象这些心理活动在假设的思维中发挥着重要的作用。他说：“根据于经验的暗示，从活经验里涌出来的直觉，是创造的智慧的主要成分。”甚至有时候灵感是假设发生的重要契机。“应该知道，这一步（指假设）在临时思想的时候是不可强求的，是自然涌上来，如潮水一样，压制不住的；他若不来时，随你怎样骚头抓耳，挖尽心血，都不中用。”

为了解决一个疑难问题则会提出种种可能的假设。由此，胡适指出：“如果遇着几种解决方法发生时，应该把每种假设所含的意义一一演列出来，去思索如果用某一种假设，会发生什么结果。这种结果是否能解决所遇到的疑难，如果某种假设，比较起来最能解决困难，我们可以采用这种假设来解决问题。虽然假设能够解决问题，但我们切不可把它当作真理，假设无论多么严密，都带有猜想、推测的性质，只有经实践的检验，才能成为科学原理。”胡适认为，“当假设的解决法确实能解决那当前的困难，必须试验过，方才成为证实的解决”。

最后，求证。胡适认为，“假设究竟是否真实可靠，必须经过实地证明，才可以使人信仰。如果证据不充分，宁肯悬而不决，再去寻找证据，一定要以证据来批判一件事实的有无、是非、真假。”胡适非常强调，“一切理论都是一些假设而已，只有实践证明才是检验真理的唯一标准。如果说前一阶段的假设越大胆越好，那么，后一阶段的求证就越小心越好。”胡适以科学上的实验来说明假设的求证。“科学家葛理赖观察抽气筒能使水升高至三十四尺，但是不能再上去了。他心想这个大概是因为空气有重量，有压力，所以水不能上去了。这是一个假设，不曾证实。他的弟子佗里杰利心想如果如果水升至三十四英尺是空气压力所致，那么，水银比水重十三又十分之六倍，只能升高到三十英寸。他实验起来，果然不错。那时葛理赖去世死了。后来又有一位哲学家柏斯嘉，心想如果佗里杰利的气压说不错，那么，山顶上的空气比山脚下的空气稀得多，拿了水银管子上山，水银应该下降。所以他叫他的亲戚拿了一管水银走上劈得东山，水银果然逐渐低下，到山顶上时水银比平地要低三寸。于是从前的假设，真成了科学的真理了。”胡适通过科学家的这一实验，借以说明假设不能仅仅是凭空而想，需要真正实践去检验，方可得出结论。对于历史研究，胡适的态度是：“一切史料都是证据。但要问：（1）这种证据是在什么地方寻出的？（2）什么时候寻出的？（3）什么人寻出的？（4）依地方和时候看，这个人有做证人的资格吗？（5）这个人虽然有证人资格，而他说这句话时有作伪（无心的，或者有意的）的可能吗？”在胡适看来，科学的态度需要避开成

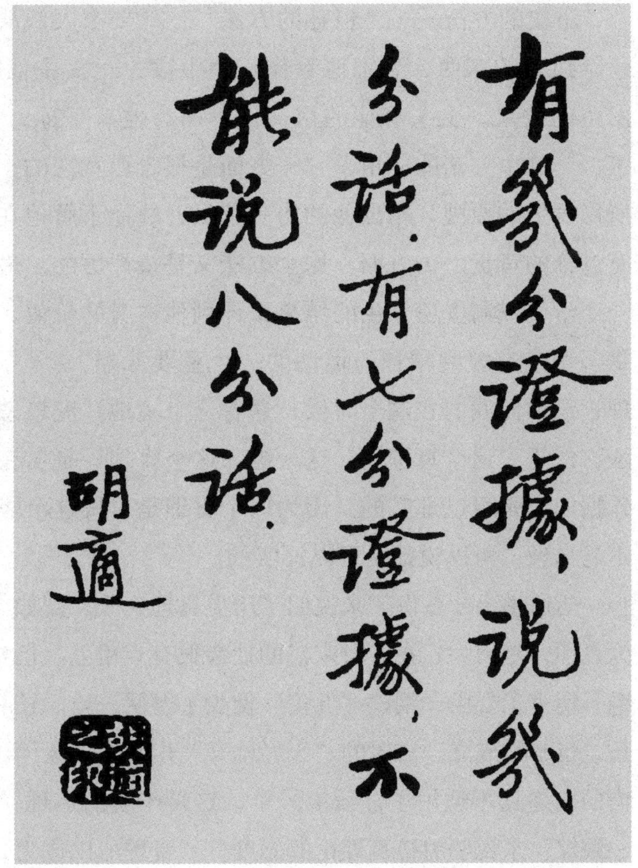

见，只看证据。在求证的过程中，要尊重事实、尊重证据、实事求是，不能夹杂主观成见于其中。胡适告诫学人："学者应该尊重事实。若事实可以推翻学说，那么，我们似乎应该抛弃那学说，另寻更满意的假设。证实是思想方法的最后又最重要的一步。不曾证实的理论，只可算是假设，证实之后，才是定论，才是真理。"

第二，历史的态度和方法。

所谓"历史的态度"就是"研究事物如何发生，怎样来的，怎样变到现在的样子"。胡适列举了几个例子，借以说明历史的态度。譬如，研究真理就该问，这个意思何以受人恭维，尊为"真理"？又如研究哲学上的问题，就该问，为什么哲学史上会发生这个问题呢？再如研究道德习惯，就该问，这种道德观念（例如"爱国"心）何以应该尊崇呢？这种风俗（例如"纳妾"）何以能成为公认的风俗呢？这种历史的态度便是实验主义的重要元素。

历史的方法——"祖孙的方法"，"要求人们从来不要把一个制度或学说看作是一个孤立的东西，总把他看作一个中段：一头是他所以发生的原因，一头是他自己发生的效果。上头有他的祖父，下面有他有子孙。抓住了这两头，它再也逃不出去了！"这个方法的应用，"一方面是很忠厚宽恕的，因为他处处指出一个制度或学说所以发生的原因，指出他的历史背景，故能了解他在历史上占的地位与价值，故不致有过分的苛责。一方面，这个方法又是最严厉的、最带有革命性质的，因为他处处拿一个学说或制度所发生的结果来评判他本身的价值，故最公平，又最厉害。这种方法是一切带有评判精神的运动的一个重要武器"。"我们现在且莫问那绝对究竟的真理，只须问我们在这个时候，遇着这个境地，应该怎样对付，这种对付这个境地的方法，便是'这个真理'。这一类'这个真理'是实在的，是具体的，是特别的，是有凭据的，是可以证实的。因为这个真理是对付这个境地的方法，所以他若不能对，便不是真理，所以说他是可以证实的。"

胡适举出一些例子来说明"历史真理论"。譬如"三纲五常"，古人之所以将其视为真理，是因为它在古时宗法的社会很有点用处。但是现在时势变了，国体变了，"三纲"便少了群臣一纲，"五伦"便少了君臣一伦。还有"父为子纲"、"夫为妻纲"两条，也不能成立。古时的"天经地义"现在变成废语了。有许多守旧的人觉得这是很可惜的。道理不适用了，该换一个，这是平常的道理，有什么可惜？胡适以"摆渡"、"做媒"来说明对待真理论的态度。"真理所以成为公认的真理，正因为他替我们摆过渡，做过媒。摆渡的船破了，再造一个。帆船太慢了，换上一只汽船。这个媒婆不行，打他一顿媒拳，赶他出去，另外请一位靠得住的朋友做大媒。”

“历史的方法”，就是研究事物如何产生，如何发展变迁，又对后来产生怎样的影响。胡适认为，“在中国学术史上，从秦汉到明清乃到近代，学者们都用静止的、孤立的方法治学，结果，古代的学术思想向来没有条理，没有头绪，前人‘研究古书’很少有历史进化的眼光，故从来不讲究一种学术的渊源，一种思想的前因后果。”胡适在他的《中国哲学史大纲》的导言中，谈到哲学史的三个目的，而这三个目的，也适恰表明了他的历史态度与方法。

首先，明变。所谓“明变”就是把各家的学说，笼统研究一番，依时代的先后，看传授的渊源，交互的影响变迁的次序。例如孟子、荀子同是儒家，但是孟子、荀子的学说和孔子却不同，孟子又和荀子不同。又如宋儒、明儒也都自称孔氏，但是宋明的儒学并不是孔子的儒学，也不是孟子、荀子的儒学。但是这个不同之中，却有相同和一线相承的所在。

其次，求因。所谓“求因”就是研究各家学派兴废沿革变迁的原故。胡适认为：“治学的目的就是要寻出每种学术思想怎样发生，发生之后有什么影响效果。例如程子、朱子的哲学，何以不同于孔子、孟子的哲学？陆象山、王阳明的哲学，又何以不同于程子、朱子呢？这些原因，约有三种：（甲）个人才性的不同。（乙）所处的时势不同。（丙）所受的思想学术不同。由此可以看出，求因是在明变基础上把握历史线索中的因果联系，是一种对事物更深入的分析与探索。”

最后，评判。所谓“评判”就是用“历史的观念”，一一寻求各家学说的效果影响，再用这种影响效果来批评各家学说的价值。评判一家学说的效果，要从三个方面标准进行：“（甲）要看一家学说在同时的思想和后来的思想上发生何种影响。（乙）要看一看学说在风俗政治上发生何种影响。（丙）要看一家学说的结果可造出什么样的人格来。胡适以古代‘命定主义’解释这一标准。古代‘命定主义’，说得最痛切的，莫如庄子。庄子把天道看作无所不在、无所不包，故说‘庸讵知吾所谓天之非人乎？所谓人之非天乎？’因此他有‘乘化以待尽’的学说。这种学说，在当时遇着荀子，便发生一种反动力。”“荀子说‘庄子蔽于天而不知人’，所以荀子的《天论》极力主张征服天行，以利人事。但是后来庄子这种学说的影响，养成一种乐天安命的思想，牢不可破。在社会上，好的效果，便是一种达观主义，不好的效果，便是懒惰不肯进取的心理。造成的人才，好的便是陶渊明、苏东坡；不好的便是刘伶一类达观的废物了。”

胡适“历史的态度”和方法主要是对于学术研究，尤其是历史研究。在进行学术研究的时候，需要把某种理论或者思想放在一定历史背景下，分析它的来龙去脉、前因后果的上下承接关系。具体的过程可以分为明变、求因和评判三个步骤。

从以上实验的和历史的态度与方法两方面分析，可以发现，胡适的实验主义哲学观主要吸收了杜威的部分思想及中国传统的考证学理论。在胡适看来，实用主义中的“历史的方法”及其“假设”和“求证”的逻辑运作过程，一方面属于考证学，另一方面又高于考证学，甚至可以扩大为解决一切具体的社会问题。胡适在方法论上，把实用主义方法论和中国传统考据学结合起来，从而使他的研究领域大大拓宽，不仅仅局限于传统的古典考据学，还可研究小说、戏剧、民间传说，又可以用来古史辨伪等。

章回小说考证举隅：实验主义方法论的具体运用

胡适实验主义方法，可以说成是“大胆的假设，小心的求证”，抑或是怀疑—假设—求证的思维三部曲。其方法主要是实验的方法与历史的方法。胡适将实验主义方法运用到他治学的各个方面，在文学、史学、考证、哲学等领域取得了丰硕成果。无论是他编著的《中国哲学史大纲》，提出“整理国故”运动，还是考证中国古代小说，都旨在提倡实验主义这种方法，力图还原历史真貌。胡适本人在介绍治学方法时，最喜欢举

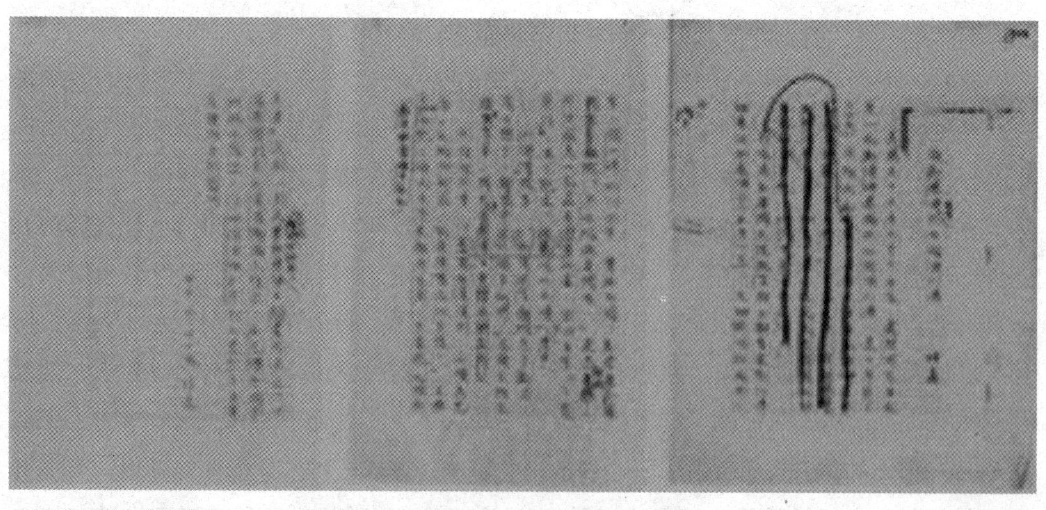

胡适《水经注跋》稿本。

的例子也是其小说考证的成绩，考虑到“假设”与“求证”的治学脉络较为明晰，且易于讲解和叙述。他在《介绍我自己的思想》时曾谈论：“莫把这些小说考证看作我教你们读小说的文字，这些都只是思想学问的方法的一些例子。在这些文字里，我要读者学得一点科学精神，一点科学态度，一点科学方法。科学精神在于寻求事实，寻求真理。科学态度在于撇开成见，搁起感情，只认得事实，只跟着证据走。科学方法只是‘大胆的假设，小心的求证’，十个字。没有证据可悬而不断，证据不够，只可假设，不可武断；必须等到证实之后，方才奉为定论。”

胡适在《治学的方法与材料》一文中，把考证的方法比作法官判案，把实验的方法比作侦探小说。他说：“考证的方法好比现今的法官判案；他坐在堂上静听两造的律师把证据都呈上来，他提起笔来，宣判道：某一造的证据不充足，败诉了；某一造的证据充足，胜诉了。他的职务只在评判现成的证据，他不能跳出现成的证据之外。实验的方法也有一比，比那侦探小说里的福尔摩斯访案：他必须改装微行，出外探险，造出种种机会来，使罪人不能不呈献真凭实据，他可以不动笔，但他不能不动手动脚，去创造那逼出证据的境地与机会。”胡适通过这两个比喻，来说明考证的方法和实验的方法的运用。胡适把这两种方法运用在考证小说中。胡适认为，中国古典小说可分为两大类：一类是“由历史逐渐演变出来的小说”，以《水浒传》为代表；一类是“个别作家创作的小说”，以《红楼梦》为代表。对于第一类小说的考证，他主要采用“历史的方法”，对后一类则以“实验的方法”为主。

历史的方法。胡适认为，历史小说是经过长期历史演变而来。每部小说的开始，可能都只是些小故事；但是经过长时期的发展，才逐渐变成一种有复杂性格人物的长篇小说。要研究《水浒传》，就要用历史演变法。首先要从它的原始形式开始着手，然后一一搞清楚历史演变的经过。用历史的方法进行考证，则是研究事物如何发生，怎样演变至今，前后因果脉络。换句话说，“上头是它的祖父，下面有它的子孙”。正如胡适在《介绍我自己的思想》时谈道，“我为什么要替《水浒传》作五万字的考证？我要教人知道学问是平等的，思想是一贯的”。胡适运用历史的方法考证了《水浒传》版本嬗变过程。在《〈水浒传〉考证》一文中，胡适假设明中叶有一部七十回本的《水浒传》。在胡适提出这一大胆假设以后，引起了一股搜集《水浒传》版本的风潮。胡适之后收集了《忠义水浒传》，有李卓吾批点的百回本(第一至第十回)、百回本的日文译本和百十五回本、百二十回本《水浒传》、百十回本《忠义水浒传》、百二十回明刻本

《忠义水浒传》六种版本。胡适收集了这些不同版本之后，对每一个版本进行认真考订。在1921年6月又写了篇《〈水浒传〉后考》。胡适说："这十个月以来发现的新材料居然证实了我的几个大胆的假设：这自然是我欢喜的。但我更喜欢的是，我假定的那些结论之中有几个误点现在有了新材料的帮助，居然都得着有价值的纠正。"证实的几个大胆的假设是："第一，证实了明初有一种原百回本《水浒传》，但从文学上说来是浅陋幼稚的。第二，郭本(即新百回本)后三十回是依据原百回本改动的，即没有征四寇，只有征二寇。证实了这两条，对胡适而言，是一大欢喜。"胡适说："但我假设的那个明朝中叶的七十回本究竟有没有，这个问题却不曾获得那些新材料的帮助，我们虽已能证实郭本水浒传的前七十一回与金圣叹本大体相同，但我们还不能确定：（1）嘉靖朝的郭武定本以前，是否真有一个七十一回本；（2）郭本的前七十一回是否真用一种七十回本修改原百回本的。"胡适维持了十个月之前考证所得出的假设。因此也印证了他的治学信条，找不到更加确定的新材料，只能悬而不决。诚如他在《治学方法》中所讲："凡是证据不充分或不满意的时候，姑且悬而不断；悬一年两年都可以。悬并不是不管，而是去找新材料。等找到更好证据的时候，再来审判这个案子。这是最重要的一点。"1923年，胡适购买到百二十回本《忠义水浒全书》和《忠义水浒传》李玄伯排印百回本以后，继续进行研究，并广泛汲取鲁迅、李玄伯、俞平伯等人的意见，在1929年写出《百二十回本忠义水浒传序》。在这篇序中胡适大胆地承认了自己"最大的错误是我假定明朝中叶有一部七十回本的《水浒传》。"胡适这种态度也体现了在事实面前，不偏执、不武断、实事求是的科学精神。

实验方法。即从具体的事实与境地出发，把一切学说、一切知识都看作待证的假设，真假是非与否，只有经过实验，经过考证才可下结论。胡适在《介绍我自己的思想》中曾谈道："我为什么要考证《红楼梦》？在消极方面，我要教人怀疑王梦阮、徐柳泉一班人的谬说。在积极方面，我要教人一个思想学问的方法。我要教人疑而后信，考而后信，有充分证据而后信。"胡适用实验的方法考证曹雪芹的出生与逝世的年代及《红楼梦》的写作目的。以考证曹雪芹的出生年代为例，经历数次修正，1921年，他收集了一些证据，得出结论："我们可以断定曹雪芹死于乾隆三十年左右……我们可以猜想雪芹大约生于康熙末叶，当他死时，约五十岁左右。"1922年5月，胡适得到了《四松堂集》的原本，见敦诚挽曹雪芹的诗题下注"甲申"二字，由诗中有"四十年华"的话，故修正结论："曹雪芹死在乾隆二十九年甲申……他死时只有'四十年华'，我们可以断定他的年纪不能在四十五岁以上。假定他死时年四十五岁，他的生时当康熙五十八年。”但到了1927年，又得到脂砚斋评本《石头记》，其中有“壬午除夕，书为成，芹为泪尽而逝”的话。壬午为乾隆二十七年，除夕当西历1763年2月12日，和他七年前的断定只差一年多。又假定他活了四十五岁，他的生年大概在康熙五十六年，这也和七年前的猜测正相符合。曹雪芹出生和过世的年代，经过七年的时间，方才得到证实。

胡适在《治学方法》中说：“假设是人人可以提出的。譬如有人提出骇人听闻的假设也无妨。假设是愈大胆愈好。但是提出一个假设，要想法子证实它。因此我们有了大胆的假设之后，还不要忘了小心地求证。”胡适提出了假设，“《红楼梦》是作者的自传，是写他亲自看见的家庭。贾宝玉就是曹雪芹；《红楼梦》就是曹家的历史”。胡适提出了当时震惊学坛的假设。在提出假设以后，则需费尽心思搜集资料，寻找足够的证据去证明它。正如他所提出的，假设人人能提，最要紧的是能小心地求证，为了要小心地求证，就必须“上穷碧落下黄泉，动手动脚找东西”。胡适开始多方搜寻材料，对大量记载材料进行了梳理分析，并在此基础上得出了六条结论：“一、《红楼梦》的著者是曹雪芹。二、曹雪芹是汉军正白旗人，曹寅的孙子，曹頫的儿子，生于极富贵之家，身经极繁华绮丽的生活，又带有文学与美术的遗传与环境。他会作诗，也能画，与一班八旗名士往来。但他的生活非常贫苦，他因为不得志，故流为一种纵酒放浪的生活。三、曹寅死于康熙五十一年。曹雪芹大概即生于此时，或稍后。四、曹家极盛时，曾办过四次以上的接驾的阔差，但后来家渐衰败，大概因亏空得罪被抄没。五、《红楼梦》一书是曹雪芹破产倾家之后在贫困之中作的。作书的年代大概当乾隆初年到乾隆三十年左右，书未完而曹雪芹死了。六、《红楼梦》是一部隐去真事的自叙：里面的甄、贾两宝玉，即是曹雪芹自己的化身；甄、贾两府即是当日曹家的影子

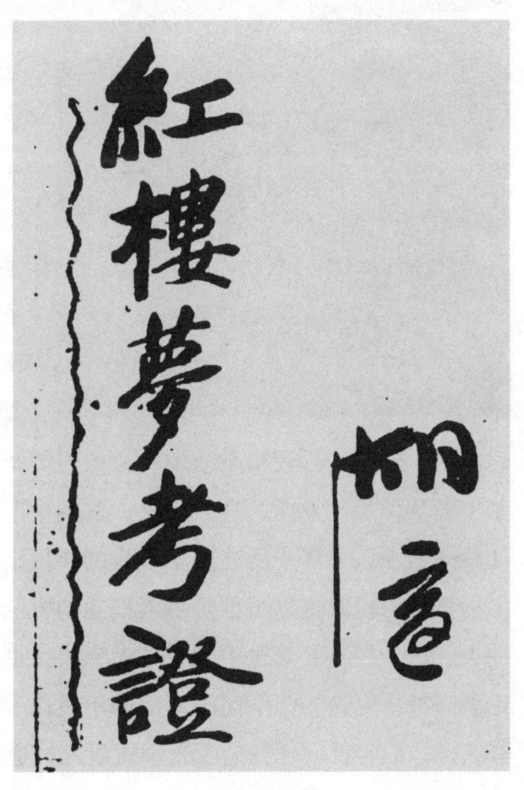

（故贾府在‘长安’都中，而甄府始终在江南）。”

胡适得出的这些结论成为后来学者研究《红楼梦》的新起点。诸多从事红学考据的学者，以胡适的考证结论为起点进行深入发掘，或者在胡适已得出的结论基础上，进一步搜寻资料，进而得出更深入的结论。

辛勤耕耘田地中结出的哲学硕果

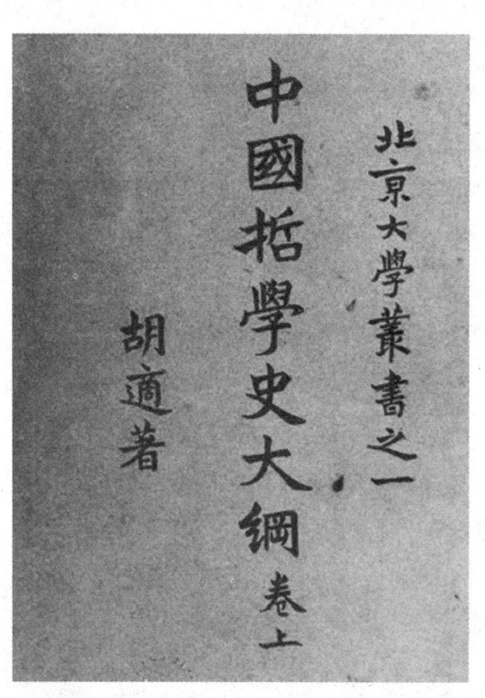

胡适首倡白话文，获得了他在文学革命中的权威地位，而他所做的整理国故的工作奠定了他在学术史上的位置。胡适在《新思潮的意义》一文中，明确提出“研究问题，输入学理，整理国故，再造文明”的新文化运动口号。胡适整理国故的第一本代表作便是《中国哲学史大纲》，这是一部被公认为划时代、具有学术影响力的著作。这本书于1919年2月出版，引起整个中国学术思想界的震动。这本书出版以后，两个月后再版，在两年多的时间里，已出到7版，不仅北京大学的学生几乎是人手一册，即使远在四川边远地区，也是疯狂抢购，十分畅销。这本书的重要地位主要表现在两个方面：一方面，在时间上，这是一部较早系统地研究中国传统哲学的著作，比冯友兰的《中国哲学史》早了十多年；另一方面，在方法上，这本中国哲学史带有明显的实证研究方法的特征。诚如蔡元培在该书序中所述这本著作的作用，“为后来学者开辟了无数法门，即为后来的中国哲学史研究提供了许多可资借鉴的方法”。胡适自称：“中国治哲学史，我是开山的人。这一件事要算是中国一件大幸事。这一部书的功用能使中国哲学史变色。以后无论国内外研究这一门学问的人都躲不过这一部书的影响。”胡适的自我评价貌似有些自夸之嫌，但也说明他开启了哲学史研究的道路，其功劳不可埋没。

破旧立新：胡适《中国哲学史大纲》写作风格

蔡元培在《中国哲学史大纲》的序中，指出胡适《中国哲学史大纲》四方面的特长。第一是证明的方法；第二是扼要的手段；第三是平等的眼光；第四是系统的研究。当然，诚如蔡元培所说，以上四种特长是较大的，其他较小的长处，读的人自会领会。以下以蔡元培提出的这四方面为中心，之后旁及其他方面，进行深入细致的分析。

蔡元培指出："我们对于一个哲学家，若是不能考实他生存的时代，便不能知道他思想的来源；若不能辨别他遗著的真伪，便不能揭出他实在的主义；若不能知道他所用的辩证的方法，便不能发现他有矛盾的议论。适之先生这大纲中此三部分的研究，差不多占了全书三分之一，不但可以表示个人的苦心，并且为后来的学者开无数法门。"胡适的考据方法虽是承袭乾嘉考据学的手段，但其中也带有西方实验主义的科学精神，其方法不同于王国维、陈寅恪等人考据学。胡适比较重视西方实验主义的科学方法。

以墨子为例，试图管窥胡适证明方法的运用。墨子这一篇分为三部分，第一章是墨子的略传，第二章是墨子的哲学方法，第三章是三表法，第四章是墨子的宗教。在第一章墨子略传中，胡适考证墨子出生的年代。有人认为，墨子"并孔子时"（《史记·孟荀列传》），有人说他是"六国时人，至周末犹存"（毕沅《墨子序》）。这两说差二百多年，若不详细考证，易于使人误会。毕沅的话已被孙诒让驳倒了（《墨子闲诂·非攻中》）。而孙诒让的考证不如汪中考的精确。胡适从两个方面证明孙诒让考证的错误。"第一，孙氏考据的三篇书，《亲氏》、《鲁问》、《非乐》上，都是靠不住的书。《鲁问》篇乃是后人所辑，其中说的'齐大王'，未必便是田和。即便是田和，也未必可信。例如《庄子》中说庄周见鲁哀公，难道我们便说庄周和孔丘同时么？《非乐》篇乃是后人补作的，其中屡用'是故子墨子曰，为非乐也'一句，可见其中的历史事实，未必都是墨子亲见的。《亲士》篇和《修身》篇同是假书，内中说的全是儒家的常谈，哪有一句墨家的话。第二，墨子决不曾见吴起之死。《吕氏春秋·上德》篇说是吴起死时，阳城君得罪逃走了，楚国派兵来收他的国。那时'墨者巨子孟盛'替杨城君守城，遂和他的弟子一百八十三人都死在城内。孟胜将死之前，还先派两个弟子把'巨子'的职位传给宋国的田襄子，免得把墨家的学派断绝了。"依以上所举证据，墨子大概生在周敬王二十年与三十年之间（公元前500至490年），死在周威烈王元年与十年之间（公元前425至416年）。墨子生时约当孔子五十岁至六十岁之间。到吴起死时，墨子已死差不多四十年了。

“中国民族的哲学思想远在老子、孔子之前，是无可疑的。但要从此等一半神话、一半正史的记载中，抽出纯粹的哲学思想，编成系统，不是成年累月可以成功的。适之先生认定所讲的是中国古代哲学家的思想发达史，不是中国民族的哲学思想发达史，所以截断众流，从老子孔子讲起，这是何等手段！”以上是蔡元培对扼要手段的阐释。胡适发现除了高谈邃古哲学、唐虞哲学之外，却“全不问用何史料”，从而主张“以现在中国考古学的程度看来，我们对于东周以前的中国古史，只可存一个怀疑的态度。至于‘邃古’的哲学，更难凭信了”。胡适秉信“宁疑古而失之，不可信古而失之”的治史态度，改变旧有的从尧舜、三皇五帝讲起的做法，在第一章“中国哲学结胎的时代”，他便舍弃尧、舜、禹、汤、文王、武王、周公这些圣人哲学，删掉了一些真假难辨的神话传说，直接从周宣王以后的老子、孔子、墨子讲起，并且从梳理这些哲学家的思想中，得出一些系统的观点，并进行清晰的阐释。胡适对尧舜神话的“抛弃”，具有“截断众流的魄力”。胡适认为，“中国哲学到了老子、孔子的时候，才可当得‘哲学’两个字，我们可以把老子、孔子以前的二三百年，当作中国哲学的怀胎时代”。这种提法对于当时的学界可谓是一场很大的震动。冯友兰根据亲身体验说：“这对于当时中国哲学史的研究，有扫除障碍，开辟道路的作用。当时我们正陷入毫无边际的经典注疏的大海之中，爬了半年才能望见周公。见了这个手段，觉得面目一新，精神为之一爽。”

“同是儒家，荀子非孟子，崇拜孟子的人，又非荀子。汉代儒者，崇拜孔子，排斥诸子；近人替诸子抱不平，又有意嘲弄孔子。这都是闹意气罢了！适之先生此编，对于老子以后的诸子，各有各的长处，各有各的短处，都还他一个本来面目，是很平等的。”这是蔡元培对胡适研究先秦诸子的评价。在中国传统思想中，儒家文化一直处于独领风骚、独占鳌头的正统地位，规约着人们的思想和行为。在学术领域里，学者们更倾向于对儒家经典的阐释与体悟，致使诸多学者对儒家孔子的学说推崇至上，而对于其他诸子却不甚重视。对于这种学术研究倾向，康有为、梁启超、章太炎、王国维等人，都抱有不满之意，却不敢站出来公开对抗，挑战旧有的研究传统，动摇儒家的权威。胡适分析，“哲学的发达全靠‘异端’群起，百川竞流（端，古训一点，引申为长物的两头。异端不过是一种不同的观点。譬如一根手杖，你拿这端，我拿那端。你未必是，我未必非）。一到了‘别黑白而定一尊’的时候，一家专制，罢黜百家；名为‘尊’这一家，其实这一家少了四周的敌手与批评家，就如同刀子少了磨刀石，不久就要锈了，不久就要钝了。”胡适把“别黑白而定一尊”的政策归结为中国古代哲学灭亡的真正缘起。因此他主张打破儒术独尊的局面，提倡百家争鸣、学术平等。他认为儒学已失去它的生命力。“中国哲学的将来，有赖于从儒学之道德伦理的理性枷锁得到解放。这种解放，不能只用大批西方哲学的输入来实现，而只能让儒学回到它本来的地位，也就是恢复它在其历史背景中的地位。儒学曾经只是盛行于古代中国许多敌对的学派中的一派，因此，只要不把它看作精神的、道德的、哲学的、权威的唯一源泉，而只是在灿烂的哲学群星中的一颗明星，那么，儒学的被废黜便不成问题了。换句话说，中国哲学的未来，似乎大有赖于那些伟大的哲学学派的恢复，这些学派在中国古代一度与儒家学派同时盛行。”

胡适对先秦诸子各家的思想学说，都以平等的眼光来对待。我们从大纲目录结构可以明显发现，他把先秦诸子平等看待，诸子哲学中老子、孔子、孔门弟子、墨子、杨朱、别墨、庄子，荀子以前的儒家、荀子、古代哲学之终局等，都一篇篇进行分析和讨论。他分章论述诸子，首先阐述的是道家老子的思想，而把儒家孔子思想放在老子的后面，同时把儒家学派的孟子放在老子、孔子、墨子、荀子之后。胡适把孔子、孟子的地位降级，对于打破儒学独尊的大一统局面，无疑是一次强有力的震击。胡适曾自己评价：“我那本书里至少有一项新的特征，那便是我（不分‘经学’、‘文学’）把各家思想，一视同仁。我把儒家以外的，甚至反儒非儒的思想家，如墨子，与孔子并列，这在1919年（的中国学术界）便是一项小小的革命。”正如任继愈所评论：“它以平等的眼光审视先秦诸子，打破了封建学者不敢触及的禁区，即经学。‘经’是圣贤垂训的典籍，封建社会的一切成员，只能宣传它，解释它，信奉它，不能怀疑它，不准议论它，更不能批判它。尧、舜、禹、汤、文、武、周公、孔子都是圣人，只能膜拜，不能非议，这是封建社会的总规矩（西方中世纪对《圣经》也是如此）。……它‘新’的地方，主要在于它不同于封建时代哲学史书代圣贤立言，为经传作注解，而敢于打破封建时代沿袭下来的不准议论古代圣贤的禁例。他把孔丘和其他哲学家摆在同样的地位，供人们评论，这是一个大变革。”

“古人记学术都用平行法，我已说过了。适之先生此编，不但孔墨两家有师承可考的，一一显出变迁的痕迹。便是从老子到韩非，古人划分作道家和儒墨名法等家的，一经排比时代，比较论旨，都有递次演进的脉络可以表示。此真是古人所见不到的。”这是蔡元培对该书系统方法的理解。胡适通过系统的研究方法，梳理出各学派思想演进的因果脉络，开创了哲学史研究的新范式。传统的学术史研究主要是以“学案”体例为主，主要是学人传记的形式，缺乏系统的逻辑分析。胡适用系统的方法呈现出哲学流派变迁的过程。他认为一种哲学产生的原因，所处的时代不同，所受的学术思想也不同。如在“诗人时代”一章中讲述多家学说的时代背景时，他认为公元前8世纪以前的世纪是“中国哲学的结胎时代”，通过引用《诗经》论证那个时代，政治如此黑暗，社会十分纷乱，贫富极其不均，民生非常痛苦。在这种社会背景下，便会自发萌生出种种反动的思想。在这种时代环境下，形成了忧时派、厌世派、乐天安命派、纵欲自恣派、愤世派等思潮，所萌发出的哲学思想，主要有老子的反动哲学、孔子的正名主义、杨朱的“悲观”哲学、墨子的逻辑哲学、庄子的出世主义哲学、荀子哲学，等等。根据胡适的观点，几乎所有的先秦诸子哲学在“诗人时代”，具有了后来不同的思想体系的萌芽。

以上四个方面，是蔡元培对胡适《中国哲学史大纲》的评论。正如蔡元培所说，“以上四种特长是较大的，也有其他较小的长处”。例如，胡适运用比较的方法、内容与形式独具创见等。胡适以融通中西学术的特点不同于严复、王国维等蜻蜓点水般的对比方式，他通过中西哲学比较角度研究中国哲学史，定位中国哲学史在整个世界哲学史中的位置。胡适在《导言》“中国哲学在世界哲学史上的位置”一节，证明了黑格尔的观点“中国古代哲学不属于哲学史”的论断是偏颇的、不全面的。胡适把世界上的哲学分为东西两支，“东支可分中国、印度两系。西支也分希腊、犹太两系。初起的时候，这四系都可算做独立发生的。到了汉代以后，犹太系加入希腊系，成了欧洲中古的哲学。印度系加入中国系，成了中国中古的哲学。到了近代，印度系的势力渐衰，儒家复起，遂产生了中国近世的哲学”。于是中国哲学史按照西方哲学史的分期方法，可分为古代哲学、中世哲学和近世哲学三个时期。自老子至韩非，为古代哲学时代，亦可称为“诸子哲学”。自汉至北宋，为中世哲学。中世哲学时代，又可分为两个时期。自汉至晋，为中世第一时期，自东晋以后，直到北宋为中世第二时期。宋元明清直到于今为近世哲学。胡适运用比喻的手法对比中西哲学，例如他把清代喻为欧洲的“再生时代”，荀子的“天论”就是培根的“戡天主义”；把孔子和孟子的政治哲学比喻为“爸爸政策”、“妈妈政策”，“爸爸政策”要人正经规矩，要人有道德；“妈妈政策”要人快活安定，要人享受幸福等。胡适的中西比较法的运用，可谓开比较哲学研究之先河，不仅打破了哲学研究的传统范式，也拓宽了研究视野。

另外，胡适的《中国哲学史大纲》的写作形式非常新颖，打破了传统哲学史的写作形式。冯友兰回忆：“在中国封建社会中，哲学家们的哲学思想，无论有没有新的东西，基本上是用注释古代经典的形式表达出来，所以都把经典的原文作为正文，用大字顶格写下来，胡适的这部书，把自己的话作为正文，用大字顶格写下来，而把引用古人的话，用小字低一格写下来。这表明，封建时代的著作，是以古人为主，而五四时期的著作是以自己为主。”在中国哲学史研究中，胡适诸多创始尝新之功劳，是不可埋没的。胡适这部书中得出了一些使人耳目一新的结论。如对孔子的论断上，他认为，“孔子学说的一切根本主要表现在《易经》，正名主义是孔子学说的核心论题。《春秋》那部书，只可视作正名主义的参考书看，却不可当作一部模范的史实看，因为历史的宗旨在于‘说真话，记实事’，而《春秋》的宗旨，不在记实事，只在写个人心中对于实事的评判。”胡适把老子认定为一个“革命家之老子”，他的思想是一种革命性质的政治哲学。胡适对荀子多有褒扬之词，认为荀子的哲学“全无庄子一派的神秘气味”，“荀子在儒家中最为突出，正因为他能用老子一般人的‘无意志的天’，来改正儒家墨家的‘赏善罚恶’有意志的天”的结论。另外，胡适认为古代的人生哲学，独有荀子最注重心理的研究。这些论断，在当时哲学界不可谓是石破天惊，令人瞠目结舌。

褒贬不一：胡适《中国哲学史大纲》引发热议

胡适的《中国哲学史大纲》的出世，引起学界一片哗然，众生喧嚣，对此褒贬不一。有的学者认为此著掀起了哲学史研究的新风气，有的则认为其作只是一部考证书，不能称其为哲学史。正如冯友兰所说：“一种新鲜事物的出现，总要受到来自进步方面的支持和欢迎，也受到来自保守方面的反对和讥笑。”胡适自己指出，“由于他把伏羲、神农、黄帝、尧、舜从哲学史上切断了，以致几乎引起北大学生的抗议风潮”。而蔡元培写《序》也是替他辩护。

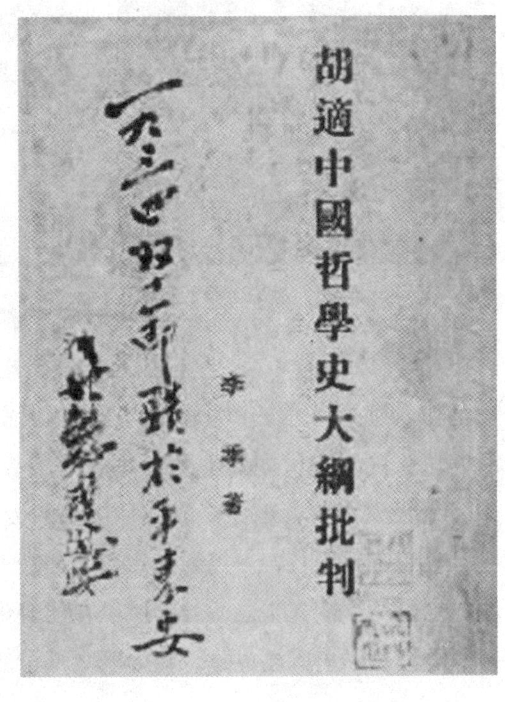

蔡元培在《中国哲学史大纲》的序中，论述了中国哲学史编写的困难，继而认为胡

适具有编写该书的中西优势。“我们要编中国古代哲学史，有两层难处。第一是材料问题：周秦的书，真的同伪的混在一处。就是真的，其中错简错字又是很多。若没有做过清朝人叫作‘汉学’的一步功夫，所搜的资料必多错误。第二是形式问题：中国古代学术从没有编成系统的记载。《庄子》的《天下》篇，《汉书·文艺志》的《六艺略》、《诸子略》，均是平行的记述。我们要编成系统，古人的著作没有可依傍的，不能不依傍西洋人的哲学史。所以非研究过西洋哲学史的人不能构成适当的形式。适之先生于世传‘汉学’的绩溪胡氏，禀有‘汉学’的遗传性；虽自幼进新式的学校，还能自修‘汉学’，至今不辍；又在美国留学的时候兼治文学哲学，于西洋哲学史是很有心得的。所以编中国古代哲学史的难处，一到先生手里，就比较容易得多了。”由此可以看出，蔡元培对胡适这本书的高度评价。

金岳霖(1896—1984)，中国20世纪著名的哲学家和逻辑学家，杰出的教育家，中国第一批院士。

金岳霖在冯友兰《中国哲学史》审查报告中说：“哲学根本是说出一种道理来的道理。但我的意见似乎趋于极端，我以为哲学是说出一个道理来的成见。哲学一定要有所‘见’，这个道理冯先生已经说过，但何以又要成见呢?哲学中的见，其理论上最根本的部分，或者是假设，或者是信仰；严格地说起来，大都是永远或暂时不能证明与反证的思想。如果一个思想家一定要等这一部分的思想证明之后，才承认它成立，他就不能有哲学。”这里的哲学证明的人就是暗指胡适。此外，金岳霖还说：“胡适之先生的《中国哲学史大纲》就是根据于一种哲学的主张而写出来的，我们看那本书的时候，难免一种奇怪的印象，有的时候简直觉得那本书的作者是一个研究中国思想的美国人；胡先生以不知不觉间所流露出来的成见，是多数美国人的成见。胡先生既有此成见，所以注重效果；既注重效果，则经他的眼光看来，乐天安命的人难免变成一种达观的废物。对于他所最得意的思想，让它们保存古色，他总觉得不行，一定要把它们安插在近代学说里面，他才觉得舒服。同时，西洋哲学与名学又非胡先生之所长，所以在他兼论中西学说的时候，就不免牵强附会。哲学要成见，而哲学史不要成见。哲学既离不了成见，若再以一种哲学主张去写哲学史，等于以一种成见去形容其他的成见，所写出来的书无论从别的观点看起来价值如何，总不会是一本好的哲学史。”依照金岳霖的观点，胡适的《中国哲学史大纲》是带着成见写出来的，不是一本有价值的哲学史。

梁启超对《中国哲学史大纲》持有肯定与质疑的态度。在这部书中，他对先秦部分作了点评，称赞《中国哲学史大纲》是近来出现的不可多得的一部名著。但梁启超也对该书有些否定意见。他认为，胡适研究中国哲学史，将老子、孔子作为中国哲学史的研究起点，其思想的来源抹杀得太过了。胡适曾说：“大凡一种学说，决不是劈空从天上掉下来了。”梁启超认为：“这话很对。可惜我们读了胡先生的原著，不免觉得老子、孔子是‘天上掉下来的’了。胡先生的哲学勃兴原因，就只为当时长时期战争，人民痛苦。这种论断法，可谓很浅薄而且无稽。依我看来，夏、商、周三代——最少宗周一代——总不能说他一点文化没有，《诗》、《书》、《易》、《礼》四部经，大部分是孔子以前的作品，那里头所含的思想，自然是给后来哲学家不少的贡献……但是‘宇宙是什么？’‘人生所为何来？’‘人类应该怎样适应自然？’是在诸子之前就已经研究的问题，孔子和老子绝不是研究的根源。胡先生的偏处，在疑古太多；疑古原不失为治学的一种方法，但太过也很生出毛病。”梁启超说：“细读这书，可以看出他有一种自定的规律，凡是他所怀疑的书都不征引，但有时也破例。所以不唯排斥《左传》、《周礼》，连《尚书》也一字不提。殊不知讲古代史，若连《尚书》、《左传》都一笔勾销，简直是把祖宗遗产荡去一大半，我以为总不是学者应采的态度。”由此可以看出梁启超对该书既有肯定的部分，也有很多质疑之处。

冯友兰认为：“胡适的《中国哲学史大纲》是五四时期的新文化运动中出版的一部具有划时代意义的书。秦汉以后的封建哲学家们，在讲述自己思想的时候，无论是有没有新的东西，总是用注解古代经典的方式表达出来。从表面上看，似乎后来的思想，在古代已经有了，后来人所有的不

冯友兰（1895—1990），中国当代著名哲学家、教育家。

过就是对于古代经典的不完全了解。在我们班上，讲中国古代哲学史，就从三皇五帝讲起。讲了半年才讲到周公，当时的学生真是如在五里雾中，看不清道路，摸不出头绪。”“而胡适著作的问世，改变了当时的局面，从此书中可以看出一些中国古代哲学家的哲学思想的系统和发展的线索。他用汉学家的方法核实史料，确定历史中一个哲学家的年代，判断流传下来的一个哲学家的著作的真伪，这就是蔡元培所说证明方法的特长，用此方法，胡适把三皇五帝都砍掉了，一部哲学史从老子、孔子开始，这是蔡元培所说的扼要的手段，这对于当时中国哲学史的研究，起到扫除障碍、开辟新道路的作用。”“当时我们正陷入毫无边际的经典注释的大海之中，爬了半年才能望见周公。见了这个手段，觉得面目一新，精神为之一爽。”“中国传统封建历史家的与哲学史有关的著作，从《汉书艺文志》一直到《宋史道学传》都是推崇儒家传统，其余各家或被认为是支与流裔，或被认为是异端邪说。胡适废除了正统与非正统的观念，无论哪一家哪一派的哲学思想都是中国哲学的组成部分。这就是蔡元培所说的平等的态度。在这一点上，这部书反映了五四时期反封建的潮流。这本书用发展的眼光，研究哲学流派的来龙去脉。这就是蔡元培所说的系统的方法。”此外，冯友兰还认为，胡适这部书中的各种各类的方法在当时不仅对哲学学科，而且对其他专史甚至通史都产生了很大的影响。并且总结为：“在清朝末年，严复算是比较懂得西方哲学的了。但是他的精力主要用在翻译，没有来得及用那个手指头（指故事里讲的一个能点石成金的人的手指头，此处寓意是真正精通并创造性地运用西方近代学理和方法）研究中国哲学。胡适是在哲学方面用那个指头比较早的一个成功的人。”以上是冯友兰结合自己在北大求学期间的经历，以及蔡元培的评价，给予了胡适的《中国哲学史大纲》以肯定评价。

蔡元培评价胡适是汉学专家。冯友兰指出：“这种评价是真的。但正是由此特点，胡适的书既有汉学的长处，也有汉学的短处，长处是对于文字的考证、训诂比较详细，短处是对于文字所表的义理的了解、体会比较肤浅。胡适的《中国哲学史大纲》对于资料的真伪，文字的考证，占了很大的篇幅，而对于哲学家们的哲学思想则讲得不够透，不够细。”据冯友兰在北京大学上学时的记忆，当时一些教授是不认可胡适的《中国哲学史大纲》的。“到了1917年，胡适到北大来了。我们那时已经是三年级了，胡适给一年级的讲中国哲学史。发的讲义称为《中国哲学史大纲》。给我们讲三年级中国哲学的那位教授，拿着胡适的一份讲义，在我们的课堂上，笑不可仰。他说，我说胡适不通，果然就是不通，只看他的讲义的名称，就知道他不通。哲学史本来就是哲学的大纲，说中国哲学史大纲，岂不成了大纲的大纲了吗？”当时冯友兰班上的学生，认为“胡适胆大脸厚”。

由于胡适站在引领学术潮流的浪尖上，所以在他锋芒毕露之时，周围的学人群起而攻之。但是他并未因这些围攻、误解放弃他的学术坚守。也正如余英时所评价：“《中国哲学史大纲》是一部建立‘典范’的开风气之作，而同时又具有‘示范’的作用。无论今天看来，它包含了多少可以商榷的问题，它在当时能掀起考证学——史学的‘革命’是丝毫不能为异的。”胡适在《尝试集老鸦》中表达了他对非议的态度：

我大清早起，
站在人家屋角上哑哑的啼，
人家讨嫌我，说我不吉利。
我不能呢呢喃喃讨人家的欢喜！

天寒风紧，无枝可栖
我整日里飞去飞回，整日里又寒又饥。
我不能带着鞘儿，嗡嗡央央的替人家飞；
也不能叫人家系在竹竿头，赚一把黄小米！

胡适宁愿做一只不受人喜欢的乌鸦，也不愿苟且阿谀。从中表现出他的坚定不移、独立恪守信仰的非凡气象。虽然胡适一直备受学界争议和质疑，并遭到学人的冷嘲热讽，甚至是激烈攻击，但作为新文化运动的引路人，胡适在学术史上的贡献是不可磨灭的。

为创建中国一流大学而呼号

胡适提倡文学革命，成为中国新文化运动的先驱者和核心人物之一，在中国近现代发展史上有着举足轻重的地位，不仅在文学方面，而且也在史学、哲学等领域取得卓越成就。他不仅是中国现代文学史、文化史上的著名人物，还为中国现代教育做出了重大贡献。胡适一生对教育有着执着的追求和满腔的热情，大部分时间都从事教育工作，为自己的教育理想而奋斗，为中国创建一流大学而努力。在胡适的系列文章和众多演讲中可以体会到其教育思想，他虽然没有留下系统的教育研究专著，但是他对教育的认识和理解却能自成体系。

作为中国现代著名教育家，其前瞻性的教育思想和改革措施，为中国教育的发展做出了杰出贡献。胡适一生致力于中国的教育事业，从幼年深受中国传统文化影响到接受新思想熏陶，以致后来学习西方科学，这为他思考中国教育、实践教育理想打下了坚实基础，造就了他勇于开拓、求实创新的性格，为中国高等教育事业的发展做出了卓越的贡献。他在长期教育实践中形成的教育独立思想、对高等教育和女子教育的重视等教育理念，以及对学生运动的独特看法，成为中国教育思想史中的一笔宝贵财富。

大学需要独立兴办

清朝末年，上层知识界受西方大学自治思想和中国书院独立研究精神的影响，针对中国当时的教育状况，认识到教育要相对独立于政治才会更好地发展。教育独立思想在清朝末年就有人提及，章太炎主张中等以上学校摆脱清政府的干预，保证学术研究和教育的自由发展，严复也主张“政、学分途”，王国维亦有相关论述。到20世纪30年代，该思想汇聚成一股重要思潮，其理论层面所追求的思想自由和学术自由构成该思潮的思想动因，而教育经费的短缺则是其直接成因。

李石岑、蔡元培是教育独立思潮的主要推动者，胡适也是主张“教育独立”的重要人物之一。胡适认为教育是国家的根本，培养优秀人才是教育尤其是大学教育的首要任务，他主张大学教育的正常发展需要有独立的经费来源作支撑、有科学民主的行政管理作保障和独立自由的学术研究作灵魂。他还特别强调教育不应受到外界的非法干扰，尤其是政治和宗教的干扰，要独立于各种纷争之外。胡适的“教育独立”思想不仅有其深刻的思想根源，而且也跟当时的时代背景有着密不可分的联系。

为追求大学教育独立而奋斗

20世纪20年代，中国近代大学初具规模，然而由于办学经费短缺等原因，教育界终于涌动起一股要求“教育独立”的思潮和运动，其目的是解决教育经费短缺而影响大学发展的现实问题，也为大学争取独立研究而努力。1922年，蔡元培发表《教育独立议》，李石岑发表《教育独立建议》，提出了教育独立的相关主张。在他们的积极倡导下，中国南方和北方各高校广大师生积极响应，组织有关活动为争取教育独立而努力。尽管“教育独立”思想的提出目的很好，但在实际操作和实践方面也仅仅体现为

任命狀
任命蔡元培為北京大學校長此狀
黎元洪
范源廉

蔡元培担任北京大学校长的任命状。

“教育经费独立”这一基本要求，在其他方面基本未有实质性的要求，积极追求教育独立于政治的诉求难以达到。

但是也有例外情况。1917年，蔡元培在北京大学进行了一系列改革，开“学术”与“自由”之风，积极倡导大学要有独立研究的学术之风，取得显著成效，为北京大学的未来发展奠定了坚实的学术根基。1928年前后，蔡元培提出试行大学院及大学区制取代民国以来中央政府设教育部、各省设教育厅的教育行政制度，这可以看作是一种效仿西方以求挽救当时中国教育，力求在理论上为教育独立奠定根基的努力，但是北平各校学生对于大学区制强烈反对，终以失败而告终。

1912年，蔡元培作为民国政府首任教育总长，发表《对于新教育之意见》一文，阐述符合共和政体的新教育方针，其中对教育独立思想作了相对完整的阐释：

> 教育有二大别：曰隶属于政治者，曰超轶乎政治者。专制时代（兼立宪而含专制性质者言之），教育家循政府之方针以标准教育，常为纯粹之隶属政治者。共和时代，教育家得立于人民之地位以定标准，乃得有超轶政治之教育。

蔡元培的此番议论当时颇令世人耳目为之一新，他认为教育可分为两大类别，一类隶属于政治，一类超然于政治。在君主专制时代，教育家按照政府的指令行事；而共和时代，教育家才能够站在民众的立场上办学，于是便有超然于政治的教育。共和时代的教育应当是超政治的教育。蔡元培对这一主张深信不疑，做到了理论联系实际，并且在自己的教育改革和实践中始终以此为指导。在民国刚刚建立之时，各种党派之间的竞争极其激烈，政治环境变得异常复杂。就是在此种情况之下，蔡元培受命于危难之际，组建了北京教育部，颁布了一系列教育法令，改革中国教育。为了自己的教育主张，蔡元培全然不顾党派之分，冒险请出教育界专家、共和党人范源濂做教育部次长，足见其教育改革的决心。他用自己的实际行动向世人表明教育是超越党派的，是不受党派之争影响的，可是他也因此引起国民党内有关人士的不满和指责。

蔡元培坚信大学教育引领国家的未来发展，为国家发展和壮大培养优秀人才，也是培养各级各类优质师资的重要场所。他着力强调“为学术而学术”，“教授治校，民主管理”，主张为大学发展营造“思想自由，兼容并包”的氛围，在北京大学进行的一系列改革成效显著，深得北大自由知识分子的拥戴，改变了京师大学堂的封建衙门之风，也为北京大学的未来发展奠定了坚实基础。可是，自1919年以后，政局动荡，连年内战，北京教育界的办学环境明显恶化。国立的其他大学经费也面临短缺的情况，各校师生罢教罢课风潮迭起，大学教育面临严重的生存危机。正是在此种背景之下，教育界要求“独立”的声音日益高涨，从教育经费独立到教育机制独立，汇成一股“教育独立”思潮，遍及全国，影响甚广。

1922年初，《教育杂志》、《新教育》先后刊发李石岑、周鲠生等人研讨“教育独立”的文章，而蔡元培对教育独立的思考要比同时代的其他人更深刻一些。他不满足于教育界主张教育经费独立、教育立法和教育行政独立等要求，于1922年3月，在《新教育》杂志上发表《教育独立议》一文，明确主张教育应独立于政党与教会，并提出了实施的具体设想，主张在中国试行大学院及大学区制，从而为教育独立思想注入了新鲜内容，使这一主张上升到一个新的理论高度，在实践层面有了理论的指导。蔡元培《教育独立议》一文堪称教育独立思潮的代表作。此时，蔡元培自1917年担任北京大学校长起，已经有五年的时间，加之他又刚刚从欧美等国家考察归来，受到西方文化的熏陶和西方大学自治的影响，其所提主张与以前所提之“教育独立”思想更为明确具体，重点更为突出。蔡元培认为，教育的作用是帮助受教育者发展自己的能力，形成其人格，为人类发展以及文化进步尽自己的一份力量，而不

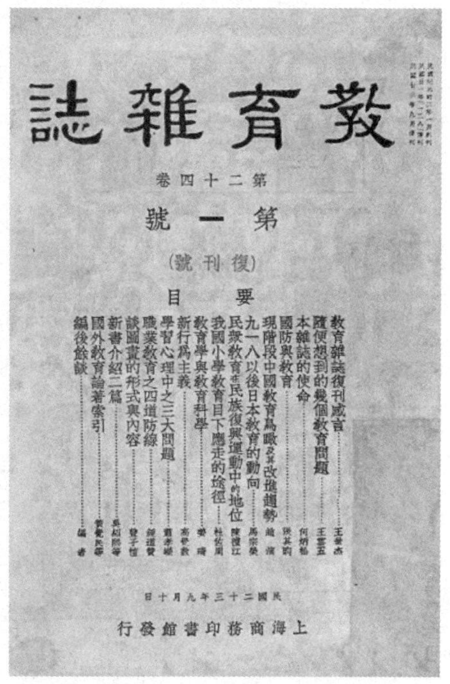

教育雜誌

第二十四卷

第一號

(復刊號)

要目

教育雜誌復刊感言
隨便想到的幾個教育問題
本雜誌的使命
國防與教育
現階段中國教育為暇及其改進趨勢
九一八以後日本教育的動向
民衆教育在民族復興運動中的地位
我國小學教育目下應走的途徑
教育學與教育科學
新行為主義
學習心理中之三大問題
職業教育之四道防線
談圖畫的形式與內容
新書介紹二篇
國外教育論著索引
編後餘談

民國二十三年九月十日

上海商務印書館發行

《教育杂志》创刊号。

周鲠生(1889—1971)。

是把受教育者培养成某种工具而为他人所用。所以，蔡元培强调教育事业应当完全交给教育家来办，教育应该相对独立，不要受到各派政党或各派教会的影响。他还提出了实现教育独立的具体方案，即仿行国外的大学区制，将教育交与教育家办理，实施独立的教育体制，大学院为全国最高学术教育机关，规定全国各地分为若干个大学区，每区设大学一所，大学设校长一人负责大学区内一切学术和教育行政事务。这便是蔡元培“教育独立”主张的基本构想。

广大教育界人士对“教育独立”的主张纷纷回应，其中以胡适的态度最为坚决，引起人们的广泛关注。他对蔡元培的主张极为赞成，将之视为瑰宝。胡适的大学教育独立主张与蔡元培等人可谓一脉相承，精神实质不变，都主张教育的相对独立性。1922年3月，蔡元培在《新教育》杂志发表《教育独立议》一文，胡适积极回应，同年5月在燕京大学座谈时，反复引述《教育独立议》的观点。他直言不讳地讲道：“学校是发展人才的地方，不是为一宗一派收徒弟的地方……在今日民族主义和理性主义的潮流之中，以传教为目的的学校更不容易站得住。”1925年，章士钊兼任教育总长，提出要整顿学风，进行大学统一考试和合并北京八所大学的主张，引起北京大学等高校、教育界进步人士及青年学生的反对，提出脱离教育部。胡适等欧美派人士对此提出异议，理由是，学校应置身于政治纷争之外，认为大学要“努力向学问的路上走，为国家留一个研究学术的机关”。1932年7月，胡适对国民党当局向大学及教育机构安插党羽颇为不满，在《论学潮》一文中明确表示反对：“用大学校长的地位作扩张一党或一派势力的方法，结果必至于使学校的风纪扫地，使政府的威信扫地。此一原则不仅限于国立大学，凡用政治势力来抢私立学校的地盘，或抢各省市教育厅长局长的地盘，都是制造风潮，自堕政府的威信。”

直至1937年抗战之初，胡适参加庐山谈话会，在谈到教育问题时，仍重申大学教育应该独立的意见。国难当头，胡适非但没有暂时收起“教育独立”的一贯主张，反而加倍强调教育的相对独立性，坚信教育独立的积极意义，极力为教育的进步和改革奔走呼号。我们这里暂且不管这一思想是否可行，是否能够挽救中国当时落后的教育，但是他的这一思想或教育独立主张是在民族危难之际提出，是为维护中国的文化教育事业而做出的思考和最大努力，仅就这一点而言，就值得尊敬和提倡，因为他信奉“文化不亡则民族终不会亡”的理念。虽然胡适提议教育独立的话音未落，就有人起来反驳，但胡适是在借抗战的契机，目的在于革除国民党官僚肆意插手教育的弊病，以维护文化教育事业的正常发展，这在当时确实是一种可贵的伟大尝试。

1946年10月，胡适作为北大校长出席学生开学典礼，他自称是“无党无派的人”，也“希望学校完全没有党派”，教师、学生虽然有政治信仰的自由，但“学校是做学问的地方，学做人做事的地方”，不是搞政治的地方，不要受到外界的种种干扰。此时教育界的政治色彩越来越浓，派系明显，政党纷争，胡适本人的政治取向亦十分明显，可是作为校长仍以学校发展和人才培养为重任，知其不可为而为之，尽力避免北大成为各派政争的场所，可以洞察到胡适坚守教育独立思想的执着。

1925年胡适（右一）与北大部分文科教授合影。

大学独立思想的源起

胡适在其教育教学和大学管理的实践中，始终信守教育独立，构成其教育思想的一大特点。作为一位教育家，出于自身的职业自觉和对教育的深入思考，认为教育应占有独立的地位。那么，胡适教育独立思想源于什么，又受到什么影响呢？一是源于对中外教育历史的认真考察，在分析教育独立的重要性和可行性的基础上提出的；二是源于胡适自身的独立自由精神，这种精神是当时教育独立这一主流思潮的必然成分。

第一，胡适对比了中外教育的发展历史之后，认为现代教育保持独立性非常重要，这首先有利于教育的持续发展。通过比较，胡适还分析了中西方大学不同发展结果的原因。胡适说："我国第一个大学，是在汉武帝时，由公孙弘为相，发起组织，招收学生所设立的太学。这所太学，就是今日国立大学的起源。""中国的大学始于太学，但是从汉武帝到隋唐国子监，都没有持续性和继续性，当朝代间替、政府更换的时候，学堂也随着变换，使得学堂的设备、财产、人才、学风都缺乏继续的机构接替下去。"胡适说："欧洲大学有独立的财团，独立的学风，有坚强的组织，有优良的图书保管，再加上教授可以独立自由继续的研究，和坚强的校友会组织，所以就能历代相传，悠久勿替。"由此可见，欧洲大学之所以能从中古延续到现在，而中国的高等教育，以古代书院为代表，虽然兴起很早，而且完全可与欧洲中世纪大学媲美，但却不能继续发展至今，其中很重要的原因在于欧洲大学不是政治的一部分，而中国太学却是政治机构的一部分，受制于国家的政治。

胡适还比较了中日教育实践，分析了大学教育独立的重要性和可行性。他在《惨痛的回忆与反省》一文中说：

> 日本改定学制在六十年前，六十年不断的努力就做到了强迫教育的普及，高等教育也达到了很惊人的成绩。我们的新学堂章程也是三十多年前就有了的，然而因为没有长期计划的可能，普及教育至今还没有影子，高等教育是年年跟着政局变换的，至今没有一个稳定的大学。我们拿北京大学、南洋公学跟着政局变换的历史，来比较庆应大学和东京帝大的历史，真可以使我们惭愧不能自容了。

在胡适看来，日本教育取得成功的关键就在于连续性，从强迫义务教育到高等教育都能持续而没有间断地发展，而中国当时的情况是教育不能从根本上取得独立，受政治影响较大，年年随着政局的变化而变化，谈不上有什么持续稳定的发展，其结果必然是难以发展，举步维艰。

第二，胡适的大学教育独立思想源于其独立自由精神，也是当时教育独立思潮的一部分。胡适受西方文化和美国思想的影响成为中国自由主义代表人物，一贯主张独立自由，并且希望人们都永远保持一点独立的精神。他指出教育独立精神就是要求教育不依赖任何党派或宗教势力，不迷信任何成见，用负责任的言论或态度来发表个人的思考。他还指出："争取你们个人的自由，便是为国家争自由！争你们自己的人格，便是为国家争人格!自由平等的国家不是一群奴才建造得起来的!"胡适希望师生们不要受到他人思想的影响，人云亦云，应该坚定自己的主张和信仰。因此，可以说胡适的教育独立思想是基于其自由主义思想之上的。教育独立思潮作为当时重要思潮，不仅有其时代背景，也有其历史原因和教育家们的奔走呼号，胡适在教育独立思潮中起到了推波助澜的作用，其教育独立思想可以视为教育独立思潮的一分子。

大学要多方面独立

教育独立思潮的核心，是仿效西方的大学学术自由和自治的高等教育模式，力图改变国家教育。主张教育摆脱来自政治的、宗教的种种限制，从人类传承知识、培养人才、谋求发展、完善身心的终极高度，达到某种独立运行良性发展的状态。胡适的教育独立思想源于其独立自由精神。胡适是中国自由主义代表人物之一，独立自由是其一贯的主张。他说："教育之坏，与制度无关……经费不足，政治波动，人才缺乏，办学者不安定，无计划之可能……此皆教育崩坏之真因。"胡适的大学教育独立思想大致包括四个方面：大学教育经费来源的独立；大学相对独立于宗教；大学相对独立于政治；大学应有独立自由的学术研究之风。

第一，大学教育经费来源的独立。胡适是一位注重教育实践的改革家，他无论做事还是从事教育都注重以科学理论作指导，条理清晰，计划性强。他很清楚如果没有充足的经费做支撑，教育的持续发展是很困难的，可能会面临倒闭的危险。据1919年北京政府的中央预算，军费支出高达42%，而教育经费竟仅仅不及1%，这样的经费投入使得许多学校处境窘迫，难以为继，为争取教育经费独立的运动应时而起。他之所以有这样的认识，是从古今中外教育实践的比较论析中得出来的结论。

近代欧美各国大学之所以能够持续发展，在很大程度上取决于各种基金会、董事会和政府机关的可靠支持。胡适屡次谈及欧洲大学办学体制的优越性最值得效仿。他说，欧洲大学能够持续发展的一个重要原因就是它们有"独立的财团"，这是支撑欧洲教育持续发展的不竭动力。他十分推崇欧洲的董事会制度，因为董事会是专门保管学校财产的，它像保管自己的财产一样认真负责，这样学校发展就有了充足经费作保障。他还指出，美国之所以成为世界学府，其中很重要的一个原因是"有钱的人捐款与兴学"。与欧美情况相反，中国现代教育面临的情况极其复杂，常常因为政局的频繁变动、办学经费无处可寻而步履维艰。有时候，甚至连教师薪水也不能保证按时足额发放，经常被扣留或非法挪作他用。1921年，北京国立八所高校教师发起规模浩大的“教师索薪运动”，要求北洋政府发放严重拖欠的教师工资，引起社会各界的同情和大力支持。虽然教育经费未得到任何切实的保障，但这一运动却给南京国民政府解决经费问题提供了契机。因此，胡适在《论学潮》一文中指出：“经费不能按期发足，甚至于拖欠至半年以上；在这种状况之下，校长简直不能责成教职员上课办公，哪里还谈得上执行纪律和严格考查成绩？……政府如有诚意收拾学潮，整顿学风，第一件任务应该做到不拖欠教育经费。”教职员连薪水都无法按时拿到以保障基本生活，校长自然难以领导教师正常上班办公，无法开展正常教育教学工作。在这种窘迫情况下，学校的管理和正常运行变得非常困难，更谈不上什么持续发展，培养人才了。

胡适等人的“教育经费独立论”是基于当时因为教育经费短缺而提出的主张，但是在当时的混乱状况下，政府自顾不暇，哪里顾得上教育，的确是无法实现的不明智之举。办教育是国家的事，是政府应当承担的责任，百年大计，利国利民。举办国立大学，离开政府的财政支持更加难以为继。可以说，教育经费不仅不能独立于政府，而且还必须依靠政府，使政府不断增加经费。因此，“教育经费独立论”无论在当时，还是现在，乃至将来，都是难以实现的不明智之举。1932年以后，随着南京政府相对稳固，教育经费逐步得到保证，并连年有所增加，教育界步入一个比较稳定的时期，一批国立大学相继建立并获得良好发展，先前要求“独立”的呼声慢慢平息。

第二，大学相对独立于政治之外。胡适极力主张教育相对独立于政治。1925年，北大等校因反对章士钊，提出脱离教育部，胡适等欧美派人物提出异议，认为学校应置身政治纷争之外，努力向学问的路上走，为国家留一个研究学术的机构。1932年7月，胡适对国民党当局向大学及教育机构安插党羽和人员的做法坚决反对，明确表示：“用大学校长的地位作扩张一党或一派势力的方法，结果必至于使学校的风纪扫地，使政府的威信扫地。”胡适的根本目的是维护教育机关的特殊性，保有其独立的地位。

1937年7月20日，胡适利用蒋介石、汪精卫在庐山宴请出席谈话会人士的机会，提出了自己的大学教育独立主张的三条基本措施：（1）现任的国家官吏不得担任公立大学或者私立大学的校长或董事长；更不得滥用政治势力干预国家教育的发展，不能以国家财款为这类学校校长发放津贴。（2）政治和党派势力不得侵入学校，干预学校的正常管理。中小学校长的选择与中小学教员的聘任，都不要受到党派等政治势力的影响，应由学校自己选聘。（3）中央政府应该禁止不懂教育的无知疆吏用他的偏见干涉教育。从胡适所提的这些措施看，他实际上是强调教育必须有自己的独立性，不得受无知疆吏、政客等的种种干扰，以保证各类学校持续稳定的独立发展。

1935年在香港大学获授名誉博士学位。

1946年以后，胡适担任北大校长，虽然困难重重，但是在大学管理上坚持主张学校是教学机关，不要受到政治的影响，政治不应该干涉教育，尤其反对党化教育。虽然胡适的校长任期短暂，自己的教育理想难以实施，但是其对教育的深入思考和不懈努力还是值得肯定的。胡适在后来所拟的《争取学术独立的十年计划》中再次强调这一点，他说："现行的大学制度应该及早彻底修正，多多减除行政衙门的干涉，多事增加学术机关的自由与责任。"这个意见是值得肯定的。大学相对独立于政治之外的主张虽有其积极意义，但是在当时的历史背景下只是一厢情愿罢了。胡适虽然一方面强调教育相对独立于政治，但又否认教育受到一定社会政治和经济基础的限制，反对学生参与学生斗争和爱国活动而遭到马克思主义者的强烈反对。

第三，大学相对独立于宗教之外。胡适的教育相对独立于宗教的思想源于胡适所受中西教育以及文化的深刻影响。胡适从小深受中国传统文化和自然主义的影响，饱读诗书，之后留学美国，接受两所大学的熏陶和众多名师的指导，开始系统接受西方现代科学思想，在这两种思想的熏陶和交互影响下，他开始怀疑宗教信仰和教义，重新审视教会的宗教教育在中国的真实目的，这些教会所举办的学校是在为中国的发展而来还是别有用心。至此，胡适在《今日教会教育的难关》一文中说：

> 西洋近代科学思想输入中国以后，中国固有的自然主义的哲学逐渐回来，这两种东西的结合就产生了今日的自然主义的运动。这种自然主义对于宗教的态度

是：(1)宇宙及其中一切万物的运行皆是自然的，自己如此的，用不着什么超自然的主宰或造物者。(2)生物界的生存竞争的惨酷与浪费，使我们明白那仁爱慈祥的主宰是不会有的。(3)人不过是动物的一种，死后是要腐烂朽灭的；朽灭是自然的现象，不足使我们烦心。我们则应该努力做我们能做的事业，建造我们人世的乐国，不必去谋死后的净土天堂。

胡适认为，大学是培育人才的地方，其目的是促进人的发展，培养人格独立健全的新一代，不是传教之所，更不是为某一宗派收徒弟的地方。如果传教士利用学校进行传教活动，利用幼稚男女的简单头脑来传递某种教义，实行传教的事业，这种行为等于诈骗取利，是不道德的行为。胡适虽然肯定了早期教会传教士的献身精神，但是他更主张教会教育的变化性，需要根据近代科学文化的发展作出改革和调整。1925年7月，胡适在燕京大学教职员会议上曾进一步强调，教会教育要去专办世俗教育就必须抛弃传教的目的，必须做到如下几项：(1)不强迫做礼拜；(2)不把宗教教育列在课程表里；(3)不劝诱儿童及其父兄信教；(4)不用学校做宣传教义的机关；(5)用人以学问为标准，不限于教徒；(6)教徒子弟与非教徒子弟受同等待遇；(7)思想自由，言论自由，信仰自由。在社会各界的多方压力下，当时北洋军阀政府于1925年12月公布了“外人捐资设立学校请求认可办法”，其中规定了学校不得以在中国办教育为名而进行传教活动，更不得设置宗教科目作为学生之必修等条款来规范和限制外国人在中国的办学行为。这些条款也在一定程度上具有积极的进步意义，起到了一定的作用，同时反映了胡适要求教育从宗教中独立出来的心愿。

第四，大学应有独立自由的学术风气。大学应有独立自由的学术研究之风，学术研究当是大学的首要任务，大学应是独立研究的场所，这可以说是胡适教育独立思想的真正意义所在。胡适通过对欧美现代大学和中国古代书院的比较研究，发现虽然他们的历史背景、文化传统以及发展历程不同，但是在自由研究方面却有颇多相似之处，欧美的大学是由中世纪大学发展而来，强调独立研究的学术风气，而中国古代书院产生于唐末、五代时期，经过北宋的发展，至南宋达到极盛，在其发展历程中追求独立性和研究性的办学精神。

中国书院主张学生自修，提倡自由研究，表现出一定的独立性和研究性。他在《书院制史略》一文中对其研究精神称赏说：“书院之真正的精神唯自修与研究，书院的学生，无一不有自由研究的态度，虽旧有山长，不过为学问上之顾问；至研究发明，仍视平日自修的程度如何。”由于胡适对中国古代书院的自修与研究精神极力赞赏，曾一度对中国先进知识分子追求教育改革的理想和实践产生深刻影响。胡适的美国留学经历以及他对美国大学精神的研究，更加坚定了他的大学应有独立研究精神的主张。胡适在《美国大学教育的革新者——吉尔曼的贡献》一文中推崇吉尔曼的大学改革思想：“研究院是大学，大学生是研究生，大学必须有思想自由、教学自由、研究自由”；“研究是一个大学的灵魂，大学不是仅仅教书的地方，必须要有创造的研究的人才”。吉尔曼是美国现代大学的改革家，对胡适思想影响较深，也深受胡适崇敬。另外一位对美国大学产生重大影响的还有弗勒斯纳，他也主张大学是独立研究的场所，成立研究院吸引了众多名人前来，成就卓著。在胡适看来，此二人所主张的大学精神和办学理念的核心就是独立和自由研究，正是这种自由独立的学术研究作风，才使得美国产生了众多知名大学和研究机构，获得全世界学术研究中心的地位。

综上所述，“教育独立”的办学思考在民国知识界曾一度引起各界，尤其是教育界的积极响应，虽未真正起到改革教育、教育救国之目的，但是这些努力和奋斗是值得肯定的。一直到抗战时期，教育独立的主张仍时有出现，但已经变得比较微弱。可以说，胡适的大学教育独立思想是教育独立思潮的具体体现，体现了教育救国的爱国之心，体现了当时教育知识界人士为国家的教育发展寻求良策的不懈努力。

久藏心中的大学蓝图

胡适作为新文化运动的先驱，不仅是我国近代著名学者，而且在教育尤其是高等教育方面积累了丰富的教育实践经验，称得上是一名教育家。胡适早年留学美国，接受西方教育之时，就曾立下献身中国教育事业的决心，希望自己归国后能够从事社会教育，为国家的教育事业奉献力量。1917年，胡适以26岁的年龄被北京大学聘为教授，此后在北大担任系主任、教务长等职期间积累了丰富的教育实践经验。此外，胡适在1928年至1930年和1946年至1949年，分别担任了北京大学和中国公学的校长，亲身参与了很多教育活动，积累了丰富的高等教育思想，也有很多教育方面的著述。

胡适的高等教育思想是建立在杜威实用主义教育哲学基础之上的，同时也深受中国传统国学的深刻影响，所以他在教育管理中又显示出自己的独特之处。胡适的高等教育思想不仅从宏观方面为我国现代高等教育体系的建立设计了宏伟蓝图，而且在微观方面也深入思考了高等教育的作用和目的，分析了高等学校的教学、科学研究以及高等教育管理等。

教育救国的宏伟蓝图

在胡适生活的年代，“救国”成为时代最强音，几乎所有的事情都是围绕这个主题展开的，社会各界都在为中华民族的振兴而不断努力。在教育界，“教育救国”一度成为教育人士追求救国真理的途径，与同时代的其他“教育救国论”者相比，胡适认识得更深刻，目标也更远大。他不仅堪称“教育救国论”者，而且更是一位“教育兴国论”者，理想着通过改革教育、培养救国人才以挽救国家，其目标不限于“救国”，更主要的在于通过教育“兴国”和“强国”。胡适一直深切关注国家的文明进步和教育的发展，终生从事文化教育事业，为我国现代高等教育的发展制定了宏伟蓝图。

胡适对中国书院和美国大学进行比较研究，认为当时国家落后的主要原因就是没有世界一流大学，就连普通大学的发展也存在诸多困难，何谈一流。所以需要弘扬大学的学术研究，建设世界一流大学，以图再造国家文明，进而把我国建设成为现代化强国。不论胡适早年留学美国，还是中年担任北大校长，亦或晚年执掌台湾“中央研究院”，他教育强国的志向始终如一。

胡适初到美国留学，这里的文明与进步深深触动了他。相比于这里的大学林立，世界一流大学众多，国内直到1913年仅有北京大学、北洋大学、山西大学三所，实乃天壤之别。胡适看到美国大学之发达，想想国内大学之落后，感慨之余陷入沉思，痛心疾首，怀着强烈的民族责任感和爱国情怀写下了著名的《非留学篇》，强调创办国内大学的重要性。他认为，国内没有大学而不得不到国外留学是我国最大的耻辱，因为在我国文明全盛时期，周围国家曾经纷纷派遣子弟来我国留学，但到了近代反而落后于西方国家，中华民族由此而觉醒，痛定思痛后才派遣学子留学异国，以图兴邦。胡适在《非留学篇》一文中慨叹道：“向之遣子弟来学于吾国者，今亦为吾国学子向学论道之区！……以数千年之古国，东亚文明之领袖，曾几何时，乃一变而北面受学，称弟子国。天下之大耻，孰有过于此者乎！”所以，胡适指出振兴国内的高等教育是为国家创造新文明，振兴发达的根本大计，因为国内大学是一国学术研究与文明的中心，承担着为国家培养人才、研究创新的历史重任。他在《海外归来之感想》一文中指出："欧洲文明的四个源头：文艺复兴、宗教改革、新科学和工业革命，其领袖人物如薄伽丘、彼特拉克、马丁·路德、伽利略及牛顿等人或为大学学生或为大学教授。所以欧洲的文明，绝不是偶然的事，而文明的造成，实以大学为主。"

胡适一再强调国内多建现代大学的必要性和人才培养的重要性。1947年，我国的高等教育经过30多年的发展，国内已有大学55所，独立学院75所，专科学校77所，还成立了国家级专门研究机构——中央研究院。此时的胡适已是北京大学校长，对我国高等教育的建设与发展充满信心。他于1947年9月制定了《争取学术独立的十年计划》，突出强调科学研究与学术自治在大学发展中的核心地位。它主要包括了以下几点：第一，中国此时需要制定发展高等教育的十年计划，分两期施行。集中力量办好国内的十所大学，不再增加其他的国立大学或独立学院。政府应下大决心按照规划进行发展，争取用

1958年，胡适与于右任相见。

十年时间重点发展这些大学。在第一个五年重点选出五所大学，加大投入发展他们的研究所，力求在短期内发展成为现代学术研究的重要中心；在第二个五年里，用同样的方法继续发展五所大学，以达到十年陆续发展十所大学的目的。第二，对于其他的四十多所国立大学和独立学院，需要政府增加经费投入，努力建设成为地方性优质大学，服务于地方的发展。对于私立大学的原则是在鼓励其发展的基础上给予适当的经费资助，以维持继续发展。主张私立大学与国立大学一视同仁。选择每期五个大学时，注重人才培养、设备以及研究成绩，私立与国立大学机会均等。第三，既要改革整个大学教育制度，也要努力改变大学的旧有观念。胡适认为，大学教育的根本是培养具有独立的学术研究能力的人才，大学应该朝着研究院的方向去发展，才是真正的大学。

1947年，国共两党谈判破裂，全面内战爆发，该计划未能得以实施。尽管如此，他建设国家一流大学的坚定信念始终没有改变，一直为了自己的目标而奋斗。1958年，胡适出任台湾“中央研究院”院长，还经常在台湾各大学作高等教育的演讲，着重强调了兴办大学、开展高等教育的重要性。胡适就任台湾“中央研究院”院长不久，便为台湾国民党政府拟订了《发展科学、培植人才的“五年计划的纲领草案”》。该“草案”实为《争取学术独立的十年计划》的延续，不过它更注重科学研究与培植人才之间的紧密联系，特别强调了人才在科学研究中的重要性，认为人才是科学研究中最重要的因素。胡适在主持台湾“中央研究院”期间经常奔走于美国和台湾之间，邀请各方专家参加研讨会。胡适在“五年计划的纲领草案”中谈到“今日国家面临的两大危机”：一是国家的科学研究工作太落后，因此国家缺乏现代的科学基础，继续发展非常困难；二是大量的科学人才短缺，人才是制约科研工作的关键因素。面对这种一无基础、二无人才的情况，胡适侧重于从组织、经费、待遇与聘用等方面为招致人才回国工作和生活提供便利条件，推动了台湾地区科学教育文化事业的发展。胡适提出十一项具体措施，概括如下：

> 第一，成立一个“国家发展科学最高委员会”，由总统，副总统，行政院长，“中央研究院”院长，财政、经济、国防、教育各部长，台湾大学校长，清华大学校长及聘任委员若干人组成之；第二，成立一个“国家发展科学设计委员会”；第三，设立“国家发展科学专款”，专为第一个五年内发展学术、培养人才用；第四，充分运用“国家发展科学专款”来充实扩展各研究机构的研究设备，使他们可以发展研究工作，训练研究人才；第五，设立“国家客座教授”若干人；第六，设

立“国立研究讲座教授”若干人；第七，设立“研究补助费”；第八，在各研究机构及大学研究所设立“研究生助学金”；第九，各研究机构的学术研究刊物，由“国家发展科学专款”担负其经费；第十，逐年添造“学人住宅”，为“国家客座教授”及“国立研究讲座教授”本人及其家眷居住之所；第十一，凡专习自然科学、基础医学或工学基本科学的研究生，在研究所毕业后仍继续专治其所学者，得请国防部特许免除军役。

胡适的这些做法和主张为台湾地区日后的科学研究工作指明了发展方向，吸引了大批人才或回到台湾参与科研工作，或兼职参与科研工作，促进了台外地区的发展。这里可以看出胡适有着深厚的学术研究根基和远见，为学术研究工作深入开展倾注了全部心血，这一点可以从胡适去世时的场景中清晰洞察。

高等教育的功能与指归

胡适提倡教育救国，主张高等教育的目的就是要培养各种高素质的专门人才。他说：“国无海军，不足耻也。国无陆军，不足耻也。国无大学、无公共藏书楼、无博物馆、无美术馆，乃可耻耳。我国人其洗此耻哉！”他对高等教育作用和目的的看法产生于早年美国留学的经历、见闻以及对当时国内高等教育的深入思考。胡适耳濡目染于西方的先进文明与制度，切身体会到现代技术对西方国家经济与社会发展带来的巨大推动作用和由此产生的巨大效益。这一切深深触动了胡适的爱国之心，感到中国高等教育的落后，科技水平的落后，国民素质的低下，认为唯有教育才能挽救落后的中国。通过发展良好的教育使得国家强盛，通过创办优质的大学培养各种高素质的专门人才来强国富民。

在康奈尔大学时，他常发出令人震撼的慨叹：“吾能见中国有国家的大学能比彼邦之哈佛、英国之剑桥、牛津、德之柏林、法之巴黎，吾死瞑目矣。唉夫，世安可容无大学之九百万方里四万万人口之大国乎。”后来他对这一见解不断加以充实深化，在很多教育实践中，身体力行。胡适认为救国是一件大事，要想救国就需要各色各样的人才，需要把自己造成一个有用之才，但是今日的教育太不够了，今日还不曾有真正的教育。在胡适看来，高等教育与救国有着密切联系，而要救国首要之事是人才，需要各色各样的人才，人才的培养与社会的发展都离不开教育的发展，所以胡适极力主张大力发展高等教育。

高等教育目的的确立不仅要考虑社会需要，而且也会受到生产力水平、社会政治经济体制以及个人主观因素等的影响。胡适认为，高等教育要把培养对国家有用的人才作为其目的，注重人才的培养规格和素质结构。1917年，胡适身体力行，在北大创办了第一个文科研究所，即哲学研究所，到1918年，北京大学的文理法三科都成立了研究所。在人才的培养规格方面，胡适认为造就国家领袖人才应该是高等教育的一项重要职责。一个国家要建设现代化，不仅需要各领域的领袖人才，而且需要各类专门人才，胡适的这一观点有一定的积极意义。关于大学生的基本素质结构，胡适认为教育应在养成良好习惯的基础上，培养大学生的独立能力，使其成为人格可靠、治学严谨科学的人才。胡适的这些主张对今天的高等教育仍有启发意义，现在不少学校，表面上喊着要注重素质教育，但实际的做法是只注重文化教育，不注重能力和品质的培养。

1918年，北京大学文科哲学门第二次毕业摄影。

胡适主张大力发展教育，培养高素质的专门人才，提高国民素质的观点有一定的积极意义，是中国走向现代化进程中的一种改良主义观点，把教育看作推动社会进步的动力，夸大了教育的社会作用，有失偏颇，但是他看到了教育可以提高国民素质，促进社会发展，这是值得肯定的。

倡导女子接受高等教育

在中国的封建社会，广大妇女没有地位，更谈不上接受教育。胡适曾对妇女教育问题有过很多论述，在批判封建专制的妇女教育观的同时，提倡女子要自立，主张用现代文明教育女子，主张女子成才和大学开女禁。

北京大学第一批女学生和美国哲学家、教育学家杜威及家人合影。

早年胡适在中国公学的时候，就注意到女子教育问题，认为女子需要接受教育，国家需要兴办女子教育，为女子提供接受教育的机会。因此，他在《所谓“中小学文言运动”》一文中说：“中国的女子，若不情愿做废物，第一样便不要缠脚，第二样便要读书。”又在《敬告中国的女子》中说：“要改良家庭教育，第一步便要广开女学堂。”不过，胡适早年对女子教育问题的思考还不够深入，理解也还谈不上有何新颖之处，仅仅是自己的一些粗浅看法罢了。胡适深受中国传统文化的影响，对女子问题或者说女子教育问题的理解难免肤浅。胡适初到美国以及在美国生活了三年之后，还在宣扬他的中国旧式传统婚姻，指出中国的传统婚姻是听从媒妁之言，先结婚后恋爱，慢慢就会产生感情。虽然胡适如此讲说，但是他对这一问题的早期思考着实值得称赞。

胡适初到美国一切是陌生的，但是时间可以改变一切，胡适也不例外。胡适在对美国女子及女子教育进一步深入了解之后，他的思想发生了很大变化。这要从胡适的一次女生宿舍拜访谈起。1914年6月8日这一天，对胡适来说可谓既陌生又新奇，因为这是胡适留美之后第一次访问女生宿舍的日子。这次访问对胡适的思想产生了很大触动，留美三年来，他求学心切，丝毫没有懈怠，把全部时间和精力都花在学业上，其情感生活几乎为零。此时，他顿然醒悟，开始意识到与同校女生交往友谊的重要性。特别是胡适认识了典型的美国女性韦莲司（H. S. willians）女士之后，他对女子问题的见解发生了很大的变化。他们相识后，胡适与之接触颇多，畅谈人生，对韦莲司充满敬意，也对美国女子教育有了新的认识和理解，所以胡适在留学日记中写道：

> 吾自识吾友韦女士以来，生平对于女子之见解为之大变，对于男女交际之关系亦为之大变。女子教育，吾向所深信者也。惟昔所注意，乃在国人造良妻贤母以为家庭教育之预备，今始知女子教育之最上目的乃在造成一种能自由能独立之女子。国有能自由独立之女子，然后可以增进其国人之道德，高尚其人格。

至此，胡适开始逐步摆脱了中国传统的贤妻良母思想，主张女子教育在于培养女子的独立人格，提倡中国的传统女子应该接受教育，成为适应时代的新女性。胡适与韦莲司渐生爱意，友谊持续一生，但是终究没有成为幸福的一对。韦莲司为了胡适终生未嫁，是胡适之忧伤，还是韦女士之悲凉，此中只有他们知晓。胡适虽然深受美国文化的影响，但仍然可谓中国的传统好丈夫。胡适夫妇1953年到美国受到韦莲司的热情招待。

胡适提倡美国式的女子自立和女子教育，在批判封建思想对妇女精神愚弄的基础上，提倡要用现代文明教育妇女，培养女子的自立精神。胡适认为美国的女子教育培养了美国妇女的独立性格和自立精神，他也极力推崇美国盛行的男女同校，认为男女同校的大学对男女同学各自的身心成长都有好处，意义重大。这些思想有利于他引导中国女子向美国妇女学习，发展自己的独立性，不依赖男子，自己独立生活，独立为社会做事，并且把女子自立作为中国产生良善社会和社会进步的条件。胡适在《三百年中的女作家》一文中，谈到在中国三百年的历史中，有历史记载的有两千三百多位女作家，但是胡适发现她们的作品很少具有文学价值，对此胡适非常惋惜。胡适认为，这与她们所处的畸形社会和变态教育有关。中国妇女潜藏着巨大的能量，若有适宜的环境和现代教育的训练，一定能做出巨大的成绩和贡献。对此，胡适明确主张大学开女禁，招收女生入大学学习。鉴于当时女子学校与大学之间接轨的一些实际困难，胡适在《大学开女禁的问题》一文中提出“大学开女禁”的主张，认为分三步走。第一步，“大学当延聘有学问的女教授”。第二步，“大学当先收旁听生”。第三步，“女学界的人应该研究现行的女子学制，把课程大加改革，总得使女子中学的课程与大学预科的入学程度相衔接，使高等女子师范预科的课程与大学预科相等，若能添办女子的大学预科，便更好了”。胡适关于大学接收女生及其程序的建议是中肯的，是胡适结合中国旧时女子教育的实际现状对女子教育问题深入思考所得的必然结果。后来中国大学开始招收女生，实现了男女同校，虽然这一进程充满曲折，但最终还是获得成功，妇女获得了接受教育的权利和机会，解放了妇女的思想。女子接受教育的历史进程大致是按照胡适所提的女子教育步骤进行的。

高等学校的教学与科研

教学和科学研究工作是高等学校发展过程中的两个重要方面，如何处理好这两者的关系，对于高等学校的未来发展以及教育和教学质量的提高至关重要。胡适非常强调学术救国，要求年轻人积极投身于学术事业，以实事求是的态度去努力。胡适鼓励青年学生多读书，发奋求学。

胡适注重治学方法的传授，特别强调科学实验的方法，强调“撇开成见，搁起感情；认得事实，只跟证据走，有几分证据，说几分话，有七分证据，不说八分话”。指出做学问要能自己批评自己，检讨自己，能随时修正自己。胡适将自己的治学方法概括为“大胆的假设，小心的求证”，他不遗余力地向学生宣传这个方法，使许多学生受益匪浅。胡适还在自己的多篇文章和讲演中谈及科学方法，不仅使众多学生受益，也影响到了学术界和教育界。

就大学教学而言，教学方法的选择在高等学校教学中具有重要的意义。胡适在1917年刚到北大时，就担任了中国哲学史、英国文学等多门课程的讲授，在教学过程中，他思想新潮，敢于创新，非常注重调动学生的积极性，独特的教学风格受到学生的普遍欢迎和好评。起初，年仅26岁的留洋归国学生胡适年纪轻轻，对于其能否胜任中国哲学史这门课程，遭到相当一部分学生的质疑。但他最后凭借自己独特的教学风格赢得了学生好评。中国哲学史是一门难讲的课程，需要有深厚的国学根基，不过还好，胡适幼年的国学训练和打下的坚实基础起到了重要作用，再加上胡适的勤学和独特思考，终获成功。听课的学生中有一些旧学根底深且善思考的同学逐渐听出点道理，顾颉刚同学即是其中之一。他听了几堂课之后，与同室的傅斯年谈了自己的听课感受：

胡先生讲得的确不差，他有眼光，有胆量，有断制，确是一个有能力的历史家。他的议论处处合我的理性，都是我想说而不知道怎样说才好的。你虽不是哲学系，何妨去听一听呢？

傅斯年虽不是哲学系的学生，但他是本校出了名的"最敢放言高论"的人，深得学生的推崇和信赖。他接受了顾颉刚的建议，随堂旁听几天，也颇为满意。诚如顾颉刚、傅斯年等所论，胡适讲授中国哲学史有其独到之处，扫除了传统哲学研究方法上的种种迷雾，给人以耳目一新的感觉。1919年2月，胡适把一年来的讲义汇成《中国哲学史大纲》上册，由商务印书馆出版。当时学界泰斗、北大校长蔡元培对这本著作给予高度评价，认为该书有四处特长：第一，证明的方法。即通过考察先秦每一个哲学家的"生存的时代"、"遗著的真伪"及"所用的辩证的方法"，以证明其"有无矛盾的议论"。第二，扼要的手段。即撇开"一半神话，一半政史"的西周以前历史，从材料较为可信的"老子、孔子讲起"。第三，平等的眼光。对先秦诸子，均以平等眼光视之，还他一个本来面目。第四，系统的研究。注重思想学派的师承关系，研究其"递次演进的脉络"。胡适在教学技巧上另外一个特点是善于调节课堂气氛，实行民主教学，师生关系十分融洽。学生在课堂有不解疑惑之处，往往很自然就冒出来，此时胡适便不失时机地予以引导解答。

胡适认为，教书育人与科学研究是高校教育工作者的主要任务，一方面要通过教育培养高级人才，还要通过研究创造学术，把教学与科学研究紧密结合起来。美国的约翰·霍普斯金大学1876年正式成立，是美国著名学府，在美国大学教育史上首创研究生院制度，注重科学研究工作和相关人才的培养，成为一所从事高等研究为主要任务的大学，在学术研究方面取得了突出成绩，培养了大批研究人才，在美国大学中赢得了崇高地位。胡适特别推崇大学设立研究生院的做法，在以后的教育实践中深受这一做法的影响。

胡适在上海中国公学和北京大学两次出任校长，都由于政治的原因而离任，但仍可以说胡适是一位成熟的教育管理者。胡适受到西方文化和美国大学的影响，在自身教育实践中形成了自己的高等教育管理思想。他抱定改革中国大学的坚定信念，参与了学制草案的起草工作，在严格教学管理和考试以及提高教师待遇方面做出了努力。胡适的努力和教育改革实践不仅取得了大学教育改革的成功，还收获了同仁及校友的拥戴。1954

年，胡适来台湾参加国大会议，受到中国公学校友会的热烈欢迎。

1922年9月，北京北洋政府召开全国学制会议，对各地提案稍作修改后，提交全国教育会联合会第八届年会再征求意见。在此基础上制定了《学制改革案》。10月中旬，第八届年会在济南召开，新文化运动的领袖人物胡适也参加了会议，对此次会议产生了重要影响。胡适在这次年会上认真分析，积极思考，在纷争不休的情况下，对学制改革提出自己中肯的建议，赢得与会人员的称赞，也因此会议指定胡适和姚金坤起草学制草案。胡适对美国的教育体制非常熟悉，经过思考，他仿效西方高校的管理机制，提出弹性学制的改革方案。弹性学制的最大特点就是方便学生在入学之初就明确目标，把自身选择和学校的管理有机结合起来，既保证教学质量，又可以尊重学生的个别差异。从学制草案的起草到审查讨论，胡适都积极参与，提出合理的改革建议，在其中起了十分重要的作用，积极主张学校实行弹性制，倡导多样化办学。

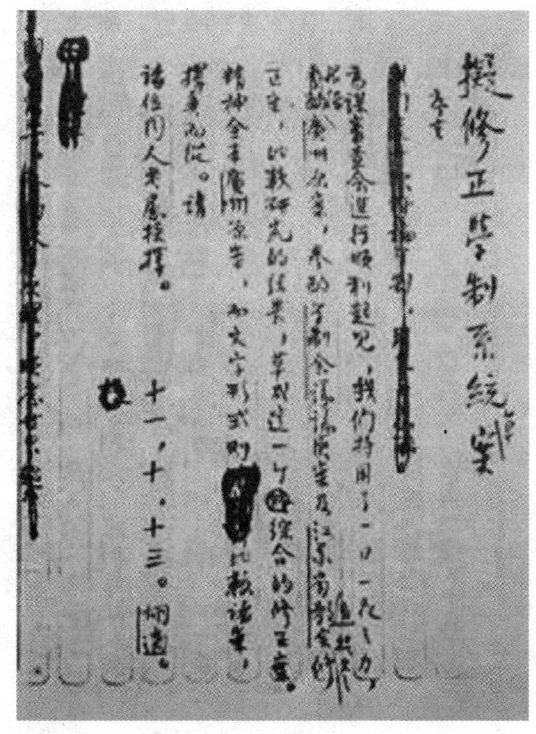

胡适《拟修正学制系统草案》。

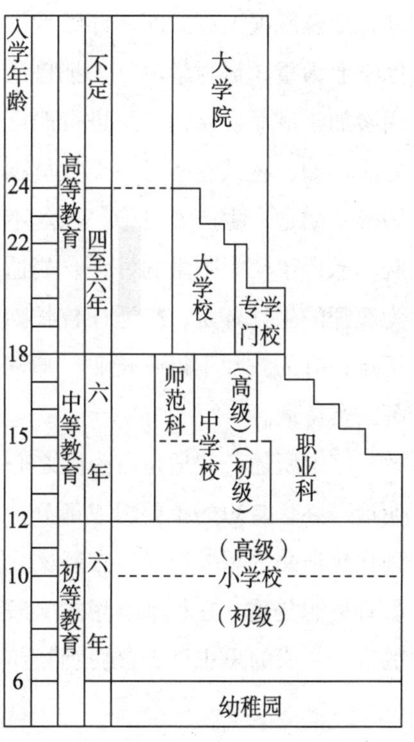

1922年学制改革案。

胡适另外一项重要的改革举措就是在大学实行学院制和研究院制，目的在于提高大学的学术研究水平以便更好地开展研究工作。1930年，由于时局动荡导致北京大学发展困难重重，胡适在这种情况下重返北京大学，在学校体制改革中尽心竭力，大胆改革，主动提出改革方案。胡适在《北京大学大学院规程草案》中提出将北京大学分为四个院：自然科学院、社会科学院、国学院、外国文学院或文学院。胡适这个方案重在通过分院整合研究力量以提高北大的学术研究水平，他的这些建议虽然未被完全采纳，但对后来北大复校过程中设立研究院的构想产生了重要影响。后来蒋梦麟主持北大工作之后，设立研究院，招收研究生，培养了大批人才。1946年10月10日，北京大学校长胡适在学生开学典礼上，要求同学们培养自己的独立研究能力，“要能不受欺骗，不用别人的耳朵当耳朵，不用别人的眼睛当眼睛，不用别人的头脑当自己的头脑”。还要求学生埋头读书和作研究，并不时地自我反省。

胡适不仅注重培养学生的研究素养和研究精神，而且也关注学生的日常学习过程，对学生严格要求。五四运动之后，学生变得热衷于政治，经常利用上课时间从事政治活动，随意耽误上课时间，导致教学难以正常进行。胡适一面向学生讲明道理，希望学生以学业为重，努力学习，先把自己培养好，再谈救国；一面又严格管理，制定措施，对因参加学潮而误课的学生进行严格的补课和考试制度。胡适指出一些具体而严格考试的方法，如：将试卷密封后交教员批阅，考试的范围不一定限于书本，并亲自监印国文试题等。胡适一生严谨自律，一丝不苟，以身作则，无论是教学还是学生管理都要全力以赴，赢得了广大师生的好评。胡适在搞好学校管理和教学的同时没有忘记老师的疾苦，为教师的生计奔走。胡适任校长期间，由于政治局势的动荡，物价飞涨，教师生活面临困难，有的教师不得不转业，师资队伍难以稳定。面对这种困难，胡适呼吁政府提高教师工资待遇。

综上所述，胡适是有爱国之心的自由主义知识分子。他的高等教育思想是其再造文明这一终生梦想的重要组成部分。胡适认为高等教育是为祖国再造文明，并使国家走上现代化道路的重要途径。在新文化运动和高等教育发展中，胡适是有功劳的，但其高等教育思想是建立在杜威实用主义教育哲学基础上的，教育万能论和救国论，存在着严重的唯心主义的思想色彩,是我们所应批判的。

融通中西的治学方法

胡适一生在学术上所取得的成就颇多，始终注重科学的治学方法，科学的方法论是其治学的一把利刃。他所总结的“大胆的假设，小心的求证”，是其一生学术研究所遵循的科学方法的积淀和结晶。胡适自幼学习国学，有着良好的国学根基，为他后来治学打下了坚实的基础。上海求学期间，胡适读了严复翻译赫胥黎的《天演论》之后，进化论给了他一把认识世界的思想武器。胡适留学美国，师从杜威，他的治学方法深受杜威思想“五步法”和实验主义哲学的影响。可以说胡适的治学方法是融汇中西的，一方面以科学方法取代玄学方法，另一方面又传承于乾嘉学风，特别是善于将其治学方法与中国传统文化的某些特点进行巧妙沟通融合，可谓中西合璧的完整体现。

汇聚中西的治学方法

“大胆的假设，小心的求证”是胡适治学方法的一种代表性提法，也是影响最大的一种提法。如果把这个方法剖析开来，可分为怀疑、假设、求证三个既有联系又有区别的步骤。在胡适看来，怀疑是科学研究的起点，只有大胆地怀疑，抛弃旧观念，才可以逐渐养成创造性的思维方法；胡适有时称假设为想象的方法，其基本思想是在学术研究过程中，接触到一些基本资料后得出的初步结论可暂时称作假设，然后进一步地搜集和研究资料，验证和修改假设，如果提出的初步结论是正确的，这个假设就可称之为真理。关于实证，胡适认为有两个方面的含义：第一是研究者要有纯客观的态度和纯客观的标准，不能带有个人的主观成分；第二是研究材料要有科学性，必须对资料进行一番考订的过程。他治学时推崇的历史演变方法、实证方法、假设方法、比较方法在中国近代学术发展史上具有开创性意义。受他的方法论影响，形成了中国学术史上影响深远的实证主义思潮。

胡适这一科学的治学方法受到中西两方面的影响。他认为杜威的思想“五步法”最重要的是第三步“假定种种解决疑难的方法”。后来胡适在1919年7月《多研究些问题，少谈些主义》一文中，将杜威的思想五步法转化为三步：“细心搜求事实，大胆提出假设，再细心求实证”。有时候则分作四步，如1930年在苏州青年会上讲演《科学人生观》时，将“科学方法”分为“怀疑、事实、证据、真理”四个方面加以阐述。更多的时候则直接将其分为两步，他在1919年8月《清代学者的治学方法》一文中指出：“他们用的方法，总括起来，只是两点：(1) 大胆的假设；(2) 小心的求证。”胡适认为东方学者与西方学者在治学方法上的共通之处就在于他们都是从人类的常识出发，敢于假设，从小心的求证中寻找答案。指出现代的科学法则与我国古代的考证学、考据学在方法上有相通之处。所以，1928年，胡适又在《治学的方法与材料》一文中说：“科学的方法，说来其实很简单，只不过‘尊重事实，尊重证据’。在应用上，科学的方法上只不过‘大胆的假设，小心的求证’。”到此时为止，胡适已经明确了自己的治学方法，有了初步的有关论述，也能够在实际研究工作中加以实际运用。

胡适十分注意假设前的具体事实与材料。就其治学方法而言，他也并没有抛弃事实材料，而是特别强调其重要性，在自己的有关论著和研究工作中有着充分的体现。1928年，针对学界有人忽视材料重要性的问题，胡适在《治学的方法与材料》一文中说，从事考证工作，如果没有充足的证据，考证工作是不可能完成的；史学家搞历史研究，如果没有相关史料，便没有历史可以研究。他甚至认为学者应有如同法官审核证据出处一样严肃认真的治学态度。1935年1月13日，胡适在广西南宁作了题为《治学的方法》的演讲，强调了提出假设前一定要注重搜求材料，做好充分的准备，才会搞好研究工作。进而认为，方法的选择往往受到材料的制约：用同样的方法研究不同材料，其结果未必相同。他指出，东西方走上截然相反的发展道路的原因就在于，清代学者与近代西方科学家在治学方法上虽有相同或相通之处，但材料不同，前者侧重于文字材料，后者则研究实物材料。

胡适为了让人们便于接受他的科学方法，常常将这一方法与中国传统文化相比较，使之通俗易懂，便于理解。胡适把其治学方法比作中国传统文化中的“做官四字决”——勤、谨、和、缓，认为这四个字不但是做官的秘诀，也是良好的治学习惯。治学不仅要勤快、谨慎，而且还要虚心、不急躁，不要轻易下结论，要等到证据充足才好。胡适说：

> 凡是证据不充分或不满意的时候，姑且悬而不断，悬一年两年都可以。悬并不是不管，而是去找材料。等找到更好的证据的时候，再来审判这个案子。这是最重要的一点。许多问题，在证据不充分的时候，绝对不可以下判断。

通过这样的比较，足见胡适是博学多才之人，将中国的传统文化与科学的治学方法相结合，别出心裁，易于理解，便于学习和记忆。需要指出的是，胡适“大胆的假设，小心的求证”也存在明显的局限性。其一，胡适的这一方法是以个人有限的知识经验为基础的，对于学术研究有其可取之处，但对复杂的社会政治问题却无能为力。其二，这一方法隐藏有主观主义倾向。其三，胡适对其治学方法的某些阐述与解释已走到科学的反面。他提出的空缺史料不得不靠史家想象力来填补的说法与他以前曾经提到的“不能捏造材料”是有矛盾的，显然已背离科学的基本原则。

践行理念的治学实践

胡适融汇中西的治学方法是与他的治学实践密不可分的，在其一生的学术研究和教育教学过程中始终如一，坚持实践，取得了辉煌的学术成就。这里主要从两个方面来谈谈胡适的治学实践，一是提倡白话文学，二是整理国故。

第一，胡适留美期间提倡白话文学，是胡适治学方法一个方面的实践。1915年夏天，胡适转学来到哥伦比亚大学攻读哲学博士学位。胡适针对中国的文字问题撰文《如何可使我国文言易于教授》，文中提出文言文是半死的文字的独到见解，这成为他日后发动文学革命的突破口。对于这篇文章中的见解引起了胡适安徽同乡梅觐庄的反驳，他不承认中国古文是半死或全死的文字。二人从文字到文学辩论了无数回合，梅觐庄在辩论中变得守旧，而胡适却变得激进，由提倡文字改革过渡到文学革命。为了应战，胡适不得不反思自己的见解，认识到模糊的“文学革命”观念是不能作为思想论战武器的，于是在严肃认真的思索中，开始了白话诗的写作尝试和理论上的探索。1916年胡适明确提出两个基本的文学观念：

> 一整部中国文学史，便是一部中国文学工具变迁史——一个文学或语言上的工具去替代另一个工具。
>
> 一部中国文学史也就是一部活文学逐渐代替死文学的历史。

胡适还将这一具有历史进化意义的见解加以具体的论证和解释，得到了梅氏无条件的接受。胡适断定白话文学为文学之正宗，有益于普及教育、传播知识和交流思想。1917年1月，胡适的《文学改良刍议》在《新青年》上发表，主张以白话文学代替文言文学。这一篇成为影响深远的文学革命的开篇之作，在全国引起了反响。

第二，胡适不但在新文化建设方面取得成就，而且是文史方面博学多才的学者，整理国故成为胡适一生的重要工作之一。

1917年4月完稿的《诸子不出于王官论》和《先秦名学史》，则是胡适治学方法的最初尝试应用。《诸子不出于王官论》一文中有怀疑也有论证，有归纳也有分析，自成体系，令当时国内学术界知名人士刮目相看。胡适的博士论文《先秦名学史》，也称《中国古代哲学方法之进化史》，更体现了他对方法论的重视，所体现的治学方法仍然是“怀疑—假设—求证”这三个基本步骤，尤其是在原始资料的选择上更体现了这一点。这可视为胡适整理国故的最初实践，其中贯穿了重视思想方法论的基本取向。该书后改名为《中国哲学史大纲》(上卷)出版，他在导言里详细论述了作哲学史的方法，希望将来的学者以此为据来作一部更完备更精确的《中国哲学史》。这两本书的成功，使得年仅26岁的胡适回国后立即被聘为北大教授，教授中国古代哲学史课程。

胡适整理国故的最大成就是他对几部影响广泛的古典小说的考证和研究。经胡适考证的古典小说有《水浒传》、《西游记》、《三国演义》和《三侠五义》等，涉及明清以来较有价值的作品，这都是胡适科学的治学方法在小说考证方面的实践应用。胡适在《水浒传》考证中用了严谨的考证方法，于1920年7月写成了两万多字的《〈水浒传〉考证》。后来又用这种方法来考证《西游记》、《三国演义》和《三侠五义》等都取得了成功。这种推寻历史演化轨迹的方法给了年轻的历史学家顾颉刚有力的启示。1921年，胡适的《〈红楼梦〉考证》完成，在学术界产生了更为广泛的影响，把《红楼梦》研究引上了学术研究的轨道，使得《红楼梦》研究被称为“红学”，成为一种专门的学术研究对象。

胡适对古典小说的考证是整理国故中用力最多、费时也较多的一项事业，也是他的“大胆的假设，小心的求证”治学方法得以充分实践的一个领域。在艰苦的考证工作中，他注重的是考证的治学方法。在以后数年中，胡适相继写了十几篇古小说考证文章，赢得学界好评。在整理国故的影响下，古史研究兴盛起来。胡适治学实践领域非常广泛，令人叹服，不仅涉及哲学史、思想史、白话文学史的研究和梳理，而且广泛涉猎古典小说的考证，还对《水经注》做过深入的研究，等等。在这些领域里，他大多取得了令人瞩目的成就和贡献。

胡适治学观的传承

胡适是中国近代治学方法的提倡者和实践者，他融会中西的治学方法“大胆的假设，小心的求证”伴随其一生，他的治学路线对罗尔纲、顾颉刚等昔日的故旧门生颇具影响，形成了民国时期影响相当深远的实证主义思潮。

罗尔纲作为胡适的得意门生，深受胡适“大胆的假设，小心的求证”治学方法影响，并在学术上确实取得了相应成绩。有一次，罗尔纲写了一篇题为《清代士大夫好利风气的由来》的文章，胡适看到后十分生气。他致信罗尔纲说：

> 我们做新式史学的人，切不可这样胡乱作概括论断。……我近年教人，只有一句话：“有几分证据，说几分话”。有一分证据只可说一分活。有三个证据然后可说三分话。治史者可以作大胆的假设，然而不可作无证据的概论也。

正是在胡适不断鼓励和鞭策下，罗尔纲愈益奋发向上，后来终于成为著名的太平天国研究专家和历史学家。

罗尔纲（1901—1997），著名历史学家，太平天国史研究专家。

顾颉刚（1893—1980），现代古史辨学派的创始人。

顾颉刚先生是民国时期较成体系的一个史学流派古史辨学派的代表人物。古史辨学派在20世纪二三十年代有很大的影响，其主要研究对象是先秦历史文化。顾颉刚是胡适的学生，他一直沿着胡适的治学轨迹治学。

顾颉刚深受胡适的影响，其成就可以说是与胡适分不开的，如果说顾颉刚是古史辨学派的集大成者，胡适则是其先驱。顾颉刚先生对胡适治学方法评价最高的是他的历史演变的方法，即五四时期传入中国的科学的治史方法，胡适每每提起亦津津乐道，称作是“十九世纪科学的方法”。

可以说治学方法论是胡适思想最为闪光的地方，也是对后人影响最大之处。胡适治学新范式带有很强的时代性，特别是在20世纪30年代以后，胡适把他的治学方法与政治偏见纠缠在一起，受到陈垣、顾颉刚等一大批深受胡适影响的文人、学者等的反对。

总之，胡适融会中西的科学治学方法来自于他的博古通今和勤于思考。它的形成，有来自中国传统的治学精神和方法，如宋明理学的格物致知、“学源于思”的思想方法、乾嘉考据学派的科学考证方法；也有来自西方的近代科学精神和方法，如达尔文、赫胥黎的存疑主义和实证哲学，尤其是杜威的实验主义思想方法。可谓是中西融合的科学方法的综合和集成。在胡适一生的学术研究与教育实践中始终注重科学的治学方法，他所总结的“大胆的假设,小心的求证”,是其一生学术研究所遵循的科学方法的积淀和结晶。

胡适眼中的学生运动

20世纪前叶是中国学生运动最高涨的时期。1919年5月4日，五四学生运动爆发，拉开了现代学生运动的序幕。1925年5月30日，一次伟大的群众性的反对帝国主义的爱国运动的“五卅运动”在上海爆发，震惊中外。1935年12月9日，北平（北京）大中学生数千人在中国共产党的领导下举行了抗日救国示威游行，反对华北自治，反抗日本帝国主义，掀起全国抗日救国新高潮，史称“一二·九”运动。1946年，美军士兵强奸北京大学女生沈崇，激起了社会各界和学生们的愤怒，一场规模巨大的抗议美军暴行的运动在全国展开。这些运动中，五四学生运动最具代表性。胡适作为早期新文化运动的领袖人物，也是那个时代最具代表性的思想家，长期身处教育行业，对学生运动有着自己独到的见解。胡适在一生的不同时期，由于历史背景和特征的差别，对五四学生运动也产生了不同的理解。

“五四”初期支持学生运动，但不许学生罢课

五四运动是一场爱国运动，在中国历史上具有重要的历史地位。1919年5月4日，在北京发生了以青年学生为主的一场学生运动，后来引起广大群众、市民、工商界人士等中下阶层广泛参与，纷纷组织示威游行、请愿、罢课、罢工、暴力对抗政府等，形式多样，影响广泛。

五四运动恰逢美国实用主义教育家，也是胡适的老师杜威刚刚来华讲学不久之际爆发，一向追求民主与科学的杜威先生与其门生胡适等人一起见证了这一伟大的历史时刻。

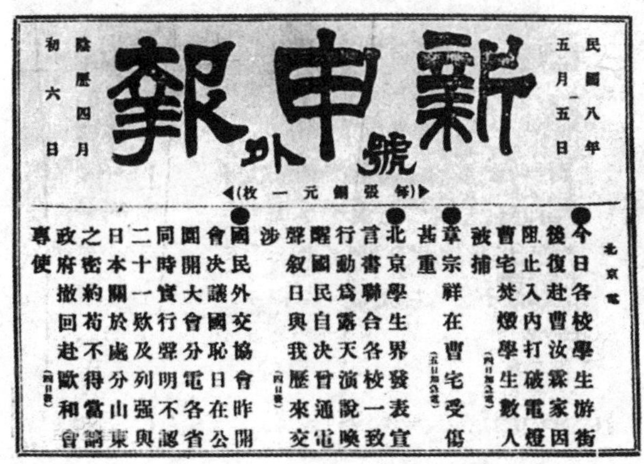

新申報 號外

民國八年五月五日

陰歷四月初六日

（每張銅元一枚）

北京電

今日各校學生游街後復赴曹汝霖家因阻止入內打破電燈曹宅焚燬學生數人被捕

章宗祥在曹宅受傷甚重

北京學生界發表宣言書聯合各校一致行動爲露天演說喚醒國民自決旨通電辭敘日與我歷來交涉

國民外交協會昨開會決議國恥日在公圓開大會分電各省同時實行聲明不認二十一欵及列强與日本關於處分山東之密約苟不得當請政府撒回赴歐和會專使

1919年5月5日《新申报（号外）》刊登的五四运动新闻。

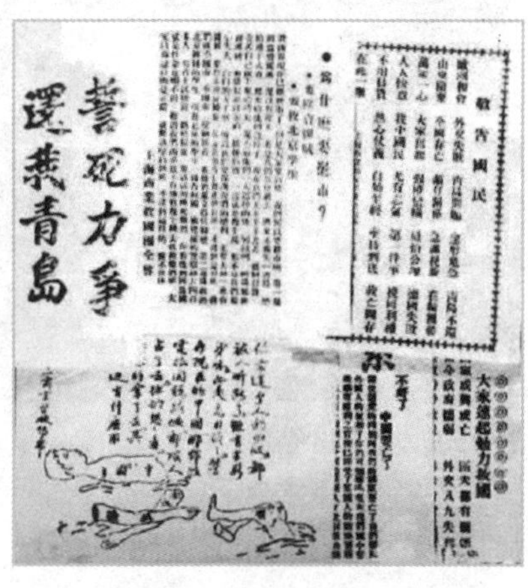

五四运动中散发的宣传单。

杜威于1919年4月30日下午抵达上海，开始了在中国为期两年的讲学活动，把民主与科学的思想直接在中国传播。五四运动爆发的时候，胡适兼任翻译陪同杜威先生在上海访问，同行的还有杜威的学生、北京大学教务长蒋梦麟先生。当时他们对北京发生的事情一无所知，两天后才通过报纸了解到事情的经过。胡适对这次青年学生反帝爱国运动持支持的态度，认为五四运动的爆发，也有《新青年》、《新潮》、《每周评论》所提倡的“思想自由”、“政治民主”的功劳。毛泽东是《新青年》的忠实读者，对胡适和陈独秀的文章十分佩服，认为是学习的楷模。五四运动期间，毛泽东应湖南学生联合会的邀请，领导学生运动，于1919年7月14日创刊出版《湘江评论》，发表的文章达41篇。每篇文章都洋溢着反封建、反军阀统治的不妥协的反抗精神。特别是《民众的大联

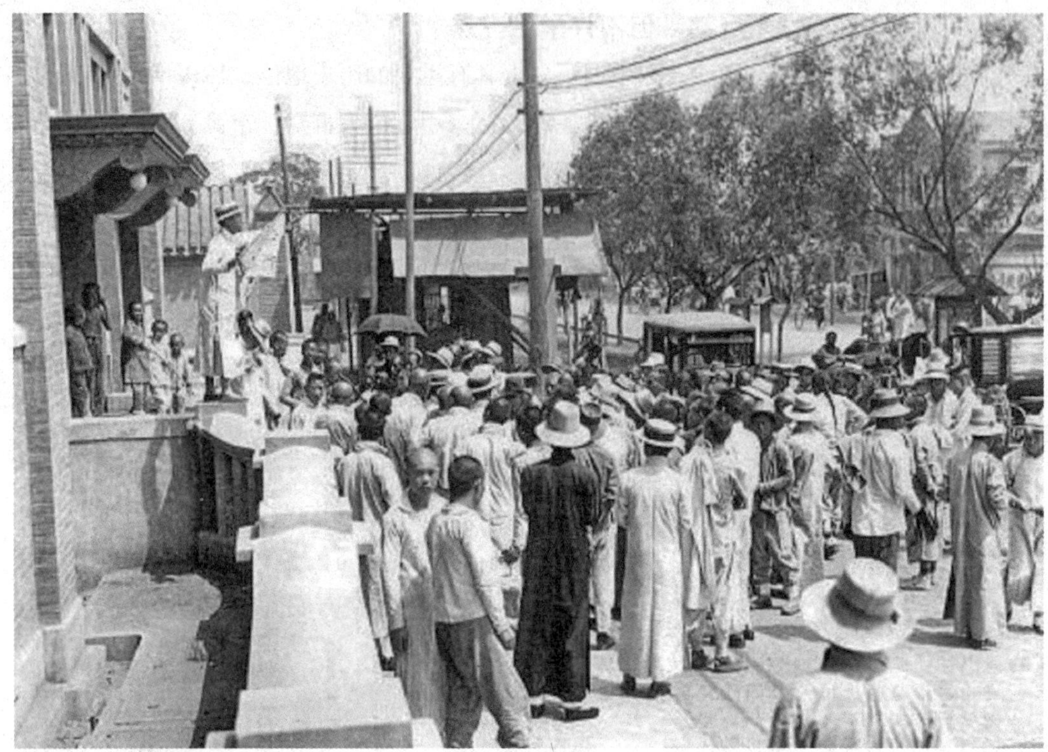

五四运动学生演讲的街头。

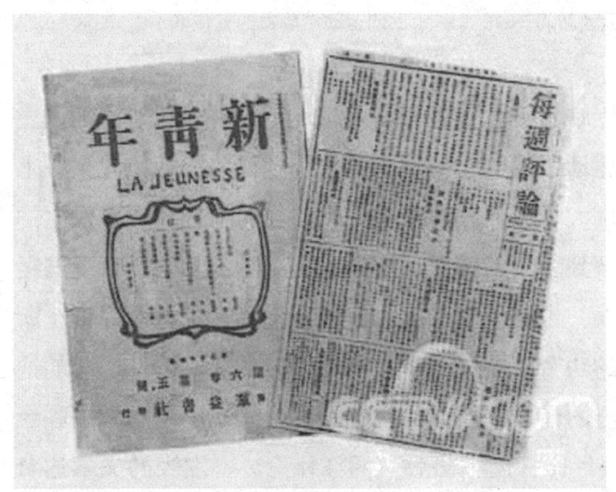

《新青年》和《每周评论》。

(第一版)

湘江評論

The Shian Kian Weekly Review

創刊號

創刊宣言 澤東

自「世界革命」的呼聲大倡，「人類解放」的運動猛進，從前吾人所不置疑的問題，所不遽取的方法，多所畏縮的說話，於今都要一改舊觀，不疑者疑，不取者取，多畏縮者不畏縮了。這種潮流，任是什麽力量，不能阻住。任是什麽人物，不能不受他的軟化。

世界什麽問題最大？吃飯問題最大。什麽力量最强？民衆聯合的力量最强。什麽不要怕？天不要怕，鬼不要怕，死

。見於政治方面，由獨裁政治，變為
議政治。由有限制的選舉，變為
的選舉。見於社會方面，由少數
制的黑暗社會，變為全體人民自
的光明社會。見於教育方面，為
育主義。見於經濟方面，為勞獲
義。見於思想方面，為實驗主義
國際方面，為國際同盟。

各種改革，一言蔽之，「由强權
」而已。各種對抗强權的根本主義
民主義」。(克拉西。一作民

1919年7月14日《湘江评论》创刊宣言。

合》一文，赞扬了俄国十月革命及其在全世界的影响。胡适于1919年8月24日在《每周评论》第36号上撰写了《新刊评介——介绍〈湘江评论〉、〈星期日〉》一文，高度评价了《湘江评论》，并表示支持湖南学生的斗争。胡适指出：

《湘江评论》的长处是在议论的一方面，《湘江评论》的第2、3、4期的《民众大联合》一篇大文章，眼光远大，议论也很痛快，确是现今的一篇重要文字。还有“湘江大事述评”一栏，记载湖南的运动，使我们发生无限乐观。武人统治之，能产生出我们这样的一个好兄弟，真是我意外的喜欢。

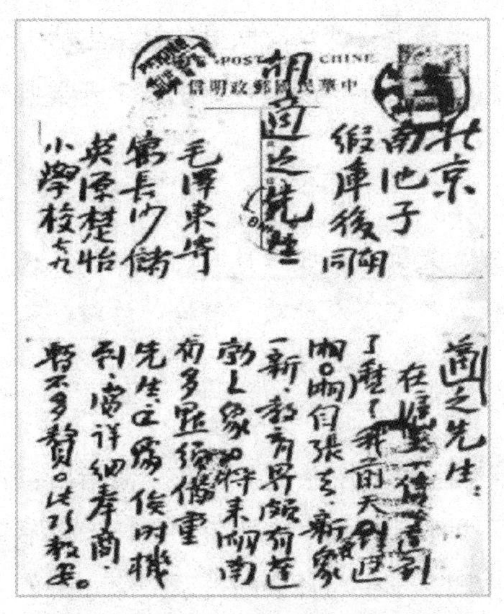

1920年7月24日，毛泽东寄给胡适的明信片。

1920年7月24日，毛泽东寄给胡适一张明信片，其中说道“湘自张去，新象一新，教育界颇有蓬勃之象”。这里的“湘自张去”指的是派兵镇压学生反日斗争的军阀张敬尧已于这一年的6月被赶出湖南一事。这里毛泽东向胡适报告湖南学生斗争情况，也有对胡适支持湖南学生斗争的感谢之意。从二人早期的交往看，毛泽东当年对胡适是敬重的。从以上胡适的论述中可以看出，胡适在“五四学生运动”初期对学生运动是支持的。

1920年，五四运动一周年的时候，胡适和蒋梦麟联名发表文章《我们对于学生的希望》（原载于1920年5月4日出版《晨报副刊》，又载1920年5月《新教育》第2卷第5期）。胡适在文章中说：

当去年的今日，我们心里只想留住杜威先生在中国讲演教育哲学；在思想一方面提倡实验的态度和科学的精神；在教育一方面而输入新鲜的教育学说，引起国人的觉悟，大家来做根本的教育改革。这是我们去年今日的希望。不料时势的变化大出我们的意料之外，这一年以来，教育界的风潮几乎没有一个月平静的；整整的一年光阴就在风潮扰攘里过去了。

胡适认为这次运动的重要贡献有五个方面，一是加强了学生的主动精神；二是引起学生对社会对国家的兴趣；三是锻炼了学生作文演说的能力、组织能力、办事能力；四是增加了学生团体生活的经验；五是引起许多学生的求知欲望。这也许可以看作胡适支持五四运动的原因吧。此外，胡适对五四运动也提出批评，在文章中说："荒唐的中年老年人闹下了乱子，却要未成年的学子抛弃学业，荒废光阴，来干涉纠正，这是天下最不经济的事。况且中国眼前的学生运动更是不经济。"认为这样的运动对学生有三大害处：第一，在学生运动中，有些人自己不敢出面，却躲在人群中呐喊，这是依赖群众的懦夫心理。第二，罢课时间一长，有些人就会养成逃课的习惯。第三，经过这场运动，有些人可能产生无意识的行为，养成盲目从众习惯。胡适对学生的希望，简单说来，只有一句话："我们希望学生从今以后要注意课堂里、操场上、课余时间里的学生生活，只有这种学生活动是能持久又最有功效的学生运动。"1921年，胡适在北京大学开学典礼上也重申了这一看法，郑重指出：

学生宜有决心，以后不可再罢课了。今年事无穷，失望之事即在目前，我们应该决心求学；天塌下来，我们还是求学。如果实在忍不住，尽可个人行动；手枪，炸弹，秘密组织，公开活动，都可以。但不可再罢课。

1922年，胡适撰文《学生与社会》，文中谈到学生的责任在社会改良。他指出："不过在文明的国家，学生与社会的特殊关系，当不大显明，而学生所负的责任，也不大很重。唯有在文明程度很低的国家，如像现在的中国，学生与社会的关系特深，所负的改良的责任也特重。"

可见，胡适初期虽然支持学生参加学生运动，但是其根本宗旨是不希望学生因为参加运动而耽误宝贵的学习时间，更不希望他们罢课。虽然人们对胡适当时的态度，尤其是不希望学生罢课的做法颇有不满，但是，胡适认为学生的首要任务是搞好学业的主张也有其合理之处。他对当时的变态社会持批判的态度，同时也在不断寻求挽救此种社会的良策，一直寄希望通过教育的改革救国图强。

一个正确的历史公式：学生运动是变态社会的产物

1920年5月4日，正值五四运动一周年纪念，胡适在《我们对于学生的希望》一文中最早指出："在变态的社会国家里，政治太卑劣腐败了，国民又没有正式的纠正机关（如代表民意的国会之类），那时候干预政治的运动，一定是从青年的学生界发生的。"1928年5月4日，正当国民革命军节节胜利、北洋政府就要垮台的时候，时任中国公学校长的胡适应邀去上海光华大学发表演说。胡适再次强调学生运动是变态社会的产物。

变态的社会就是中年人没有担当的社会，混乱的社会，学生被迫参与社会政治的社会，违背常理，所以变态。与以往不同，这一次胡适借古喻今，以东汉末年的党锢之祸、北宋末年的陈东上书、清朝末年的戊戌政变、1848年的欧洲革命为例进行分析，把这个观点总结成一个历史公式，并且用这样一句话来表述，就是在变态社会的国家里，政府腐败，没有代表民意的机关，干涉政治的责任，一定落在少年的身上。要想避免学生干政，就得要"智识高深、体力强健、经验丰富的中年出来把政治干好"，使政治早日上轨道，否则禁止学生干政是不可避免的。此次演讲结束之时，胡适在总结中满怀激情地说：自从五四运动以来，中国的青年学生，年纪轻轻，参与运动和斗争，对于社会和政治，总是不曾放弃自己的责任，总是不断与恶势力作斗争，有的牺牲了自己的年轻生命，其中多数为青年女子，实在太可惜了。

随着形势的发展，更使他对学生运动在行动上持保留态度，坚持认为学生运动是社会变态的产物，是变态的社会影响了学生的学习和学校的正常教学秩序。1925年5月30日，"五卅运动"再次掀起了学运高潮，胡适在《爱国运动与求学》一文中指出，北大学生在求学的范围以内做救国的事业，可算是在近年学生运动史上开一个新纪元。北大学生总投票表决不罢课之后，不到二十天，也就不能不罢课了。二十日前不罢课的表决可以表示学生不愿意牺牲功课的诚意；二十日后毫无勉强地罢课参加救国运动，可以证明此次学生运动的牺牲精神。这并非前后矛盾：有了前回的不愿牺牲，方能更显出后来的牺牲是难能可贵的。可见胡适内心对学生不罢课的行为感到满意。文中胡适还告诫说，各种外交问题在于民众与政府的相互配合和支持才会取得胜利。如果没有像样的政府，只有变态的政府，仅仅依靠民众的义气也是难以取得成功的，民众的影响仅仅是间接地在起作用，因为外国政府面对的不是民众而是我们国家的政府。外交的胜利需要健全的政府利用合理的民众行为才会取得胜利，变态的政府只会让民众白白地牺牲。

1932年，胡适在《论学潮》中又提到："凡能掀动全国的学潮，都起于外交或政治问题。这是古今中外认同的现象：凡一国的政治没有上轨道，没有和平改换政权的制

1946年12月30日，因沈崇事件而参加抗暴游行的学生队伍。

度，又没有合法的代表民意的机关，那么，鼓动政治改革的责任总落在青年知识分子的肩膀上。”这里胡适一方面分析了学生运动的合理性，对学生运动有支持的态度，另一方面也表现出对变态社会的不满，指出混乱的政府就有混乱的社会，就会导致学生为改革政治而斗争。

1935年12月9日，“一二·九”运动爆发，北平（北京）大中学生数千人在中国共产党的领导下举行了抗日救国示威游行，反对华北自治，反抗日本帝国主义，掀起全国抗日救国新高潮。南京政府企图镇压学生运动，激起了学生的强烈不满，形成了“反饥饿、反内战、反压迫”的全国性政治运动。对此，胡适认为学生有理由起来反抗，但是不可以牺牲学业的罢课方式来干预政治，这样的反抗方式最终害的是学生自己，耽误了学习不说，有可能还会丢掉性命。

1947年，胡适刚刚出任北大校长，北京爆发了反对美军士兵强奸北大女学生沈崇的事件。这一事件引起了北京乃至全国学生的强烈不满和抗议，纷纷罢课，走上街头高举抗击美军暴行的旗帜，要求严惩凶手。对于此事，胡适公开对记者表示，学生、教授和他自己对这样的事件非常愤恨，学生开会和游行示威都可以，但是罢课要耽误求学的宝贵时间，实在得不偿失。胡适之所以有此种态度，归根于他的基本思想，反对变态的社会，爱惜学生，更希望学生以学业为重，不要做出无谓的牺牲。此时，国内局势变得异常复杂，形式更加恶化，胡适既反对共产党发动学运，又反对国民党对学运的镇压。胡适既想学生不要罢课、认真学习，又对国民党政府抱有一丝希望，两相矛盾的复杂心理使得胡适壮志难酬。

总之，胡适的学生运动主张倾向于保守的支持，更希望学生不要罢课来参加运动，要以学业为己任，利用年少的大好光阴增长才智，学有所长，报效国家。此外，胡适把学生参加运动、改革政治的责任归咎于混乱而不作为的变态政府，对此持批评态度，但自身又苦于无能为力，为本不该牺牲的年轻生命痛惜。胡适的这一学生运动主张，在当时没有被大多数人认同，反而受到攻击和误解，有人痛骂胡适卖国，这与中国当时的历史和社会背景不无关系。仔细想来，胡适冷静理智地处理学生运动的主张有其合理之处，站在了学校以教育学生学习为己任，学生以学业为重的角度。中华民族从来没有经历过的最伟大、最进步的“五四”时代，需要时代巨人，恰恰胡适承担了民族思想文化启蒙、文学革命的历史重任。

吹响文学革命号角的文化先锋

20世纪初，中国如何走上富民强国之路是社会各界人士，尤其是知识分子阶层共同关注的历史命题。其中，对束缚和毒害人性的陈旧的中国传统文化进行反省、改造或清除，成为知识分子实现救亡图存、改造中国的选择之一。作为中国新文化运动的主要倡导者，胡适同样将文化改造作为其终生努力的方向。他始终秉持科学理性态度，以审视的目光重新考量传统思想、文化、制度、风俗等，身体力行地致力于科学观念的推广，形成了一套系统的科学文化观。胡适在树立以科学为核心的新文化观基础上，在思想领域进行了一场除魅清扫行动，对于改造愚昧陈旧的国民性，培养国民良好的心理状态、行为习惯和生活方式，用科学的精神、态度与方法对待与指导其人生问题起到了重要推动作用。

充当文学革命急先锋

以反对旧文学、提倡新文学为基本内容的文学革命，是“五四”新文化运动的一个重要组成部分，它揭开了中国文学转型的新篇章。从文化意义上，它还是中国迈入新世纪的第一步。这场震撼古今的文学革命，首举义旗的是谁呢？正是胡适。他最先提出“文学革命”的口号，并阐释了系统主张。胡适开创的这种声势浩大的运动，不仅使其在中国“暴得大名”，也为他带来世界影响。美国《展望杂志》选出胡适为全世界一百名文人之一的理由，就在于他在中国发明了一种“新语言”。当然，胡适并没有发明语言，但从其国际影响来看，他提出的语言革新确实在中国乃至全世界不同凡响。

留学美国：与梅君相辩终“逼上梁山”

胡适关于“文学革命”的理论主张主要是留学美国期间形成和发展起来的，外部环境和自我深化主客观交织酝酿并最终促使主张和理论破巢而出。

胡适在做庚款留学生时，每月都会收到一张来自华盛顿清华学生监督处寄来的支票。因为美国的清华留学生监督处办事员钟文鳌对于中国社会改革情有独钟，在每月的支票信封里，他总会私下夹带一张主张社会变革的小传单，内容之一是“废除汉字，改用字母”。胡适和其他学生一样，拆开信封后仅仅关注抽出支票，而不关心传单内容，因此看罢传单后大多是“事不关己，高高挂起”，一律抛到废纸篓里。可是钟先生依旧乐此不疲地夹带传单，这种“强买强卖”的做法让大家颇为厌恶。一次，胡适一时兴起，竟然回敬钟氏一张小纸条，意思大致为你们不懂汉字，也不会写汉字，还要废除汉字，最好闭起乌鸦嘴，等学懂汉文有资格后再来讨论此事。事后，胡适对自己的做法无比懊悔，也认真反思了钟氏所提问题和所作所为，深感像钟氏这样没有资格的人都谈这类问题，自己这些够资格的人实在惭愧，应该在“文字改革”上尽些力。1915年夏，恰逢美东中国学生会成立了一个“文学科学研究部”，胡适担任文学股的委员，负责分股讨论的责任。随后，他和1910年同时进入康奈尔大学的赵元任商量把“中国文字的问题”作为议题，二人各作论文一篇，胡适在其所作《如何可使吾国文言易于教授》一文中提出了中国文言文是个“半死的语言”，白话文是“活的语言”的观点。此后两年，胡适一直致力于文字改革，并成为其转学哥伦比亚大学后生活的一部分。

同时，胡适留学美国期间，恰逢1911年前后“美国文艺复兴运动中”反对陈腐、拘谨句法的“新体诗”大量出现并获得成功，这为胡适觅得了一定理论支撑和可以望见的前景。如果说这两个客观的外在环境因素只是激发了胡适的反思和改革愿望，而1915年暑假之后的一连串小小的事件则最终促使胡适深刻思考，并最终坚定地走上了废除死文学、选取活文学的激进道路。

1915年暑假，胡适与任鸿隽、梅光迪、杨铨、唐钺等一班留学生在绮色佳度假，泛舟凯约嘉湖上，共同讨论中国文学问题。胡适将自己关于“文言为半死的文字”的看法拿出来与大家探讨，遭到梅光迪的坚决反对。二人从文字到文学辩论了无数个回合，梅氏越来越守旧，胡适则越来越激进，由文学改革变为文学革命。临别前，胡适送予梅光迪一首诗——《送梅觐庄往哈佛大学》，该诗写道：

吾闻子墨子有言：“为义譬若筑墙然。能实壤者且实壤，能筑者筑掀者掀。”吾曹谋国亦复尔，待举之事何纷纷。所赖人各尽所职，未可责备于一人。同学少年识时务，学以致用为本根。争言“治病须对症，今之大患弱与贫。但祝天生几牛敦，还乞千百客儿文，辅以无数爱迭孙，便教国库富且殷，更无准某妇无裈。乃练熊罴百万军。谁其帅之拿破仑。恢我土宇固我藩，百年奇辱一朝翻。”凡此群策岂不伟？有人所志不在此。即如吾友宣城梅，自言“但愿作文士。举世何妨学倍根，我独远慕萧士比。”梅君少年好文史，近更摭拾及欧美。新来为文颇谐诡，能令公怒令公喜。昨作檄讨夫己士，倪令见之魄应褫。又能虚心不自是，一稿十易犹未已。梅君梅君毋自鄙。神州文学久枯馁，百年未有健者起。新潮之来不可止，文学革命其时矣。吾辈势不容坐视，且复号召二三子，鞭笞驱除一车鬼，再拜迎入新世纪。以此报国未云菲，缩天戡地差可佩。梅君梅君毋自鄙。……作歌今送梅君行，狂言人道臣当烹。我自不吐定不快，人言未足为重轻。居东何时游康可，为我一吊爱谋生，更吊霍桑与索虏：此三子者皆峥嵘。应有“烟士披里纯”，为君奚囊增琼英。

此诗分3小段，长达60句，共420字，提到了牛顿、爱迪生等11个外国人的名字。但该诗最惹人注目的是“文学革命”四个字的首次登台亮相，由此引发了胡适、梅光迪、任鸿隽之间的一场辩论。任鸿隽读罢此诗后，于9月19日也写了一首游戏诗《送胡生往哥伦比亚》送与胡适：

牛敦爱迭孙，培根客尔文。索虏与霍桑，烟士披里纯；
鞭笞一车鬼，为君生琼英。文学今革命，作歌送胡生。

因任、胡彼此都是好友，且极为熟悉，他也用牛顿、爱迪生、培根等名人名字“回敬”了胡适，最后还嬉笑和挖苦了他眼中胡适所提出的不切实际的所谓“文学革命”一词。

1916年，任鸿隽所作《泛湖即事》中“言棹轻楫，以涤烦疴”等陈腐的诗句，使胡适读后深感是死字而不舒服，对此略有批评。此时受教于美国著名保守派文学评论家白璧德的梅光迪就此打抱不平而批评了胡适，指出诗的语言一定要由一流诗人和艺术家加以锤炼美化。胡适就梅君的态度作了打油诗，结果引起了任、梅二君的“大发雷霆”而与之激烈辩论。胡适愈辩愈勇，思想得到了根本觉悟，认为中国文学史是一部文字形式（工具）新陈代谢的历史，是“活文学”随时代替“死文学”的历史。文学革命就是用白话代替古文的革命，是用活的工具代替死的工具的革命。正是与那一班朋友的切磋，终于使得胡适所提文学革命由观念的模糊而“渐渐结晶成一个有系统的方案”，“慢慢地寻出一条光明的大道来”。

曾与胡适同年赴美国留学的梅光迪（1890—1945）。

任鸿隽（1886—1961），中国现代科学事业主要开拓者和奠基人之一。

留美期间的胡适由于广泛地接触西方文化，尤其是实验主义哲学，视野、思想方法、学术抱负都更进一步。他已不再是私塾里那个怀疑倾向初具的学生，也不是上海求学时在《竞业旬报》“小打小闹”、懵懂求新的少年。踏入美国社会后，杜威实验主义思想方法所强调的“历史的观点”和“实验室的态度”将胡适的原本潜在的尝试和实验思想牢牢武装，成为他寻找提出“文学革命”主张和实践所必需的理论上的“敲门砖”。胡适曾回忆：“我决心实验白话诗一半也是我受的实验主义哲学的影响。实验主义教训我们：一切学理都只是一种假设，必须要证实了，然后可算是真理。……我的白话文学论不过是一个假设……我的白话诗的实地实验，不过是我的实验主义的一种应用。”在与朋友相辩之后决心不再写旧诗词而专写白话诗的决心和实验主义的影响与指导，使得胡适创作白话诗的想法得以落实，并最终将诗集名字定为《尝试集》。

革新本旨：倡导坚持“八不主义”

胡适在多方因素的影响下，“文学革命”的观念逐渐了然于胸。但文学革命真正开始则始于《文学改良刍议》一文在《新青年》杂志上的刊登。1915年9月15日，陈独秀主编的《青年杂志》在上海创刊，当时这个杂志并不显眼，作者来源狭窄，发行量也不大，其真正声名鹊起是在胡适打出“文学革命”的旗帜之后。1916年2月3日，胡适给陈独秀来信，表示“今日欲为祖国造新文学，宜从输入欧西名著入手，使国中人士有所取法，有所观摩，然后乃有自己创造之新文学可言也”。他还将所翻译的俄罗斯小说《决斗》寄与《新青年》。陈独秀将其发表后，认为是“改良文学之先导”。8月19日，胡适先致函朱经农，并同时写了题为《文学革命八条件》的札记，首次完整提出新文学具体而又激进的八项主张，即：“（一）不用典。（二）不用陈套话。（三）不讲对仗。（四）不避俗字俗语。（五）须讲求文法。（六）不作无病之呻吟。（七）不模仿古人。（八）须言之有物”。1916年10月初，陈独秀敏锐地认识到胡适这一主张的重要性，对八项主张“合十赞叹，以为今日中国文界之雷音”。随后，他立即连去两信，要求胡适“详其理由，指陈得失，衍为一文，以告当世”。

受此催促，胡适的《文学改良刍议》很快漂洋过海，传到陈独秀的手中。陈独秀于1917年1月1日即将此文登载在《新青年》上。这篇文章对此前的八项主张做了调整：

朱经农（1887—1951），教育家、诗人、大学校长。

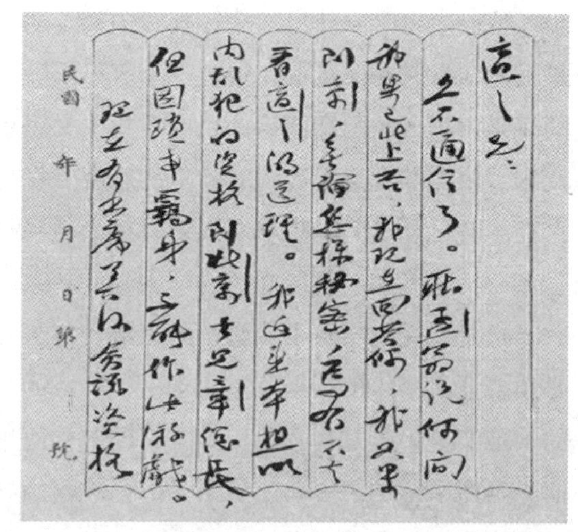

民國　年　月　日第　號

陈独秀致胡适的信。

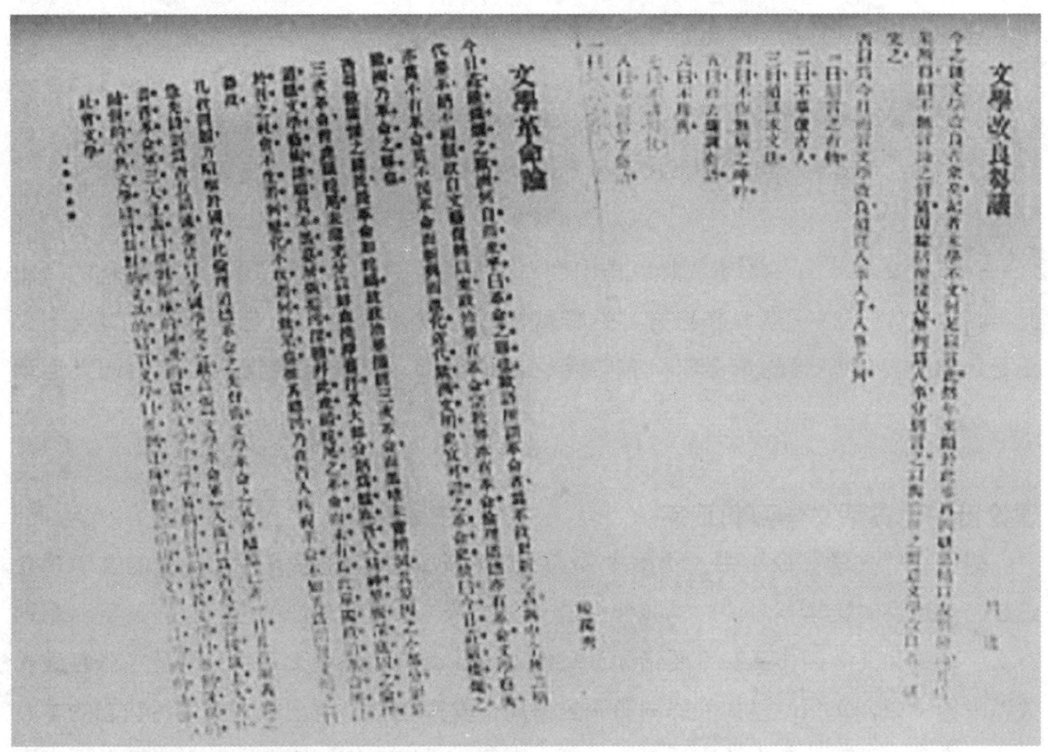
文學改良芻議

胡適

文學革命論

陳獨秀

《新青年》刊登的《文学改良刍议》和《文学革命论》。

（一）须言之有物。（二）不模仿古人。（三）须讲求文法。（四）不作无病之呻吟。（五）务去滥调套语。（六）不用典。（七）不讲对仗。（八）不避俗字俗语。陈独秀读过《文学改良刍议》后极为振奋，特意在文后的跋语中说：“今得胡君之论，窃喜所见不孤。白话文学，将为中国文学之正果，余亦笃信而渴望之。吾生倘亲见其成，则大幸也！”该文更是成为文学革命一个“发难的信号”和第一篇正式宣言。文学家朱自清曾盛赞胡适所作《文学改良刍议》“实在是文学革命的第一声号角”。

胡适由《文学改良刍议》迈出了文学革命的第一步，发表后又引起诸多讨论。但正如胡适所言，也许是在美国遭到朋友的一致反对的缘故，他的“胆子变小了，态度变谦虚了”，所以将此文标题谦虚而诚惶诚恐地称为“文学改良刍议”。陈独秀则以革命家的坚决态度和气魄，弥补了胡适的软弱和迷离的态度，于2月份推出《文学革命论》，正式冠以“文学革命”的旗帜，鲜明地提出“革命三大主义”，即：

推倒雕琢的、阿谀的贵族文学，建设平易的、抒情的国民文学；

推倒陈腐的、铺张的古典文学，建设新鲜的、立诚的写实文学；

推到迂晦的、艰涩的山林文学，建设明了的、通俗的社会文学。

一场“文学革命”运动从此以排山倒海之势展开，开创了中国文学现代化的新纪元。后来，胡适感叹道，陈独秀“这样武断的态度，真是一个老革命党的口气”。正是“这样一个坚强的革命家做宣传者，做推行者，不久就成为一个有力的大运动了”。

理论出炉：白话文学回归正宗

胡适在“文学革命”中的贡献主要为文学理论。他接连发表了《历史的文学观念论》、《建设的文学革命论》、《什么是文学》、《论文学革命的进行程序》等一系列对文学革命和文学创作具有重要指导意义的理论文章。在这些文章中，胡适主张打破长久以来传统文言文积习已久的陈词滥调的僵局，发挥文学乃是记载人类生活状态的本真功能，推动文学随社会生活变迁而变迁等。它们一经发表就风靡全国，对当时乃至今天的学术界仍影响深远。

胡适在严复和孙中山的基础上，将进化论观念应用于文学领域，以作为文学评价理论的标准。这场革命将一向为旧文人所不屑而不能登大雅之堂的白话文从“草野田间”提到一个“正宗”的地位。胡适指出清末民初提倡白话报、白话书等失败的原因在于他们自己根本瞧不起他们提倡的白话，“把社会分作两部分：一边是应该作古文古诗的‘我们’。我们不妨仍旧吃肉，但他们下等社会不配吃肉，只好抛块骨头给他们吃去罢。这种态度是不行的”。

为了打破这种局限，胡适提出“白话文宗”和“活文学”的观念，肯定那些写白话文的大师，如施耐庵、曹雪芹等，公开反对被少数人垄断的、脱离了民众口语的僵死了的文言文。同时，胡适指出要使中国有一种说得出、听得懂的国语，必须把现在最通行的白话文用作文学不可，通过“国语的文学”，最后实现“文学的国语”。胡适将白话文学回归正宗的积极意义在于，就文学本身而言，推翻了贵族文学，造就大众文学、平民文学；就社会意义而言，白话文实现了文化下移，打破了上层和下层社会间的壁垒，带动了现代国民教育普及、民主政治、科学观念更新等。

胡适认定文学革命须有先后程序，“先要做到文字体裁的大解放，方才可以用来新思想新精神的运输品”，形式上的束缚会“使精神不能自由发展，使良好的内容不能充分表现。若想有一种新内容和新精神，不能不先打破那些束缚精神的枷锁镣铐。因为有了这一层诗体的解放，所以丰富的材料，精密的观察，高深的理想，负责的感情，方才能跑到诗里去”。但是文学中的形式和内容是有密切关系的，形式改换了，内容还是没有改，同样不能算新文学。那么，文学要怎样才算新呢？胡适强调把死的文字放弃，采用活的文字的同时，新文学必须有情感和思想，若没有真实的情感和内容，却一味在语言形式的技巧上搬弄是非，其作品只能是无灵魂、无脑筋的美人，徒有其表而灵魂枯萎。文学体裁应打破传统文学只以才子佳人为写作对象的路径，如工厂之男女工人、人力车夫、内地农家，各地大负贩及小店铺，一切痛苦情形都应该在文学上占一位置，将下层民众的生命纳入文学的视野。当然，胡适的文章主要侧重于文学形式的改革，对于文学内容的改良则较少理论阐释。

创作跟进：诗歌、戏剧等躬身力行

对比胡适提出的丰厚文学理论，他在新文学创作实践上取得的成绩略显苍白，但胡适带头写白话论文，努力提倡和敢于用白话作诗，写剧本、小说、传记和散文等，其身先士卒的精神和敢于尝试的所作所为不得不令人折服。

胡适极力鼓吹新文学革命，主张用白话作文。改革主张有了，可要用白话作诗并没有想象中简单，必须有能让人接受的作品才更能说服人。胡适第一次尝试就遭到了梅、任二人的嘲笑，连胡适自己也承认只不过是“游戏”。1916年7月起，胡适暗下决心，终于开始弃“文言”投“白话”，且将白话诗集定名为《尝试集》，并在前面写下“天下决没有不尝试而能成功的事，也没有不用尝试就可以预料成败的事。有志者，事竟成”。胡适日日夜夜地劳心费力，其间因为朋友极力反对而孤身一人投入其中，不免有些孤独、寂寞，但他还是坚持不懈，一丝不苟、踏实坚定地沉溺于此，白话诗歌也与他的生活中的所思、所观、所行融为一体。

有一次，胡适独自在哥伦比亚大学宿舍吃罢午餐，站在窗口向外眺望。远处平静和缓的赫贞江正流淌着，近处一大片郁郁葱葱的丛林中娇嫩的野花正在开放。忽然，两只嬉戏玩耍的黄色蝴蝶“从天而降”，在树梢翩翩起舞。过了一会儿，花丛中却只剩一只蝴蝶形单影只地飞翔。胡适孤独的心情不由地与此景相互交融，灵感如流水般涌现，很快写下了题为《朋友》的白话小诗：

两只黄蝴蝶，双双飞上天。不知为什么，一个忽飞还。

剩下那一个，孤单怪可怜。也无心上天，天上太孤单。

这首诗流露了胡适初尝白话诗时无人支持、赞成而满腔孤独的心情，但同时不难发现该诗意境深沉开阔，诗与画水乳交融，情与景美妙结合。由于当时写白话诗有大逆不道的嫌疑，故胡适常被人攻击和讥讽。同为北京大学教授的黄侃等旧派教授以“黄蝴蝶”呼其名作为讽刺，表达对胡适及其白话诗歌的不满。

胡适整整尝试三年白话诗歌，所作《尝试集》中收录的七十首作品可称为“白话”的还不到总数的百分之十八，仍有旧体诗的痕迹。胡适自己形象比喻这些诗作如“一个缠过脚后来放大的妇人回头看他一年一年的放脚鞋样，虽然一年放大一年，年年的鞋样上总还带着缠脚时代的血腥气”。无论如何，此诗集是中国诗史上第一部白话新诗集，它既是新诗的示范，也建筑了旧新诗体间过渡的桥梁。其思想内容传达的反封建意味，艺术形式上所追求的“诗体的解放”更是大胆的尝试，确实为诗集增色不少。

胡适还译介了欧美近代文学作品，都德、莫泊桑等人的短篇小说都在翻译之列。胡适对这些小说的译介，突破“某生某处人氏……”的小说滥调，对实现中国小说现代化提供了有益的借鉴。他还曾写过《一个问题》、《差不多先生》等，其中《差不多先生》采用寓言方式，以讽刺和夸张的笔墨，让人读后不免对国人的愚昧性等印象深刻，回味无穷。胡适不仅翻译、创作短篇小说，还积极投身于戏剧改良和创作中。1918年，胡适写了《文学进化观念与戏剧改良》一文，大力提倡写实主义的悲剧，阐扬现代戏剧的特点，抨击旧戏中的“团圆迷信”以及跑龙套、翻筋斗等“自欺欺人的动作”，一语道出旧戏的弊病。胡适还曾试作《终身大事》，此本也是新文学史上最早用白话创作的剧本。虽然该剧是在模仿易卜生《玩偶之家》基础上而成，但是对于突破传统戏剧创作，带来女性人格解放、婚姻自由等反传统的思想震撼有着不可替代的作用。

开始于1915年的新文化运动和发生于1919年的五四运动，人们合称为“五四新文化运动”，是现代中国文化结构全面更新的肇始。在这场运动中，胡适是首举义旗、冲锋陷阵的急先锋。胡适因引领新文化思潮而“暴得大名”，新文化运动则因胡适独特的贡献

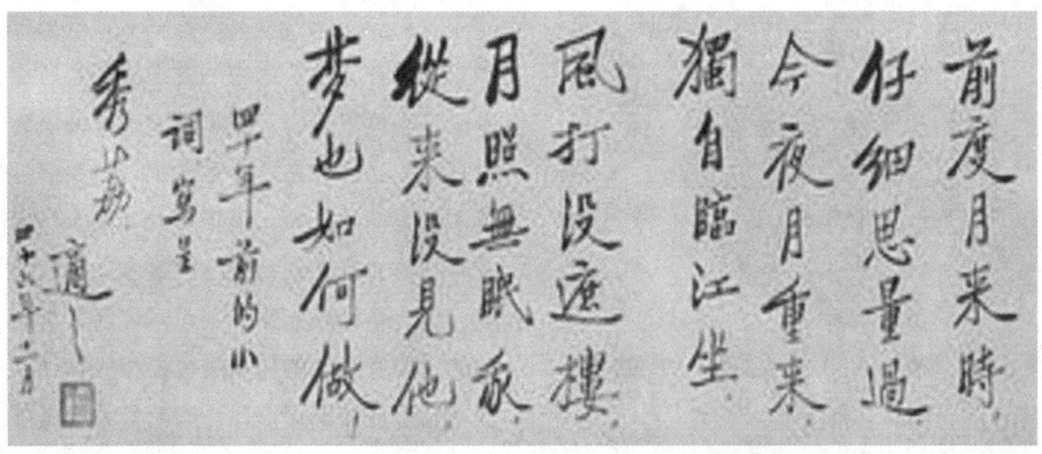
前度月来時，仔細思量過。今夜月重来，獨自臨江坐。風打沒遮樓，月照無眠我。從来沒見他，夢也如何做！

四十年前的小词寫呈

秀山兄

適之

四十五年十二月

相思瘦因人間阻，只隔墻兒住，筆尖和露珠，花瓣題詩句，倩啣泥燕兒將過去。

元人清江引。

綠蓑衣，紫羅袍，誰是主？兩件兒都無濟。便作釣魚人，也在風波裏，則不如尋個穩便處閑坐地。

元人清江引。

若還與他相見時，道个真傳示，不是不修書，不是無才思，遶清江買不出天樣紙。

元人清江引。

劉郎兒一輪天上月，拜了低低說，是必長團圓，休着些兒缺，願天下有情底都似你者！

元人清江引。

相思比如少債的，每日相催逼，常挑着一担愁，准不了三分利，這本錢見他時才算得！

元人清江引。

清江引五首，均見太平樂府。在敬華處寫字，真可謂班門弄斧了。

適之

十四.六.廿四.

胡适手书诗稿。

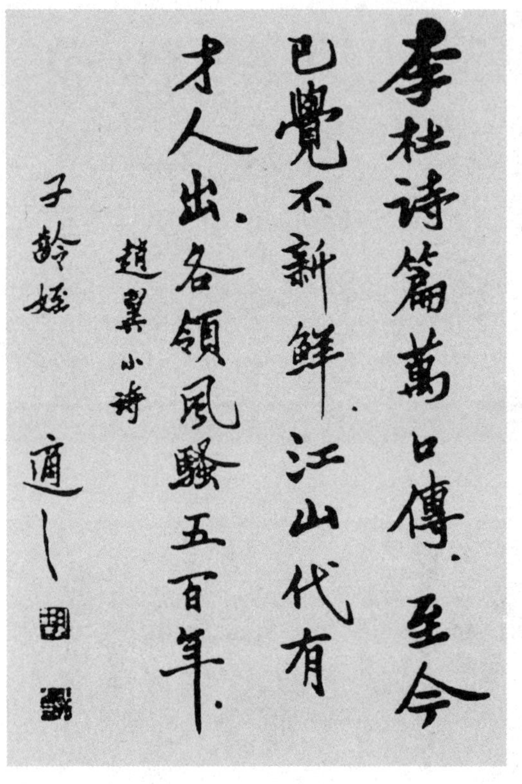

胡适手迹。

增添了异彩。就连其反对派章士钊都极度赞誉胡适在文学革命中的突出表现和所作贡献，高度赞扬曰“适之为大帝，绩溪为上京”。当然，在这场运动中，主要倡导者不仅是胡适一人，最重要的代表人物还有陈独秀、李大钊、鲁迅、吴虞以及蔡元培五位。蔡尚思先生分别对六位新文化运动的重要发声者的作用进行了相应归纳，他指出担任“总司令”、影响最大的是陈独秀，理论分析最正确的是李大钊，反孔最长久（从一十年代到三十年代）、最深刻的是鲁迅，反孔最突出、“拿下孔丘招牌”的是“清道夫”吴虞，倡导白话文的“急先锋”是胡适，提供运动基地、首创学术民主的是蔡元培。可见，他们均有反封建主义以及批判儒家哲学的基本共同点，但是在运动中的作用各不相同。

其中，陈独秀创办《新青年》杂志并以此为阵地，发动了一个彻底地反对封建主义的新文化运动，成为首举“民主”、“科学”两面旗帜的英勇战士，并通过文学革命和政治革命相结合，坚定地推动了胡适的文学“改良主义”走向文学革命。通过新文化运动中敢做梁启超、章士钊辈所不曾和不敢做到的，毅然决然地下了“青年全体的总动员令”，陈独秀成为声望最高、影响最大的人，成为“思想界的孙黄”。李大钊是新文化运动中的一员猛将，他反对颂古非今和安于现状的人生态度，反对尊孔复辟，同时注意揭露北洋军阀政府的封建行径，但是他注意把孔子在历史上的进步作用同历代封建王朝利用孔子为偶像来巩固其统治这两者加以区别。更加重要的是，李大钊在五四新文化运动中揭开了宣传马克思主义的新页，使得正确理论指导行动。鲁迅以其思想的深度和创作的技巧，最早投身于新文化的实践，创作了《狂人日记》等卓越的短篇小说，产生了广泛的社会影响，显示了文学革命的实绩。同时，他更是长达二十多年进行新文学的实践创作，起到了启蒙青年的思想的作用。吴虞曾在《新青年》上发表了《家族制度为专制主义之根据论》、《说孝》等文，猛烈抨击旧礼教和儒家学说，这成为他在新文化运动中最主要的努力方向和最突出的成就。蔡元培主持北京大学校政以后，“依各国大学通例”，循思想自由原则，取兼容并包主义，力求把北大办成先进的高等学俯。在这一办学方针下，陈独秀、李大钊、鲁迅、吴虞、胡适均得以在北京大学执教，宣传新文化运动的观点和思想，进一步使之成为新文化的中心、五四运动的发源地。可以说，陈独秀提供了刊物阵地，并提纲挈领，而蔡元培则为新文化运动提供了物理空间，使新文化运动倡导者聚集其中，并最终直接和间接地倡导、孕育了五四运动。胡适与前述五位一样，均为新文化运动中的重要倡导者，且举出了反对封建主义、批判儒家传统以及支持“民主”、“科学”的大旗，但是他并没有成为新文化运动的总指挥，同样也没有一以贯之地进行新文学创作，更没有形成正确的理论去指导和影响新文化运动以及提供可供新文化运动同仁活动的阵地，而胡适更显著的成功和给今人以最大益处的是，以力作的形式首倡文学革命，并以理论和实践躬耕力行地提倡白话文。直到“五四”时期，经胡适的提出及新文化运动的洗礼，白话文的运用迅速增长并深入人心、立稳脚跟，终于取代了文言文在书面表述上的支配地位，正式结束了两千年来古文统治文坛的局面，也开辟了现代中国文学的崭新纪元。胡适所倡白话文的胜利，不止于文学革新的意义，白话文作为一种便捷、简单的语言工具，更加强了宣传力度和速度。胡适在新文化运动中的文学革命主张等也影响了当时的一代学人，毛泽东回忆青年时期的生活时曾坦言那时“非常钦佩胡适和陈独秀的文章”。胡适不愧为文学革命的执牛耳者，为我国学术思想改革、文学观念革新作出了不可磨灭的贡献。

漫画《差不多先生》。

大力倡导整理国故

中国五千年历史孕育了辉煌的文明，留下的文化遗产是我们的骄傲，但在人民停滞不前、个性压抑方面也难辞其咎。如何对待老祖宗留下的这笔文化遗产呢？学人对此问题争论不一，各执一端。民族虚无主义认为传统文化一无是处，需要丢弃来接受西方先进文化，即“全盘西化”；保守主义观点则迥然相反。以胡适为代表的新文化运动的勇士们在细心彻底反省后认为应以评价的态度“整理国故”。在胡适的文化观念中，“文学革命”固然重要，但中国传统国学也非一无是处，相反还有很多精粹在其中。胡适的这一提法表明看似有矛盾，但推衍至其重建中国文化，实现中国文艺复兴的考虑时就会发现，二者统一才能最终实现“再造文明”。胡适在严密的思虑和细致的论证下，于五四期间积极从事整理国故的理论和实践，取得的成绩均令后人望其项背。

1917年被聘为北京大学教授的刘师培（1884—1919）。

“千呼万唤”，整理国故厚积薄发

胡适作为整理国故这场声势浩大运动中最有力的呐喊者和最积极的践行者，其思想萌芽可以追溯到他孩童时期。胡适自己曾言，他大概十一岁时开始读《资治通鉴》，此后因感觉朝代帝王年号难记，就想编一部《历代帝王年号歌诀》，这算得上是他“整理国故”的破土工作。童年想法的萌芽，佐以思想和阅历的不断成熟和丰富，胡适于1919年之后真正开始了整理国故理论和实践的双向用力。

1919年初，正值新旧文化交锋最为激烈之际。作为新文化运动大本营的北京大学，革新与守旧派的斗争尤显尖锐。1月26日，北京大学教授俞士镇、薛祥绥等较为保守的学者纷纷感到“国学沦丧”，发起成立《国故月刊》，并于3月20日创刊《国故》，由踞学统正宗位置的旧派国学大师刘师培、黄侃担任总编辑。他们对留学生的学术根底持怀疑态度，对“乳臭未干”靠白话文“暴得大名”的胡适更是看不上。旧派学生在他们的支持下又成立了“国故社”，举起了“昌明中国故有之学术”的旗帜，基本沿袭了清末国粹派的复古精神。这一举措

与章太炎、刘师培同为“国学大师”的著名语言文字学家黄侃（1886—1935）。

无疑是对新文化阵营提出的挑战，也给新文化人提出了一个无法回避的问题，那就是要不要“国故”？怎样对待和处理“国故”？在这一情势和种种思考下，由李大钊、陈独秀、胡适和鲁迅支持的北大进步学生组成的“新潮社”，针对“国故社”的行为提出了“整理国故”的口号。

首先回答这一问题并喊出“整理国故”口号的是“新潮社”的毛子水、傅斯年等人，而非胡适。1919年5月，毛子水在《新潮》杂志第一卷五号上发表《国故和科学精神》一文，指出旧派研究国故“既不知道国故的性质，亦没有科学的精神”，只是“抱残守缺而已”，他认为研究国故必须用“科学的精神”将国故加以整理。傅斯年在文章后面加了一段“附识”，进一步指出研究国故的两种完全不同的态度：一是“整理国故”，一是“追慕国故”。正确的态度是“必须用科学的主义和方法”来整理国故。《新潮》和《国故》各自阐明自己的观点后，因刊物和观点的对垒而水火不容，“上班时冤家相见，分外眼明，大有不能两立之势”。他们围绕“整理国故”也发生过一次次的小论争，但大都没有多少说服力，特别是“新潮社”成员将整理国故建立于“没有多大益处”基础上，表现出一定局限，不能应对“国故社”的挑战。

胡适与毛子水合影。毛子水（1893—1988）被誉为五四时代“百科全书式学者”，1930年任教于北京大学史学系，后赴台。

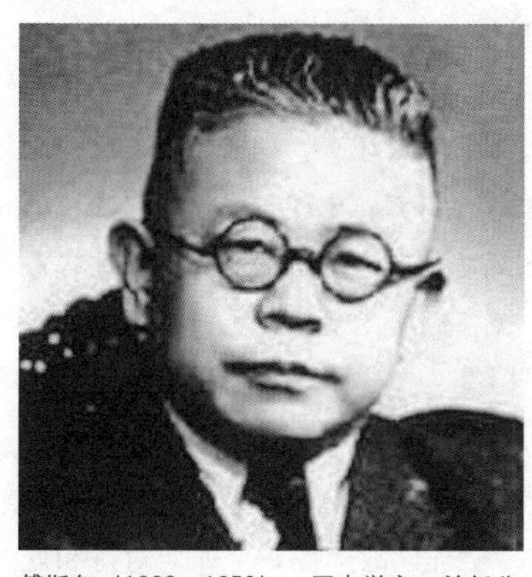

傅斯年（1896—1950），历史学家，曾任北京大学代理校长、台湾大学校长。

“新潮社”虽早于胡适提出这一问题，但由于他们都是“初出茅庐”的青年学生，思想观念还不是特别成熟，因此对自己的回答并不满意，深感对这个问题的重要性认识不够，所带来的影响也不大。有鉴于此，同年8月，作为老师和顾问的胡适专门就“整理国故”问题去信答毛子水，他一方面赞同和支持毛子水用科学精神“整理国故”的主张，一方面也批评了他们抱着“有用无用”的狭隘功利主义观点来看待“整理国故”。胡适主张，应“存一个‘为真理而求真理’的态度”，用“科学的方法去做国故的研究”，并认为“学问是平等的。发明一个字的古义，与发现一颗恒星，都是一大功绩”。胡适“整理国故”显露的追求学术的意念和精神值得肯定，但他过分强调“整理国故”的学术意义，进而夸大了其社会功用，使得后来有些学者受此引导而一度沉迷于故纸堆，完全脱离国计民生和社会实际，与此言所产生的流弊有一定关系。

“整理国故”作为一面旗帜带领众人前进，始于1919年12月1日胡适在《新青年》第7卷第1号发表的《新思潮的意义》一文，文中“研究问题，输入学理，整理国故，再造文明”的四字排比句，铿锵有力地传达了胡适对新思潮意义的理解，并将整理国故和思想启蒙串联了起来。该文指出对于旧有的学术思想有“反对盲从、反对调和、主张整理国故”三种态度，其中“整理国故”是一种积极主张，它通过“评判的态度”、“科学的方法”、“条理系统的整理”，最终“从乱七八糟里面寻出一个条理脉络来，从无头无脑里面寻出一个前因后果来，从胡说谬解里面寻出一个真意义来，从武断迷信里面寻出一个真价值来”。

1923年1月，胡适为北京大学主办的《国学季刊》起草发刊宣言，他又在总结清代三百年间汉学研究的基础上，对开展新的国故研究的原则和方法，热情洋溢、信心满满地在《〈国学季刊〉发刊宣言》一文中将他近年来深思熟虑的意见作了全面、深入的阐述，并借用段玉裁论校书的话提出了总的原则和方针：

> 整理国故，必须以汉还汉，以魏、晋还魏、晋，以唐还唐，以宋还宋，以明还明，以清还清；以古文还古文家，以今文还今文家；以程、朱还程、朱，以陆、王还陆、王……各还它一个本来面目，然后评判各代各家各人的义理是非。不过它们的本来面目，则多诬古人。不评判它们的是非，则多误今人。但不先弄明白了他们的本来面目，我们绝不配评判他们的是非。

这是胡适在口号之余关于“整理国故”原则、方法、目的的全面而系统的表述，也是大规模“整理国故”运动开始的宣言书。胡适将“整理国故”提升至如何对待和处理传统学术的态度，由此“整理国故”思想开始在20世纪20年代初的文坛上流行起来。

1923年1月10日，《小说月报》第14卷第1号上出现了“整理国故与新文学运动”的讨论专栏，刊载了郑振铎的《新文学之建设与国故之新研究》、顾颉刚的《我们对于国故应取的态度》、王伯祥的《国故的地位》、余祥森的《整理国故与新文学运动》等文章，认为文学革命要创造新作品，但不能极端至否定旧文学，而应“重新估价与发现中国文学的价值，把金石从瓦砾堆里找出来，把传统的灰尘从光润的镜子下拂拭下去”。自此以后，“整理国故”在学界得到肯定，并通过诸多学者厚重持续的推力而不断发展。

“重估价值”，实现“再造文明”

胡适不遗余力地宣扬新文学后仍主张“整理国故”，并为此进行了大量工作，推动了一场影响学术界的“整理国故”运动。那么，胡适究竟为何要提出“整理国故”？“整理国故”有什么意义呢？这显然是值得深究的问题。

胡适“整理国故”的宗旨与此前国学大师章太炎“用国粹激动种性，增进爱国的热肠”、梁启超“寻根”和“卫道”不同，他认为整理国故与民族主义并无关联，仅需抱定“为真理而求真理”的治学态度。胡适在给胡朴安的一封信中更重申并就把坚定学术的目的清晰无遗地表达出来，“我们整理国故，只是研究历史而已，只是为学术而作工夫，所谓实事求是是也，从无发扬民族精神感情的作用”。

胡适是严守在纯粹追求学术研究的战壕中吗？当然不是。胡适给彭浩徐的信中明确指出“整理国故”是“用精密的方法，考出古文化的真相，用明白晓畅的文字报告出来，叫有眼的都可以看见，有脑筋的都可以明白。这是化黑暗为光明，化神奇为臭腐，化玄妙为平常，化神圣为凡庸”，最终解放人心，用科学精神和科学成果清理中国传统文化中的“鬼”“妖”观念。由此不难看出，胡适通过整理国故最终“打倒儒学一尊的地位，恢复先秦诸子的历史本来面目”，以此“打倒一切成见，为中国学术谋解放”而最终“再造文明”，实现“中国文艺复兴”。

胡适整理国故的目的不仅于文化建设，实现“再造文明”的宏愿中，还在于通过这项工作系统地梳理、归纳和总结治学之法。胡适可以说是中国现代史上最重视治学方法的学者，他的著作无不围绕方法打转。而后，顾颉刚等深受胡适整理国故时的态度和方法影响而兴趣浓厚，开启了自己的学术之门。

胡适“整理国故”的目的看似有些矛盾，既追求纯粹学术，又要实现再造文明。其实放在当时的历史条件下我们不难理解，这种提法有其合理性。胡适所处年代正处于新

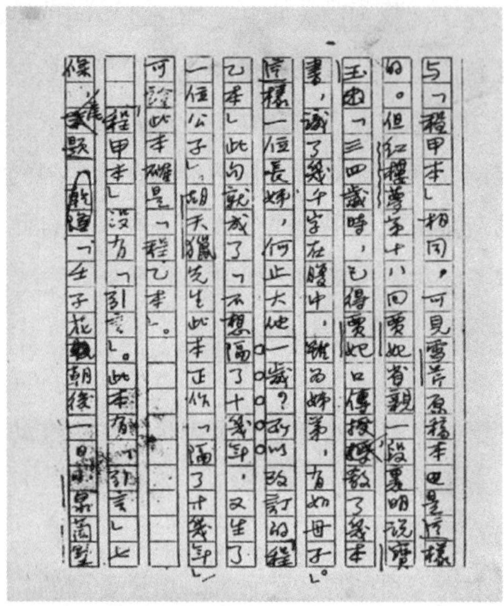

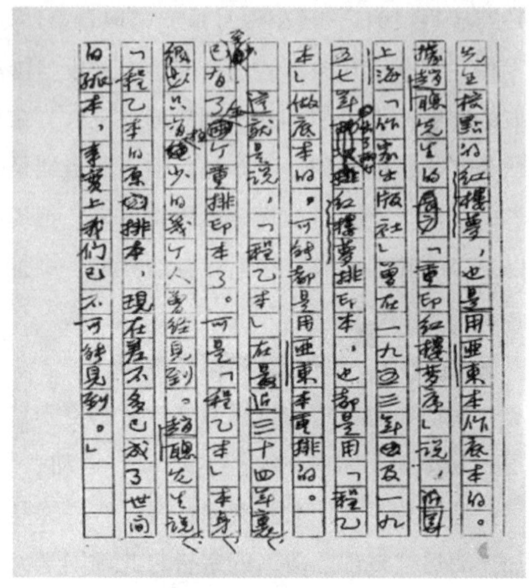

胡适考证小说手稿。

旧文化激烈交锋之际，如一味沉浸在学术研究之中，有被守旧派利用之可能，这是胡适最激烈反对的，因此胡适主张研究者还需走出封闭，通过“整理国故”进行思想领域的除魅，最终实现再造文明。但是胡适真实意图很少为当时人们所真正理解，如鲁迅1925年曾批评道：“前三四年有一派思潮，毁了事情颇不少”，胡适的好友陈西滢也不满地表达了自己的看法：“老实说，我对于‘整理国故’这个勾当，压根儿就不赞成。……研究国故的人整日摇旗呐喊，金鼓震天，吵到我们这种无辜的人不能安居乐业，叫人不得不干涉。”无论对“整理国故”的态度如何，它作为中国近代历史上一次重要的文化大扫除运动，对于近代思想解放大有裨益，带动了我国学术思想的演进与深化，彰显了我国民族文化传统顽强的生命力，取得了堪称丰硕的学术成就。

独树一帜，侧重研究方法更新

胡适曾多次提到：“我的唯一的目的，是要提倡一种新的思想方法，要提倡一种注重事实，服从验证的思想方法。”出于对治学方法重要性极为深刻的认识以及最身先士卒地提倡和实践，胡适当之无愧地成为中国近现代思想学术史上对方法归纳整理及其论述之多、影响之大的学术巨人。胡适一生所写注重“学问思想的方法”的文章，据统计约在百万言以上，这在本世纪史学家中应属独一无二。同理，胡适提出“整理国故”并非一个“空头口号”，内含何谓国故，采取何种方法整理等关乎“整理国故”从本体论到方法论等系列问题的理性思考和深入开展。

什么是国故呢？胡适认为国故的范围甚为宽广，是“中国的一切的过去的文化历史”。它既包含“国粹”，同样也包含“国渣”；明确整理对象之后，怎么做才算是整理呢？胡适指出，整理“就是从乱七八糟里面寻出一条脉络来，从无头无脑里面寻出一个前因后果来；从胡说谬解里面寻出一个真意义来”；从武断迷信里面寻出一个真价值来。从“国故”和“整理”的含义可以看出，“国故”囊括范围之广，没有条理可循，系统得力的办法、原则是其顺利进行的保障之一。

如何对待并怎样整理国故呢？胡适很鲜明地表明了他的态度和整理国故需秉持的总原则，那就是“评判的态度”。在此，他援引了德国哲学家尼采的“重新估定一切价值”，即用科学的精神和方法进行研究整理，重新估定一切旧文化的价值。在总原则的指导下，胡适“整理国故”的具体方法和步骤也“破土而出”。1921年7月31日，胡适在东南大学演讲《研究国故的方法》，提出四种方法：（1）历史的观念：“一切旧书、古书，那是史也”；（2）疑古的态度：“宁可疑而错，不可信而错”十字口诀；（3）系统的研究：“研究无论什么书籍，都宜要寻出它的脉络，研究它的系统”；（4）整理：从形式和内容双重进行，“形式方面加上标点和符号，替它分开段落来”，内容方面“加上新的注解，折中旧有的注解”。

北京大学1923年出版发行的研究国学的学术性刊物《国学季刊》。

胡适在1923年的《〈国学季刊〉发刊宣言》中更是将之前的演讲衍习成文，条理清晰地阐述了“整理国故”的三项具体要求。他首先从肯定清代三百年朴学在“整理古书”（本子的校勘、文字的训诂、真伪的考订）—“发现古书和翻刻古书”（清政府提倡刻书，民间流行翻刻，结果许多古书孤本得以保存）—“发现古物”（记载、收藏古物是清代学者“时髦的嗜好”）取得的三项成绩入手，指出了近三百年国故学存在“研究范围太狭窄”而使研究受限、因“太注重功力”而使欠缺理解传统学术发展趋势、“缺乏参考比较的材料”这三大严重缺点。鉴于前辈学者的成败，胡适提出开展新的“整理国故”运动的三项要求：第一，用历史的眼光来扩大国学研究的范围。第二，用系统的整理来部勒国学的资料。第三，用比较的研究来帮助国学的材料的整理与解释。

第一，“历史的眼光”内含两层意义。一是历史上一切所曾发生的东西都要给予它相应的位置，突破传统朴学仅将义理之辨的儒学经典作为研究对象的狭窄性，将遗留下来但一直被视为不入流的古代各类稗官野史、街谈巷议、传奇小说、俗歌俚语等与儒家经典同等对待，将“凡在中国人民文化演进中占有历史地位的任何形式的‘典籍’”皆容纳进来，丰富和扩充研究对象的范围和弥补研究的空白；二是澄清历史事实，辨明是非，通过客观的立场和评述，还历史以本来面目。

第二，“系统的整理”对能力提出要求。它要求历史学家需要有精密的功力和高远的想象力两种必不可少的能力。没有精密的功力不能搜求和评判史料；没有高远的想象力，则不能构造历史的系统。“系统的整理”包括“索引式整理”、“结账式整理”、“专史式整理”三种方式。“索引式整理”是把各种“国故”都做成便于学者检索的索引，可以节省研究者许多精力，这是推动国故整理工作进步的第一步不可少的工作；“结账式整理”主要是对前人已做的工作做出总结，从而提出努力的新方向；“专史式整理”则是结合国故学的目的要做成中国文化史及其考虑构成中国文化史的要素，指出先要尽可能地搜集考订的材料，做成各种专史，如经济史、政治史、民族史、语言文字史、思想学术史、宗教史、文学史、艺术史、风俗史、制度史等，每一种专史又可分为许多子目，加以细致的研究，最后要形成一部中国文化史等。

第三，“比较的研究”要求视野开放。治国学“必须打破闭关孤立的态度，要存比较研究的虚心”，借鉴“域外的研究方法和材料”。历来学者误认“国学”的“国”字是国界之意，故不承认二者有“比较”的可能。因为“学术的大仇敌是孤陋寡闻；孤陋寡闻的唯一良药是博采参考比较的材料”。胡适认为治国学的方法中应列入虚心学习西洋学者研究古学的方法这一条，以“补救我们没有条理系统的习惯”；在材料上，吸收欧美学术研究的材料，因为“欧美日本学术界有无数的成绩可以供我们参考比较，可以给我们开无数新法门”。

胡适提出“整理国故”的三项要求，体现了他的学术思想，对“整理国故”运动的开展和导向具有重要的指导意义。他提倡“整理国故”与清代乾嘉汉学对古籍的系统整理、总结和近代“国粹派”的国学研究保持着历史的联系，从内容上看又有着本质区别，具体如下：

首先，研究范围上，纵横延伸，“有容乃大”。乾嘉汉学和“国粹派”只把传统儒家经史典籍视为“国故”，其他均视为异端而统统不予研究，这无疑缩减了研究范围而使得研究受限。胡适则认为“中国的一切过去的文化历史，都是我们的‘国故’”。这就将历史上各个时期各家各派的典籍、小说等都容纳进去，给了它们相应的位置，为“整理国故”开辟了广阔的领域，研究视野也更为开阔。

其次，研究目的上，坚守学术，再造文明。乾嘉汉学试图通过古籍整理和考订来恢复经典的原貌和至尊地位。因此，他们只是判识史料，缺乏学术批判精神，这也使得他们的研究只是集大成式的整理，而不是开拓性研究；“国粹派”则力图从故纸堆里搜寻“国粹”，以宣扬汉民族的“文化统绪”，同时契合他们种族革命的政治主张，一切以“保种为教”、“兴汉排满”为向背，这又折损了其学术价值和科学精神。胡适“整理国故”则既不是回归传统，也不是激扬民族感情，而是通过“整理国故”，澄清前人的迷误，卸掉历史的包袱，“为学术而学术”，最终实现

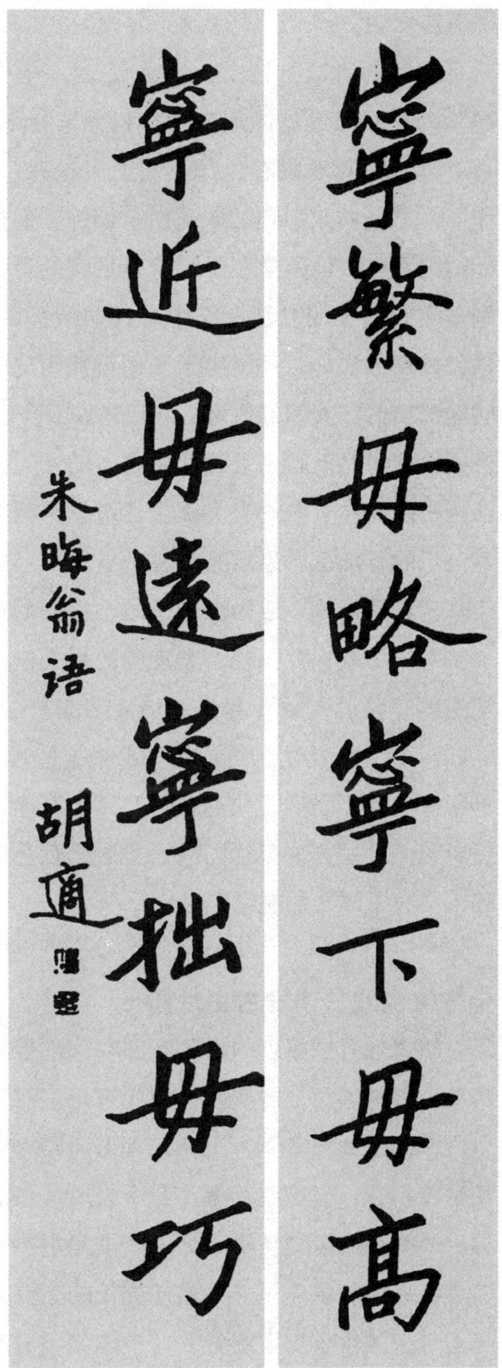

胡适手迹。

“再造文明”。

最后，研究方法上，古今结合，中西合璧。乾嘉汉学“太注重功力而忽略了理解”，学问的进步体现为“材料积聚与剖解”和“材料的组织与贯通”，结果使得清百年学术“几乎只有经师，而无思想家；只有校史者，而无史家；只有校注，而无著作”；“国粹派”则虽深受西学训练，但依旧没有逃出清儒所使用的那套陈旧的方法。胡适则不然，他留学七年，受过系统的近代西方哲学教育和训练，对近代科学精神，特别是实验科学的方法论原则有真切的了解，故他在“整理国故”中除了继续传统的训诂、校释方法外，还提出了采用近代历史的方法、系统的方法和比较的方法。特别是他明确提出的“大胆的假设，小心的求证”，既表现了针对两千年因袭沿承的成见的科学怀疑精神，又反映了近代实验科学的“无证不信”的客观态度，可以说，胡适的研究方法是中国人在方法论上突破了传统思维模式的尝试，也是新文化人在国学研究领域里创建自己的方法论所迈出的重要一步。

“整理国故”成为全国性运动后，胡适进一步说明整理国故不等同于“挤香水”，“挤香水”是保存国粹。整理国故需要恢复本来面目，粪土和香水皆在整理范围之内。胡适的“整理国故”与封建遗老遗少打着“保存国粹”的旗号进行的“复古思潮”不同，纠正了人们对于中国遗产某种形而上学的意义，对笼统否定旧文化的武断做法是一种积极引导。当然，胡适在1925年大革命前夕，人民斗争进一步高涨之时，仍撇开反帝反封建的课题去谈整理国故，也成为社会反动势力反对人民革命、引诱青年脱离现实而陷入“故纸堆”的遁词。

全方位实践，诱发古史之辩

胡适号召“整理国故”，并在理论上精心构思，影响不同凡响，他数十年如一日地带头“整理国故”的实践，则比理论号召更胜一筹，更具说服力。从广义上讲，胡适一生所作的绝大部分学术工作，都可以归入“整理国故”这一包容性极大的题目之中。但胡适曾坦言：“这些年里，我个人所从事的批判性的整理国故的工作，至少也有两大目标：一个是中国文学史；另一个便是中国哲学史。这两方面也是我留学归国以后，整个四十年成熟的生命里‘学术研究’的主要兴趣之所在。”朝着这两个目标，胡适分别写下了《中国哲学史大纲》、《中国文学史》，虽然均只完成了上卷，但是却实现了中国哲学、文学思想的系统梳理和总结，突破了之前的编写程式和思考范式。

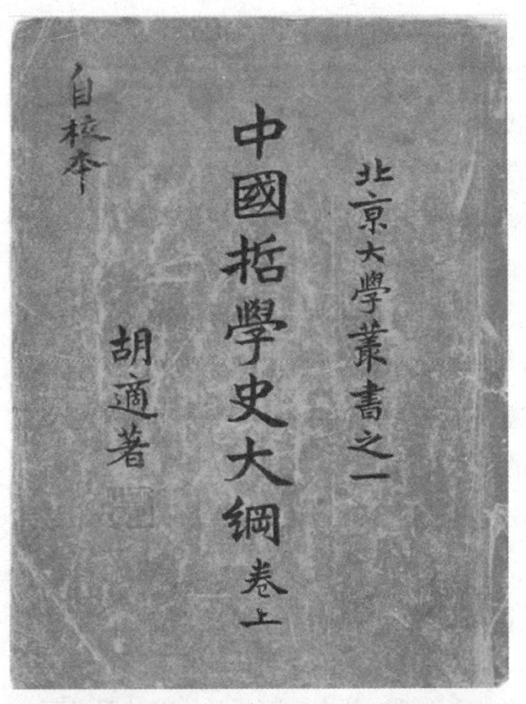

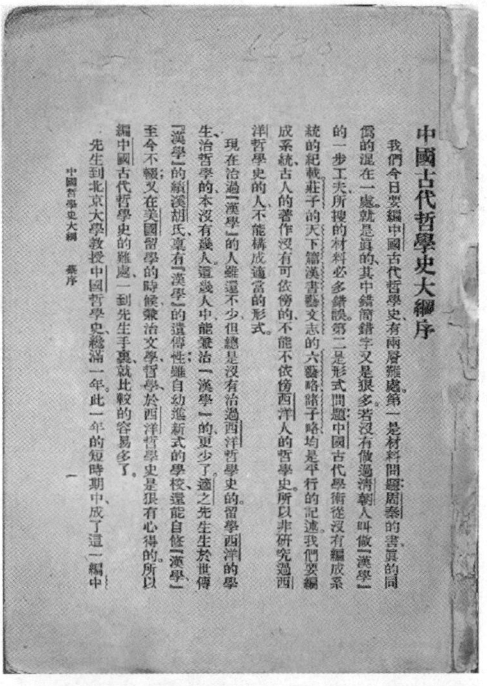

中國古代哲學史大綱序

我們今日要編中國古代哲學史、有兩層難處。第一是材料問題：周秦的書、眞的同僞的混在一處。就是眞的、其中錯簡錯字、又是很多。若沒有做過清朝人叫做「漢學」的一步工夫、所搜的材料、必多錯誤。第二是形式問題：中國古代學術、從沒有編成系統的紀載。莊子的天下篇、漢書藝文志的六藝略、諸子略、均是平行的記述。我們要編成系統、古人的著作、沒有可依傍的、不能不依傍西洋人的哲學史。所以非研究過西洋哲學史的人、不能構成適當的形式。

現在治過「漢學」的人、雖還不少、但總是沒有治過西洋哲學史的。留學西洋的學生、治哲學的、本沒有幾人。這幾人中、能兼治「漢學」的、更少了。適之先生生於世傳「漢學」的績溪胡氏、稟有「漢學」的遺傳性；雖自幼進新式的學校、還能自修「漢學」、至今不輟；又在美國留學的時候、兼治文學哲學、於西洋哲學史是很有心得的。所以編中國古代哲學史的難處、一到先生手裏、就比較的容易多了。

先生到北京大學教授中國哲學史、纔滿一年。此一年的短時期中、成了這一編中

中國哲學史大綱　蔡序　一

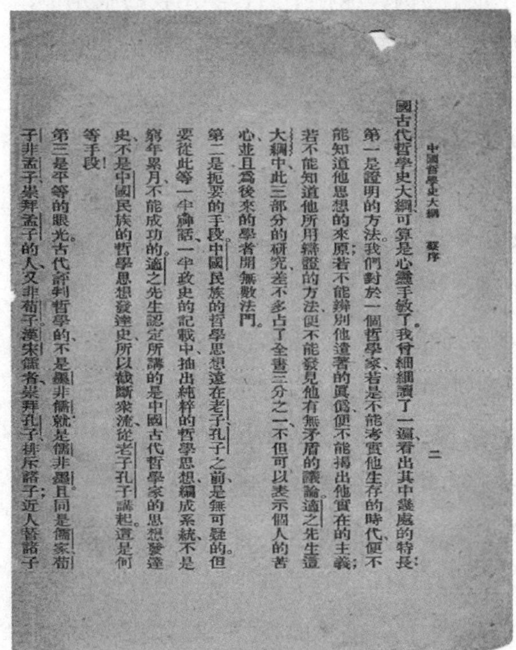

中國哲學史大綱　蔡序　二

國古代哲學史大綱、可算是心靈手敏了。我曾細細讀了一遍、看出其中幾處的特長：

第一是證明的方法。我們對於一個哲學家、若是不能考實他生存的時代、便不能知道他思想的來原；若不能辨別他遺著的眞僞、便不能揭出他實在的主義；若不能知道他所用辯證的方法、便不能發見他有無矛盾的議論。適之先生這大綱中、此三部分的研究、差不多占了全書三分之一、不但可以表示個人的苦心、並且爲後來的學者開無數法門。

第二是扼要的手段。中國民族的哲學思想、遠在老子孔子之前、是無可疑的。但要從此等一半神話、一半政史的記載中、抽出純粹的哲學思想、編成系統、不是窮年累月、不能成功的。適之先生認定所講的是中國古代哲學家的思想變遷史、不是中國民族的哲學思想發達史、所以截斷衆流、從老子孔子講起。這是何等手段！

第三是平等的眼光。古代評判哲學的、不是墨非儒、就是儒非墨。且同是儒家、荀子非孟子、崇拜孟子的人、又非荀子。漢宋儒者、崇拜孔子、排斥諸子；近人替諸子

抱不平、又有意嘲弄孔子。這都是鬧意氣罷了！適之先生此編、對於老子以後的諸子、各有各的長處、各有各的短處、都還他一個本來面目、是很平等的。

第四是系統的研究。古人記學術的、都用平行法、我已說過了。適之先生此編、不但孔墨兩家有師承可考的、一一顯出變遷的痕迹。便是從老子到韓非、古人畫分做道家和儒墨名法等家的、一經排比時代、比較論旨、都有遞次演進的脈絡可以表示。此眞是古人所見不到的。

以上四種特長、是較大的、其他較小的長處、讀的人自能領會、我不必贅說了。我只盼望適之先生努力進行、由上古而中古、而近世、編成一部完全的中國哲學史大綱、把我們三千年來一半斷爛、一半龐雜的哲學界、理出一個頭緒來、給我們一種研究本國哲學史的門徑、那眞是我們的幸福了！

中華民國七年八月三日、蔡元培

中國哲學史大綱　蔡序　三

《中国哲学史大纲》及其序言。

1919年2月出版的《中国哲学史大纲》（卷上）是胡适整理国故的第一本力作。这是一部应用近代西方哲学观点和方法写成的中国哲学史的开山之作，也可以说是一部“专史式”的整理国故之作，确立了中国现代学术的“新范式”。本书通过系统整理中国传统各家各派的哲学思想，为国人明确了自古至今的哲学思想。该书最大的特点主要有三：一是剔除了神话传说等非哲学史的材料，使中国哲学史第一次被置于可靠基础之上；二是撇开历来以儒家为正统的偏见，以平等的眼光研究各家各派的哲学思想，如老子的道家学说等均包括进来，给予客观评价；三是全书以哲学方法为中心把各家哲学统贯起来，思路清晰可见；四是充分注意历史的态度，力求勾出各家各派的思想的产生、发展的渊源脉络及其参互、交替、演变的痕迹。蔡元培亲自为之作序，指出本书的长处在于“证明的方法”、扼要的手段、“平等的眼光”。胡适本人也颇为自负，称自己为开山之人，自己所做工作“算是中国一件大幸事……以后无论国内国外研究这一学科的人都躲不了这一部书的影响”。

胡适除对《中国哲学史》作了通览式研究外，还对中国历史上“异端”的学术见解着重进行挖掘，涉及了对老子、庄子、墨子、王充等相关研究，揭示了其对“五四”时期思想解放的重要意义。以胡适对墨子学说的研究为例，他在中西哲学比较的眼光下，参照西方逻辑学和印度因明学，对墨学中最难解的《墨辩》诸篇进行训诂解析，形成了如《墨家哲学》、《翁方纲与墨子》等，这些作品阐发了墨学丰富的知识论和逻辑思想，其中虽有牵强附会之处，但大旨不谬，两千年的晦而不彰的墨家极富特色的哲学思想，得以重现光彩。

白话文学虽由来已久，但对此以科学的逻辑思维和全新的结构框架进行系统梳理和论述的，胡适是当之无愧的第一人。胡适对中国文学史（尤其是白话文学史）的系统整理始于1921年。次年，他去南开学校讲演，拟定了撰写“国语文学史”的新纲目。此后，胡适据此纲目写成的《国语文学史》也得到排印，最后经修订正式出版即《白话文学史》（卷上）。在胡适《白话文学史》出版之前，中国文学通史的宏观研究已有多个版本，如朱希祖的《中国文学史要略》、钱基厚的《中国文学史纲》、胡怀琛的《中国文学史略》等。但这些著作偏重理论而疏离了史，选择的文学史著作繁杂而多堆砌，视野不够开阔且观念较为守旧，着眼点全部只关注儒家的经典文籍。胡适所作《白话文学史》首先在选材上突破了目光仅停留于“三五部古书”的狭隘视野，转而深入、系统地整理了汉初的民谣、散文等，通过“白话”一以贯之，形成了一种不同于众研究者的独特思路和研究路径，扩大了中国文学史的研究范围；在研究方法上，胡适不仅注重纵向的考查，也注重横向比较，如应用比较方法来分析佛教文化对中国文学的影响，实现了中国文学史研究范围的延伸；胡适还提出一系列新颖的观点，如提出好的作品应该充实和通俗，中国文学史中白话文终究战胜文言文而取得最终胜利等观点，并肯定了文学作品最终与人民大众契合才能不断流传和更新等，凸显了人民本位的精神。当然，该书忽视了文学作品思想内容和社会意义分析，浅尝辄止。同时所举“白话文学”例子可能不够精准，如陶渊明的某些诗作实难说是“白话文学”。本书确实有种种谬误和缺点，贬之者就指出胡适“有矫枉过正之嫌”，在“刻意贬低乃至抹煞二千年的文人文学”，开创的“范式”也已经过时等。无论反对者如何批判，瑕终不掩瑜，不可否认本书是“五四”以来最早出现的、又主要从白话文学角度以及渗透科学精神来勾勒中国近千年的白话文学传统的专著，使得五四白话文运动得以寻找近千年白话文学的传统源头，对于当代文学划时代的转型发展起到了决定性作用。

胡适“整理国故”实践方面的最主要成绩还在于诱发了古史讨论，支持了以顾颉刚为代表的“疑古学派”的建立。顾颉刚曾是北京大学哲学系学生，听完胡适讲课后对文献古籍须持“疑古”的精神和考证态度较为倾心。此后，胡适和顾颉刚由讨论清代著名“疑古”学者姚际恒及其所著《九经通论》版本开始了书信往来，“古史”讨论正式揭开序幕。在顾颉刚写了《“古今伪书考”跋》送胡适审阅后，胡适写下了“我主张，宁可疑而过，不可信而过”的评语。这也成为顾颉刚建立“疑古学派”的基本理论。1921年1月，胡适再次致信顾颉刚说，“大概我的古史观是：现在先把古史缩短二三千年，从《诗三百篇》做起。将来等到金石学、考古学发达上了科学轨道以后，然后用地下掘起的史料，慢慢地拉长东周以前的古史。至于东周以下的史料，亦需严密评判，‘宁疑古而失之，不可信古而失之’。”至此，胡适进一步为“疑古学派”建立指示了基本理论和方法。

在此基础的启发下，顾颉刚提出了对中国古史的一个重要假设，“古史是层累地造成的，发生的次序和排列的系统恰是一个反背”，由此他提出“东周以前只好说五史”，所谓四千年的历史，“都是伪书的结晶”。要点为：“1．可以说明时代愈后，传说中的古史期愈长；2．可以说明时代愈后，传说中的中心人物愈放愈大；3．我们即便不能知道某一件事的真确的情况，也可以知道某一件事在传说中的最早状况。”据此项见解，他认为黄帝、尧、舜、禹等均是后人编造出来的。此言一出，即遭到了“信史派”的驳斥。为此，胡适进一步撰文支持顾颉刚的观点，并发挥了其见解，指出治史必须尊重事实和证据，对于证据，必须要问五个问题，即（1）这种证据是在什么地方寻出的？（2）什么时候寻出的？（3）什么人寻出的？（4）这个人有做证人的资格吗？（5）这个人虽然有证人资格，但他说这句话时有作伪（无心的或有心的）的可能吗？

随着理论的不断丰厚以及研究取得的成就，“疑古学派”开始在中国现代史学界站住脚跟，这与胡适的谆谆指导密切相关。顾颉刚在1926年编的《古史辨》（第1册）就指出胡适对他学术研究的深刻影响，真挚地说道：“要是我不亲从适之先生受学，了解他的研究的方法，我也不会认识自己最近情的学问乃是史学。”可见，胡适对“古史辨”功不可没，胡适自己也曾言“我这四十八字居然能引出这三十万字的一部大书，居然把顾先生逼上了古史的终身事业的大路上去，这是我当时梦想不到的”。

《古史辨》第一册。

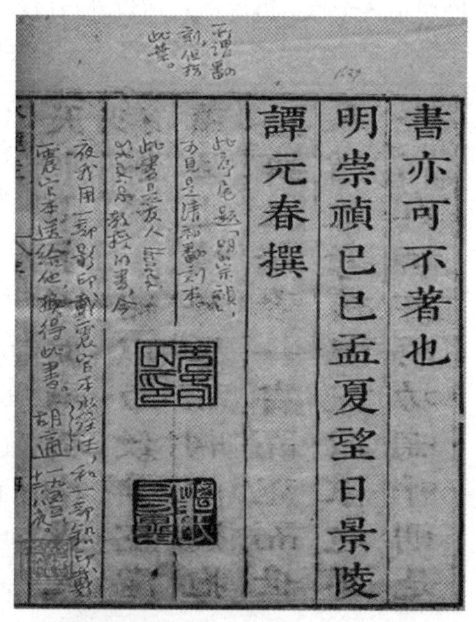
書亦可不著也
明崇禎已已孟夏望日景陵
譚元春撰

《水经注》批注。

由于胡适坚实的传统旧学功底，加之掌握的西方哲学研究方法，因而为整理国故注入了新思想，打开了新局面。胡适当之无愧地是中国学术史上的一位中心人物，堪称“十项全能冠军”（哲学思想、政治思想、历史观点、文学思想、哲学史观点、文学史观点、考据学、红学的艺术性、红学的人民性、佛教禅宗批判）。

开启文史考证研究之先河

胡适虽因倡导文学革命而名声大噪，但其终生致力研究、用力最多的则是历史。胡适曾明确表示，“我究竟是一个受史学训练深于文学训练的人”。在胡适的学术研究中，小说考证、禅宗研究、传记文学等均占据主要之位。这些均为中国新学术的发展打开了门径，也通过示范作用影响了一批学者投入其中，形成了一股常涌常新的学术之流。

小说考证，观点突破成就斐然

在中国传统文学观念中，诗文的“血统”最为正宗，小说历来只属于“闲书”之流，毫无艺术价值可言。著名史学家、文学家班固在其《汉书·艺文志》中把小说列为末流，并谓“小说家者流，盖出于官，街谈巷语，道听途说之所造也”。歧视小说的偏见早已形成且随着时代演变而根深蒂固，小说难以登文学大雅之堂，自然也不能进入学者的研究视野。胡适的伟大，就在于他慧眼独具，突破了前人的研究成见和眼光局限，将小说纳入了研究材料之中，恢复了小说应有的地位。同时，胡适还指出仅推崇小说仅称赞其优点还不够，应给予其一种合乎科学方法的批判和研究，将古典小说的考证和研究当作学术研究的主题，使其与传统经学、史学平起平坐。沿着这一思路，从1917年5月的《再寄陈独秀答钱玄同》，到1920年起对《水浒传》的考证为肇端，再到1962年2月逝世前夕发出的《关于〈红楼梦〉的最后一封信》，胡适一生写了有关中国古典小说的考证研究约30多篇，加上一些论及古典小说的书信、论文等，共计约10余万字，论及的作品多达20余种，为开创中国古典小说研究的新局面起到了极为重要的推动作用。胡适小说考证中最有影响的是《水浒传》、《红楼梦》和《醒世姻缘传》的考证。

胡适对《水浒传》的考证比《红楼梦》早，并采取了历史演进法。他通过搜集各种资料，得出“《水浒传》乃是南宋初年（12世纪初年）到明朝中叶（15世纪末年）这四百年的‘梁山泊故事’的结晶”，揭示出《水浒传》的成书曾经经历了长时间的演化过程，从最早的民间口传故事，到片断的、分散独立的戏本故事，然后形成稍为连贯的长篇，又经过不同本子的流传，最后由托名施耐庵的人作成七十回的《水浒传》，其文字、情节、结构等文学技术都达到了较高的水准。他指出《水浒传》的思

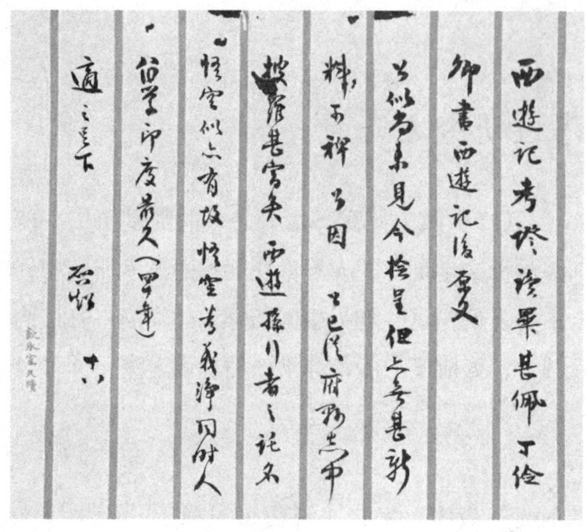

胡适信札谈及《〈西游记〉考证》。

想内容是融合了那流传几百年的时间里文人与老百姓的思想情绪。用胡适的说法，“《水浒》的故事乃是四百年来老百姓与文人发挥一肚皮宿怨的地方”。其所用的这种追踪一件事物在历史演变过程中诸形态的方法，给不少学者以极大启迪。顾颉刚在《古史辨自序》中指出，胡适的《水浒传考证》直接启发了他从事古史辨的动机，并激发了“层累地造成的古史”的见解。

胡适发明的历史演进法，对其他由历史逐渐演变出来的小说同样适用。经胡适考证，《西游记》起源于民间的传说和神话，已有五六百年的演化历史了；《三国演义》“不是一个人做的，乃是自宋至清初五百多年的演义家的共同作品”；《三侠五义》中李宸妃的故事是由最初《宋史·后妃传》里的五六百字，经过八九百年的逐渐演变成为一部大书和几十本连台戏的。胡适发明的历史演进法，最初仅有一个简单故事作为中心，经过众口相传、添加、裁剪、修饰等，最初的故事像毛坯一天天改变面目，内容逐渐丰富，情节更加圆润曲折，人物更加栩栩如生。

胡适所作《〈红楼梦〉考证》初稿写成于1921年3月，11月改定，以此为起点至1933年，胡适对《红楼梦》的研究历时12年之久，先后作了5篇考证的文章，可见胡适对《红楼梦》的考证下力最多，成绩最突出，影响也最大。在胡适之前，研究红楼梦比较深入的是索隐派，他们以穿凿附会、繁琐考证的方法，探索《红楼梦》所“隐”的是何人何事，陷入了唯心论的迷宫。“纳兰成德家事”说、“清世祖与董小宛故事”说，以及“康熙朝政治状态”说都是“索隐派”的代表流派。如王梦阮、沈瓶庵在其《红楼梦索隐》一书中认为《红楼梦》“是书全为清世祖与董鄂妃而作”；蔡元培则属于“政治小说”一派，在其《石头记索隐》中开卷就言，“《石头记》者，清康熙朝政治小说也。作者持民族主义甚挚。书中本事，在吊明之亡，揭清之失。而尤于汉族名士仕清者，寓痛惜之意”。从这一视角出发，加以引申比拟，“红”影“朱”姓，“石头”指金陵，以“贾”斥伪朝，等等，如此就和猜谜一样。这样的论证无疑难真正接近小说本身。胡适一语指出以前红学家研究状态的根本错误在于，“他们不去搜求那些可以考定《红楼梦》的著者、时代、版本等材料，却去收罗许多不相干的零碎史事来附会《红楼梦》里的情节。他们并不曾作《红楼梦》的考证，其实只作了许多《红楼梦》的附会”。结合索隐派的缺陷，胡适用新眼光、新方法全力在搜集著者的身世背景和有关版本的材料上下功夫。

1921年3月，胡适陆续发表了《红楼梦考证》、《考证红楼梦的新材料》等一系列文章，对作者、时代、版本等作了深入的考证，以可靠证据打破了索隐派笼罩此书的种种迷雾，给其各种臆说以沉重的打击。胡适指出《红楼梦》不同于《水浒传》那类经过长期演变而成的创作，考证这类“创造的小说”就要使用一般历史研究的法则，在传记的资料里找出该书真正作者的身世、社会背景以及生活状况。胡适通过一系列资料摸清了曹雪芹的家庭谱系及其生活经历，据此指出《红楼梦》是著者曹雪芹的一部自叙传，里面的甄贾两个宝玉就是曹雪芹的化身，甄贾二府即是当日曹家的影子。自此，胡适第一次把《红楼梦》研究带上正当的学术研究轨道，也成为新旧红学的分水岭。“自

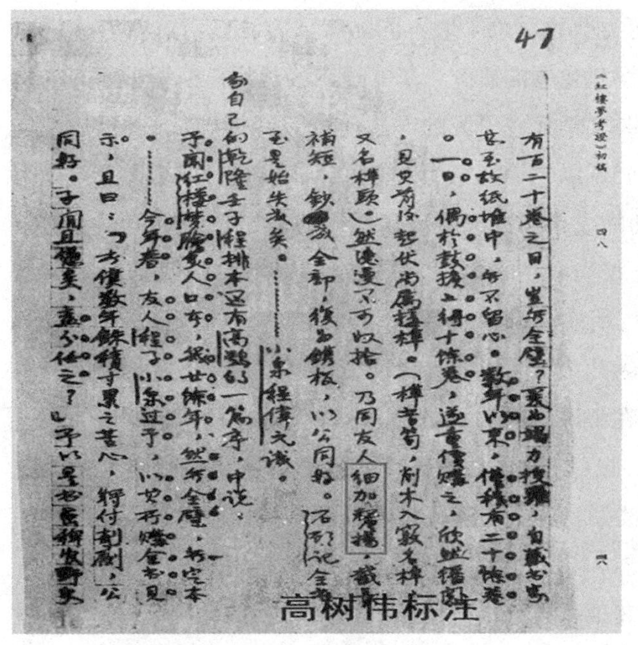

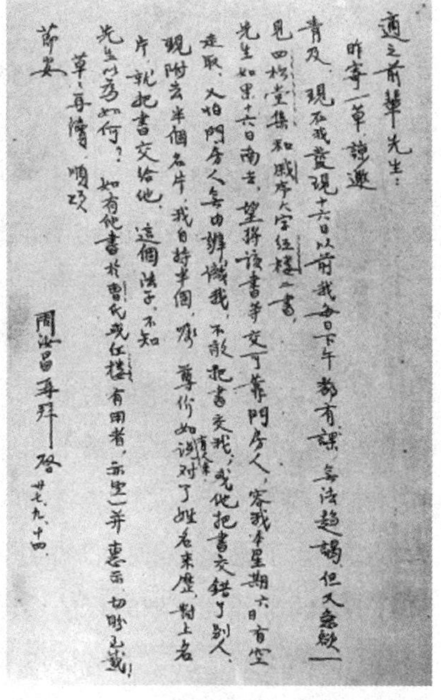

胡适《〈红楼梦〉考证》。

叙说”这一核心观点得到了鲁迅的充分肯定，并发表了自己对《红楼梦》的理解，称“《红楼梦》乃作者自叙”。在胡适研究方法的指导下，后人如俞平伯、顾颉刚等一批红学专家遵循此路做出了新的成绩。当然，“自叙说”将人物和真人真事完全等同，混淆了艺术与生活的关系，也完全否定了文学艺术典型的特点和意义。但是胡适1921年以后开创的新红学研究，确已成为一门颇具特色和规模的专门之学，或可以和“甲骨学”等显学并驾齐驱。

胡适对《醒世姻缘传》的考证虽不如对《水浒传》、《红楼梦》的考证那么有名，但对此书也下了很大、很精细的考证功夫，足为一家之言。胡适根据此小说的情节与《聊斋志异》中《江城》中“悍妇”的故事情节极为相似而做出大胆假设，认为“《醒世姻缘传》的作者也许是《聊斋》的作者蒲松龄，也许是他的朋友”。平心而论，胡适得出此书作者的考证、似有牵强附会之嫌疑，未获文学史家们的广泛赞同。

胡适不仅考证小说的作者、版本的最后成型、故事的原型等，他更注重通过考证小说归纳方法，如指出考证中国古典小说的方法论要点为必须确定“考证的正当范围”；考证必须从作品本身以及“可以考定作者、时代、版本等等的证据”出发，切忌穿凿附会；考证时代必须打破“遗传的成见”和“先入的成见”，“处处尊重物观的证据”，由此求得“相当的结论”；对不同类型的对象采取不同的考证方法。对这些方法论原则，胡适在具体运用上有结合其他学科专题的研究，形式逻辑的运用，演绎重于归纳，借助于心理学的分析方法，引入中外文学比较研究的方法几个特点。当然，胡适还注重通过小说考证传播民主性思想以及强调以“美感”为中心的艺术欣赏，把小说真正作为文学艺术，当作创造性的审美活动的成果。如胡适就曾盛赞《西游记》中美猴王的檄文，指出《老残游记》对景物描绘相当成功，融入了“实地观察”和“熔铸新词”，《儿女英雄传》则语言生动、漂亮、俏皮、诙谐风趣。

可以说，胡适肯花那么多精力为几十种小说作品考证、写序言，都是从把小说当作社会史料这一点出发的。兹于胡适在小说考证上的功劳，朱自清曾盛推“将严格的考据方法应用到小说上，胡先生是第一个人。他的收获很多，而开辟了一条新路，功劳尤大。这扩大了也充实了我们的文学史”。胡适进行小说考证的本身价值是不朽的，这些篇旧小说的考证也是划时代的。当然，胡适小说考证也并非十全十美，鲁迅对此就颇有微词，他指出胡适的某些考证过于繁琐，且胡适“恃孤本秘籍，为惊人之具”，如胡适藏曹雪芹友人敦诚的《四松堂集》近三十年，以及对其混淆史实与创作的界限，将艺术原型与人物原型画等号不以为然。

实证史学，“大胆假设，小心求证”

胡适在“整理国故”，特别是历史考证中能取得如此显赫的成就，与他自觉于治史的方法分不开。从早年写作《清代学者的治学方法》到晚年演讲《治学方法》，胡适在沉醉于历史考据时几乎念念不忘提倡一种“科学的方法”，主要是治史的方法。他的方法论原则是“尊重事实、尊重证据”，研究线索为“不但要去辨伪，要去研究伪史的背景，而且要去寻出它的渐渐演变的线索，就从演变的线索上去研究”。方法论落实到具体考证上，则是遵循“大胆的假设，小心的求证”。

在治史方法的指导下，胡适本人治史方面的实践活动可从以下三方面考察：一是提倡传记文学，通过真实考证，力图为后人提供较为可靠的材料，形成崇尚伟大人物的风气；二是禅宗史研究，以非信仰者的立场，用思想史的眼光、历史学的态度和方法研究禅宗史；三是重勘“水经注案”，为同乡先贤戴震平反翻案。

胡适明确指出，传记文学的提倡出于纪念和崇拜英雄之意和感化教育功能的发挥。当然，胡适作为一位做学问强调充分证据的历史研究者，对传记文学保存史料的价值也颇为看重。传记文学作用举足轻重，但中国传记文学太过贫乏，虽偶然提及，“而其人格风范皆不能成为多数人的读物”。在这些动因的影响下，胡适于20世纪20年代开始就不遗余力地提倡传记文学。他首先在传记文学理论方面发力，指出传记文学必须“纪实传真”，史料也须真实可靠；传记文学的作者要能大刀阔斧，也要有“拿得起绣花针儿的本领”，包括广泛收集并熟悉各种传记资料和相关文献材料，重视对有关文献材料的实地调查，依据校勘学的原理对传记资料做考订工作，特别注意寻找古本。除此以外，传记文学还需做到“商业投机”、“借题发挥”、“轻薄的批评”、“妄语”四忌。

传记是我国正史中一项重要的体裁。出于对传记文学保存史料、传播经验等价值的关注，胡适主要从自传和他传两方面努力。他的自传《四十自述》具备了诸多优点，如敢于真实地揭露家庭身世和少年生活实际情形，有意识记载保存了涉及中国近代教育史的重要史料，自我评判尊重客观历史，写作上采用“谨严的历史叙述”笔法，注意行文的修辞色彩，偏重社会政治思想和学术思想的梳理；他传方面，胡适为普通女学生所立的《李超传》再现了李超短暂的一生，也深刻反映了与之密切相关的家庭制度、女子教育问题等。此外，胡适还作有《章实斋先生年谱》、《菏泽大师禅

丁文江（1887—1936）。

会和尚传》、《丁文江的传记》、《张伯苓先生传》等，均是严密史料上的细心考证和再现。在胡适的影响下，“五四”新文化运动以来，中国近代传记史学开始作为一个相对独立的史学文本为大众认可。

1921—1924年，胡适开始撰写《中国禅宗史》初稿。刚着手研究时，胡适发现禅宗史颇为简单，是从印度28代一代代地传下来，每一代到老的时候就写偈语，传了法和袈裟，每代都作四句五言诗。胡适继续深入写下去之后，发现禅会在中国禅宗史上是个很重要的角色，但一直为研究者所忽略。胡适开始抓紧一切机会搜集相关资料。1926年8月初，胡适借“中英庚款顾问委员会”中国方面三位委员之一身份来到伦敦，趁此良机跑到巴黎图书馆查阅了敦煌卷宗。利用所找资料，胡适写成了《菩提达摩考》、《菏泽大师神会传》等论著。

关于禅宗的世系，传统说法是所谓的“西天二十八祖”和“东土五祖”：佛教创始人释迦牟尼传教到28代——菩提达摩，菩提于南朝齐梁之际来中国传教，守业者先后有慧可、僧璨、道信等人，因此，在佛教传播史上，菩提达摩是关键人物，他既是西天二十八祖，又是东土始祖。弘忍之后，守业者为慧能，人称“六祖慧能”，自慧能后，禅宗即在全国传布，即全国各门禅宗都是从“六祖慧能”那儿传下的。

胡适对禅宗史研究的一个要点是，否定了这一传统说法。他对禅宗研究的新看法是慧能至多是广东境内传授简化佛教的和尚，不是禅宗真正开山鼻祖，慧能的教义北传并具有全国性影响是由名叫神会的和尚经过数十年的不懈努力实现的。他既确定了南方禅宗，又以之取代8世纪初主宰北方禅宗。禅宗是一个运动，是中古思想史、中国宗教史、佛教史上一个很伟大的运动。神会正是这一运动归于统一的关键人物。正是胡适纵横万里，大海淘金，最终恢复了神会的本来面目，促成了其在禅宗史上所做的巨大贡献。

用现代学术的观点而非抱着信仰去做禅宗史的研究，胡适乃是古今第一人。他勾勒了中国禅宗史的发展线索，还涉及了对禅宗思想的评价，如对“顿悟”学的思想方法多

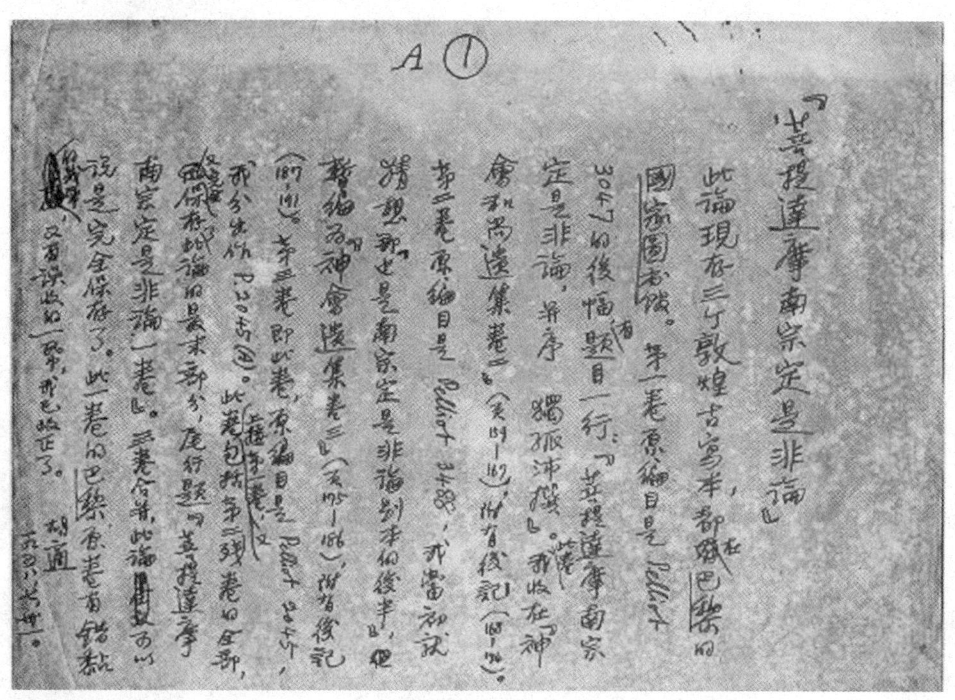

胡适对禅宗的考证。

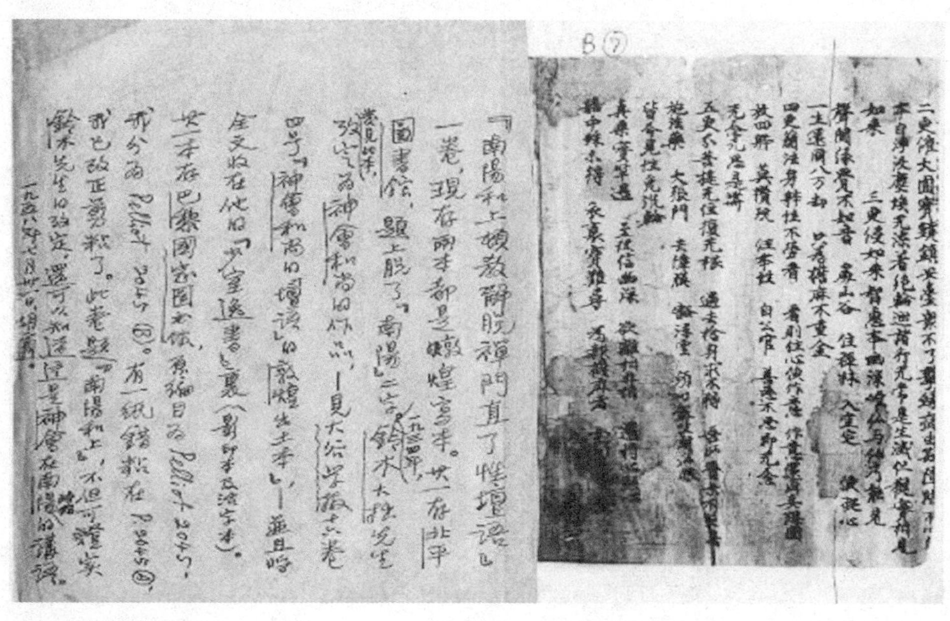

《中国禅宗史》手稿。

有肯定。胡适还写了《论禅宗史的纲领》、《白居易时代的禅宗世系》等，这些著作成为后来佛教史研究必不可缺的参考资料。

胡适始终相信“为人辩冤白谤是第一天理”，并且将这一信条付诸实践。重校《水经注》研究就是为“审查戴东原赵东潜水经注疑案”而进行的。所谓“《水经注》案”，是指一百多年来，部分学者指责戴东原偷窃赵一清《水经注》研究成果一事。对此，学术界普遍有两种看法：一种认为戴震抄袭了赵一清的成果；一种认为赵一清、全祖望、戴震各自独立研究，取得了大体相同的结果。1942年，胡适开始对《水经注》进行研究，此后的20年间，胡适在《水经注》版本研究上花费了巨大的精力。在十几年内，胡适搜集了四十多种《水经注》的版本，抄写了一百多篇长篇文章和一些考证文字，用了千百个证据，推翻了“几成定论”的所谓戴震抄袭赵一清《水经注》校本的冤案，同时又查明张穆、魏源、孟森、王国维为什么骂戴震是贼，因为戴震在思想上是一个叛徒，批评宋朝理学，批评程朱。

胡适从三方面驳斥了之前的戴震“偷书说”：首先，胡适指出戴震的《水经注》先发表，后来赵一清和全祖望的《水经注》校本才发表，并且他们两人的校本都用到了戴震的《水经注》校本作参考；其次，戴震在修四库全书的时候根本没有接触到赵一清的

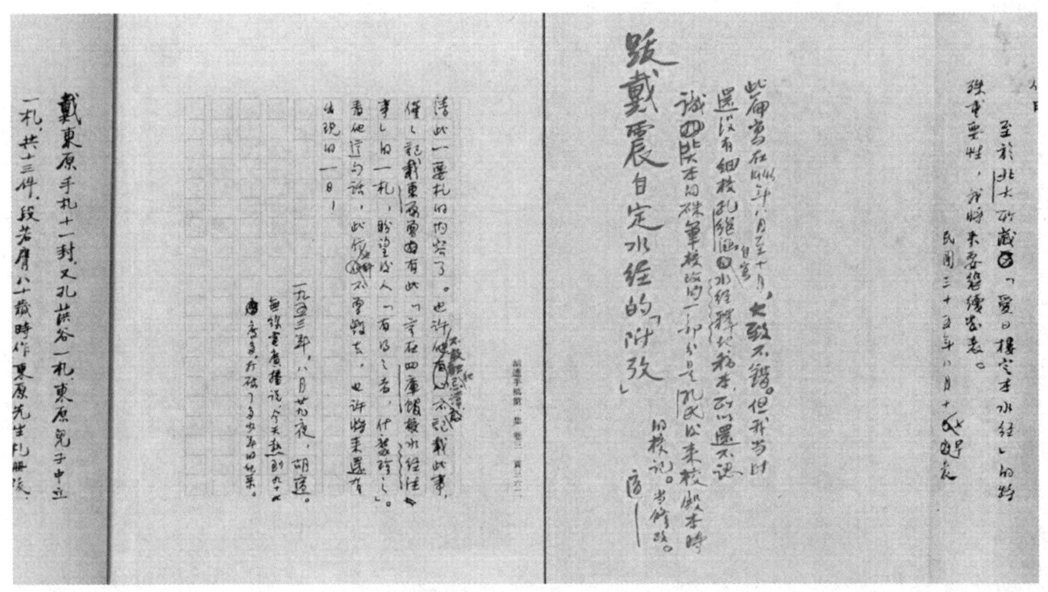

胡适 《〈水经注〉考证》。

《水经注》校本，从戴震的两部书中就可以看到根本没有抄袭赵一清的《水经注》校本；第三，从《颍水篇》的一些错误和考证可以看出戴震并没有偷书。以此可知，戴震抄袭赵一清《水经注》校本是个冤案。

在胡适的晚年，他几乎倾最后二十年的精力于《水经注》的考证、校勘和研究之中。他的初衷是为“乡贤”戴震洗冤，但实际带来的考证、校勘、目录版本等方面的成就却不容低估。尽管有人认为他花二十余年的精力于此案的研究十分不值，但胡适综合应用了地理学、历史学、语言学、文学等多学科知识，是值得肯定的。当然，胡适对于《水经注》的研究只是一项初步的工作，其学术价值终究不大。胡适自己也注意到此，在其自传中津津乐道于“文学革命”、“小说考证”、“研究和尚”等，对《水经注》的研究却提及极少。

胡适“整理国故”取得的成绩究竟多大，众人可谓是见仁见智、褒贬不一。赞颂者称其为国学大师，开学术新风气，反对者则认为“整理国故”充其量只是“一种旧价值的重新估价，并不是一种新价值的从新创造，它在一个时代的文化的进展上，所效的贡献殊属微末”。胡适所做的这几项“整理国故”的工作，有其学术观点上的谬误，也有过分重视考据和过分关注古书的弊端。在“整理国故”运动的推动下，就连“冷搁在毛厕边缘的线装书，连孔家店的一应旧礼教在内，却逐步的得藉科学方法整理国故之美名，而重受时代之盼睐”。无怪乎，鲁迅在著名的《阿Q正传》中开头即讽刺了胡适的考据癖。虽说胡适倡导的“整理国故”运动有其学理缺陷和实际运作中产生的流弊，但此运动对于推动中国现代学术转型的意义不容否定。它打破了中国传统学术分类，破除了儒学独尊和“六经皆史”，以开阔的眼光容纳了西方现代学术思想和方法，确实是对“智识思想上的一种彻底的改革”，在文化运动方面“是不可越过的一种步骤”。

高举科学与民主大旗

伴随着新思想和新观念的传入，在中国繁衍滋生了几千年的对人性束缚、思想禁锢的旧传统已经与时代潮流相违逆。胡适作为中西贯通的大家，承担了中国新文化更新，撒播了新文明种子的使命。在破除旧传统时，胡适更是高举了科学和民主大旗，宣扬了树立科学人生观，肯定了个性解放、妇女解放以及婚姻自由，并积极谋求和现身说法地建立新型父子关系和进行丧礼改革。胡适的摇呼呐喊对中国旧传统无疑是重头一击，为解放人们封闭、束缚的思想起到了积极的推动作用。

坚定的无神论者，服膺于科学人生观

随着胡适认字越来越多，幼时深藏于脑中的神佛观念遇到了根本挑战。这种挑战和变化是从他读朱子的《小学》时突然发生的。胡适在《四十自述》中“从拜神到无神”一节里这样回忆：

有一天，我正在温习朱子的《小学》，念到了司马温公的家训，其中有论地狱的话，说“形既朽灭，神亦飘散，虽有判烧舂磨，亦无所施……”我重读了这几句话，忽然高兴得直跳起来。《目连救母》、《玉历钞传》等书里的地狱惨状，都呈

> 现在我眼前，但我都觉得不怕了，放焰口的和尚陈设在祭坛上的十殿阎王的画像，和十八层地狱中的种种牛头马面用钢叉把罪人叉上刀山，叉下油锅，抛下奈何桥下去喂恶狗毒蛇，——这种种惨状也都呈现在我眼前，但我现在觉得都不怕了。我再三念这句话：“形既朽灭，神亦飘散，虽有　烧舂磨，亦无所施。”我心里很高兴，真像地藏王菩萨把锡杖一指，打开地狱门了。

不久，胡适又读司马光的《资治通鉴》，从中知道了范缜的《神灭论》，其中“形者神之质，神者形之用也。神之于形，犹利之于刀；未闻刀没而利存，岂容形亡而神在哉？”使胡适完全相信了无神鬼的道理。经过了这次“思想解放”之后，胡适便不再虔诚拜神礼佛了。但他从小是一个对母亲很孝顺的人，当着母亲的面，还不敢说不信鬼神的话；母亲叫他去拜神佛，也不敢不去，怕伤母亲的心。而当母亲不在跟前，胡适便对小伙伴们大发无鬼无神的议论，甚至去打菩萨。这时胡适完全摆脱了鬼神带给他的恐惧，也不再祈求菩萨能给他什么救助和庇护了，他是个自觉的无神论者了。此后，胡适在《竞业旬报》上把他的朴素无神论做了淋漓尽致地发挥，加之美国留学期间所受科学文化的洗礼更是让胡适完全摒弃了封建神鬼，成为一名坚定的无神论者。

与彻头彻尾的无神论者相对应，胡适真诚地服膺于科学文化并极力主张建立科学的人生价值取向。1923年，张君劢为首的玄学派力陈“科学无论如何发达，而人生观问题之解决，绝非科学所能为力，惟赖诸人类之自身而已”，主张用宋明理学来重建中国人的人生理想。科学派主将、著名地质学家，同时也是张君劢的好友的丁文江看到此文后“勃然大怒”并据此反驳说：“诚如君言，科学而不能支配人生，则科学复有何用？”并指责好友张君劢被“玄学鬼”附了身，中国学术界著名的“科玄论战”由此拉开序幕，论战围绕应该建立怎样的人生理想，选择何种人生的价值取向。胡适刚开始并没有参加科学派和玄学派之间的论战，但他充分考虑到中国科学极不发达，道院和仙方鬼怪正乌烟瘴气的现状，以及仔细阅读了双方论战的所有材料之后觉得丁文江所言虽有道理，但并没有切中要害，

张君劢（1887—1969）。

遂决定声援科学派。针对科学派仅笼统断言科学能解决人生观问题，然后就将论题转移到“科学的知识论”等问题上，而遗忘了科学的人生观这一核心命题，胡适提出不仅要用科学精神和科学方法来建立人生观，而且要使中国文化转变为科学文化。

胡适指出科学的人生观有两层含义：一是以科学作为人生观的基础，以其反对迷信。他肯定人的情感和欲求，否定了玄学派的“正已”、“内求”的价值取向和寡情寡欲的人生理想。二是用科学的态度、精神、方法来指导人生观，解决人生问题。他反对“差不多先生”那种缺乏科学大脑的毛病，要求人们研究具体问题，不盲从传统或权威，事事用实验来检验一切原理、原则和假设，奉行一丝不苟、验证的科学思维模式。那么，科学是如何具体应用到人生诸问题上，且会发生何种“化学反应”呢？胡适同样自信满满地写道：

> （1）根据于天文学和物理学的知识，叫人知道空间的无穷之大。（2）根据地质学及古生物学的知识，叫人知道时间的无穷之长。（3）根据于一切科学，叫人知道宇宙及其中万物的运行变迁皆是自然的——自然如此的——正用不着什么超自然的主宰或造物者。（4）根据于生物学的知识，让人知道生物界生存竞争的浪费与残酷，——因此，叫人更可以明白那‘有好生之德’的主宰的假设是不能成立的。（5）根据于生物学、生理学、心理学的知识，让人知道人不过是动物的一种，他和别种动物只有程度的差异，并无种类的区别。（6）根据于生物的科学及人类学、人种学、社会学的知识，叫人知道生物及人类社会演进的历史和演进的原因。（7）根据于生物学及社会学的知识，叫人知道一切心理的现象都是有因的。（8）根据于生物学及社会学的知识，叫人知道道德礼教是变迁的，而变迁的原因都是可以用科学方法寻求出来的。（9）根据于新的物理、化学的知识，叫人知道物质不是死的，是活的；不是静止的，是动的。（10）根据于生物学及社会学的知识，叫人知道个人——“小我”——是要死灭的，而人类——“大我”——是不死的，不朽的；叫人知道“为全种万世而生活”就是宗教，就是最高宗教；而那些替个人谋死后的“天堂”“净土”的宗教，乃是自私自利的宗教。

从上述胡适所提十条可以看出，其内容虽然涉及自然、社会和人的问题，但最终着眼点都是落实到“人”并实现科学为人服务这一轴心点上，一切主旨都是要用科学的进步和发展来让人知道是什么、为什么，并最终希望人们通过树立科学人生观最终实现生活的幸福、满意。正是因为坚信科学，胡适才称“赛先生，活菩萨”，将科学作为引领人生信仰的船舵；正是因为坚信科学，胡适才利用科学破除迷信并指导和解决各种人生问题；正是因为坚信科学，胡适才终身致力于为建立积极健康、乐观向上人生态度奔走呐喊。

“拿下孔丘招牌”，倡导自由独立人格

中国传统文化的主干是儒家思想，而儒家思想又是以孔子作为偶像和权威的。毫无疑问，孔制作为中国社会文化的一个核心价值系统，以各种方式渗透和辐射到中国社会的各个角落，成为支配和安排社会符号、价值和信仰的秩序中心。它规范和约束了人们的思想和行为，除唯唯诺诺之外，丝毫没有独立的人格。它还使得知识分子只满足于记诵和阐释固定的几部经书，思想争鸣、学术共荣、民主开放等无不遭到扼杀，最终阻碍了社会的发展。

反对封建旧文化，提倡个性解放，最突出、最集中地表现在反对孔教。首先推出文章叙说“反孔斗争”的是湖南长沙人易白沙，率先在《新青年》发表了《孔子评议》，指出了孔教的欺骗性。此后，一些学者也撰文猛烈抨击孔教。1918年5月，鲁迅针对“杀人”的孔教发表了第一篇白话小说《狂人日记》，深刻地揭露了表面“仁义道德”的卫道者的虚伪和残忍。此文一发，吴虞的《吃人与礼教》立刻引出，并指出“吃人的就是讲礼教的！讲礼教的就是吃人的呀！”对此，胡适进一步指出：“因为二千年吃人的礼教法制都挂着孔丘的招牌，故这块孔丘的招牌——无论是老店、是冒牌——不能不拿下来，捶碎、烧去！”胡适此文较之前面二文，更加点名道姓地指出了孔子是压迫几千年思想的罪魁祸首，使得批判旧道德更有针对性，并提升到一个更高层面。同时，他在《吴虞文

易白沙（1886—1921）。

录序》中，还热情地赞誉了吴虞是“四川省只手打孔家店的老英雄”。这篇文章也成为“打倒孔家店”的最早由来，同时也振聋发聩地宣誓了新文化运动中这一响亮的口号，使人们在斗争中更有了明确的方向。

吴虞（1872—1949），曾任北京大学、四川大学教授。

易卜生（1828—1906），现代现实主义戏剧的创始人。

针对孔教否定个人价值，认为最重要的不是自己，而是家庭比个人重要，上代比下代重要的情状，胡适以易卜生思想、杜威学说以及尼采哲学、罗素哲学、无政府主义、基尔特社会主义、全民政治和新村主义等武装了自己的思想，尤其极力提倡易卜生的写实主义，期望人们以此为武装直面社会，直面人生。1918年6月，《新青年》出版“易卜生号”上，胡适在《易卜生主义》一文中借助对挪威现实主义戏剧大师易卜生的介绍，集中展现了他对个性解放、肯定个人价值的赞扬和提倡。胡适指出在黑暗社会中行动的方针是“救出自己”。

如何“救出自己”呢？胡适引用了易卜生的话，“你要想有益于社会，最好的法子莫如把你自己这块材料铸造成器”，凸显了对人自由发展、个性弘扬的渴望。1930年，胡适进一步写道：“把自己铸造成了自由独立的人格，你自然会不知足，做一个‘贫贱不能移，富贵不能淫，威武不能屈’的斯铎曼医生。……他大胆地宣言：世界上最强有力的人就是那最孤立的人，这也是健全的个人主义的真精神。”胡适坚决反对牺牲个人的独立人格和自由来换取所谓的温饱，指出“个人若没有自由权，又不负责任，便和做奴隶一样，所以无论怎样好玩，无论怎样高兴，到底没有真正乐趣，到底不能发展个人的人格”。胡适所提种种，均是希望人们本着个人主义的人生观，敢于像娜拉一样塑造自己并冲出家庭牢笼而敢于出走，也要学习斯铎曼医生特立独行，敢于说实话，向恶势力作战的精神和行为，充分发展个人的独立性。胡适的提法对于当时个性压抑的社会来言是很有深度的，且是正对要害的致命一击，对解放盘踞于广大中国人头脑中的几千年的旧思想、旧道德意义重大。正如胡适所说个性解放倡导的是“最新鲜的又最需要的一针注射”。

胡适所提的个性主义不是狭隘自私的个人主义，它的最高宗旨是要每个人充分发挥自由意志，发挥个人的才性，使之有益于社会，这才是个人与社会真正合理的健全关系。所以胡适又提出：“发展个人的个性须有两个条件：第一，须使个人有自由意志；第二，须使个人担干系，负责任。”其中，第二点极其重要，后来在《不朽——我的宗教》一文中，胡适更是大力提倡“社会的不朽论”，即“小我”要对“大我”负责，“小我”指个人，“大我”指社会，个人必须对社会负责任。充分发挥“小我”的才性，以不辜负“大我”的无穷过去，且不能因为“小我”而贻害“大我”的无穷未来。这种论述是在个人与社会的健全关系基础上建立的一种新型的个性主义的人生观。在任何时代、任何社会，这种独立、忠诚的人格的价值都是无法估量的。

同时，胡适指出的个性主义不仅要敢于找寻自我，发挥自己的价值，同时还必须是有独立思想的个体。几千年来，中国人最大的特点就是善于追慕传统，严重缺乏独立思想和思考逻辑。胡适提出个人应该具备独立人格，敢于走出压迫，这是人性解放、深刻反思的首要之步骤。但是一个人仅有独立人格，而不会独立思考，形成不了自己独立的思想和观点，依旧会回归到保守旧传统的老路子之上。针对此，胡适指出国人要敢于突破对权威的盲从，破除“奴性逻辑”。“奴性逻辑”主要表现在两方面，一是好以圣贤先哲的言论作为立论依据，动不动就援引圣人之言；一是迷信于西洋学说来做自己议论的依据，一味地“拉洋车”而不管不顾该学说适合不适合当时当地的情境。“老八股”和“洋八股”统统都是束缚在人脑之上的枷锁，胡适指出，要解放人的思想，就必须破除这道严密的“防线”，即首先就要破除国民不会独立思考、没有自己独立思想的旧思维模式，要使广大民众敢于独立思想、独立观察以及独立判断。其中，胡适尤为重视思想方法的养成，指出“主张的应用是有限的，方法的应用是无穷的”。确实如此，“授人以鱼，不如授人以渔”！在此，他指出国人要想形成独立的思想方法，就要善于问为什么，经常问为什么，敢于问为什么，能用“批判的态度”看待一切，不盲从于权威和迷信，从而形成自己独立的思考、见解。同时，通过自己的亲身实验，亲自尝试，真正验证观点，形成正确结论和看法。

褒赞婚姻自由，青年要敢于追求幸福

早在胡适1906年进入中国公学后，就在同学钟文恢的带动下加入了竞业学会，并在《竞业旬报》上发表了白话小说。经过精心思忖后，胡适把小说定名为《真如岛》，该小说的用意是“破除迷信，开通民智”，借用自己已获得的科学知识，去击破多年来流行于民间的愚昧和迷信观念和行为。小说描写了家私颇厚、乐善好施的老人虞善仁十分迷信，得了重病却不去问医，反而相信算命先生的话。恰巧外甥来看他，劝他问医，并陈述小病一定会治好的道理，才不至于被迷信耽误而丧命。对待儿女婚事时，老人同样求神签，算八字，结果“相信天意”，硬是将有情人拆散。这些现在看来较为浅显的无神论见解和述说，对当时大众普遍迷信的破除和婚姻自由的推动有一定积极意义。可惜的是，该文连续发表11回即停止了，没有圆满结局。但《真如岛》是胡适“拓荒”开始尝试长篇小说，同时也是其毕生所作唯一的长篇小说。虽该小说仅是胡适未完成的“半部书”，却是他坚定、大胆地反封建、反迷信、倡导婚姻自由的书面尝试。

1919年，胡适所作《终身大事》延续了此前反对封建迷信、倡导婚姻自由的思路，讲述了中产阶级家庭出身的田亚梅女士，留学东洋时与青年陈先生自由恋爱，但其母田太太向观音求签和请瞎子算命，屡次得出“配不成”结论，所以坚决反对女儿婚事。田亚梅只能把希望寄托于学习了科学知识并较为“开明”的父亲身上，谁知田先生却根据田陈同姓不能通婚这一留传几千年的“没有道理的祠规”，也断然不同意女儿的婚事。在争取家庭支持无望的情况下，田女士最后听从了陈先生的意见，毅然决断自己的终身大事——“坐了陈先生的汽车去了”。全剧为观众塑造了一个敢于追求自己幸福“娜拉式”的中国人物。

全剧虽然文字内容简单，但其中的思想内涵却极为丰富，在当时封建保守的历史条件下，进步意义显而易见。该剧突出强调了青年男女要敢于追求自己的爱情和婚姻，父母不应横加阻挠。“此事只关系我们两人，与别人无关系，该自己决断”——陈先生给田女士的信中这句话，实际上表达了作者对这一问题的见解，它也是全剧所要表现的核心思想。同时，胡适在该剧中还揭露了封建迷信活动的欺骗性以及谴责了中国旧风俗和封建宗法制度的落后性和残忍性，如该剧中田太太求签“夫妻前生定，姻缘莫强求。逆天终有祸，婚姻不到头”，找瞎子算命先生算“八字”，田先生根据祖宗定下的祠规而强烈地反对女儿的自由婚姻等。该剧品在揭露了落后性和封闭性的同时，肯定了民主主义和资产阶级人道主义。

此剧正是思想文化界提出妇女解放问题和自由恋爱婚姻问题还不久，易卜生的名著《玩偶之家》也刚刚介绍到中国，在这一历史条件下，胡适的创作取材于中国现实生活，又反映了尖锐的社会问题，为人们塑造了一个真实可信的中国式“娜拉”的形象，当然是难能可贵的。无怪乎，稍后该剧公演，立即产生了广泛的社会影响，涌现了一批“田亚梅”式的人物。正如著名的剧作家、戏剧批评家洪深所言，“田亚梅是那时代的现实人物，而‘终身大事’这个问题在当时确又是一个亟待解决的问题，所以该剧也可以说是一出反映生活的社会剧。”当然，该剧思想内容上有一定局限，未给读者传达反叛旧家庭还只是暂时胜利，真正胜利是需要触及社会政治制度变革这一实质性问题。同时，该剧明显模仿了易卜生的《玩偶之家》等，但是该剧对突破媒妁之言、父母之命的旧婚姻传统，却有重大意义。

谴责礼教毒害，批判封建纲常名教

中国古代社会建立在宗法家族制度之上，形成了一种以孝悌为轴心的等级人伦秩序，最终形成了“君为臣纲”、“父为子纲”、“夫为妻纲”为核心的宗法封建伦理规范。它束缚了人的个性和自由，与人性日益彰显的时代格格不入。胡适从父子关系、丧礼改革、妇女解放入手，要求彻底打破封建礼教的一切束缚，冲破“三纲”带来的人性泯灭。

提倡人格独立，建立新型父子关系

胡适对“孝”这一封建伦理中一条重要的道德法规进行了重新评价。早在留美期间，胡适就对我国传统家庭关系中“父母视子女如一种养老存款，以为子妇必须养亲，此一种依赖性也。子妇视父母遗产为固有，此又一依赖性也”的现象进行了严厉抨击。而真正引发胡适对此思考和系统论述的是1916年3月16日长子祖望的出生。胡适表达了一个观点，即“我们做父母的不曾得他的同意，就糊里糊涂地给了他一条生命……我们既无意，如何能居功……我们对他只有抱歉，更不能‘市恩’了”。因此，从父母无意给子女生命，且还可能无法教养好子女这个逻辑出发，父母并不能因为给予子女生命就忝居功臣，认定子女一生下来就需要对父母尽孝道，家庭中父母和子女之间均应该是各自平等的。

从上述观点出发，胡适特别反对僵化教条的“孝道”，指出“天下无不是的父母”这一传统孝道是对子女独立个性和自我意志的剥夺，容易养成孩子的奴性人格。在他看来，“孝”不是无所不包的神秘之物，一切善行都归之于“孝”，一切不良行为都是“不孝”。只要子女对长辈有一种善意的真挚情谊，那么倒是没有什么理由需要“非孝”。胡适还主张反对盲目的孝，为行孝而不讲理，他表示“不赞成把‘儿子孝顺父母’列为一种‘信条’”，将父母的养育之恩无限夸大到要子女以一生的绝对服从为代价。因此，胡适主张建立一种新型的平等的父母子女关系。他指出父母“不要把自己看作一种‘放高利债’的债主”，因为父母对子女“无恩”可谈，只有“教他养他”的责任，所以不能期望子女的“报恩”。当然，儿子也不应该成为“白吃不还账”的主顾。这一话语看似朴素、平常，但却抨击了当时“天下无不是的父母”的伦常观，否定了那种盲目虚伪、毫无原则的孝道，其论证中“让儿子做堂堂正正的人，不单要你做我的孝顺儿子”等观念，实现了个人与家庭关系的反转，对当时进步青年冲破家庭束缚，追求自己的独立人格有鼓舞的作用。

力倡优生节育，提高人口素质

留学期间，胡适接触到了美国节育运动杰出领袖桑格夫人的节育理念，受此影响，胡适开始对孟子所云“不孝有三，无后为大”的封建观点持批判态度。在1914年9月的一则日记中，胡适指出了该观念的六大流弊，一是“望嗣续之心切，故不以多妻为非”；二是“父母欲早抱孙，故多早婚”；三是“唯其以无后为忧也，故子孙以多为贵，故生产无节”；四是“其所望不欲得女而欲得男，故女子之地位益卑”；五是“父母之望子也，以为养老计也，故谚曰‘生儿防老’，及其既得子矣，既成人矣，父母自视老矣，可以息肩矣，可以坐而待养矣。……其为社会之损失，何可胜算？”六是“父母养子而待养于子，养成一种牢不可拔之倚赖性”。也就是说，传统观点使得人们对一夫多妻制、早婚早育、多子、重男轻女、父母和子女的依赖性等视而不见，直接忽视了个人价值和独立性。据此，胡适提出了与此截然相反的“无后主义”，以对抗传统家庭成员之间毫无独立性可言的封闭生活景况。

桑格夫人（1879—1966）到北京大学演讲时与胡适（左）、张竞生（右）合影。

胡适的儿子祖望出生后，胡适写下了《我的儿子》这首诗，感叹道：

> 我实在不要儿子，儿子自己来了。
> “无后主义”的招牌，于今挂不起来了！
> 譬如树上开花，花落天然结果。
> 那果便是你，那树便是我。
> 树本无心结子，我也无恩于你。
> 但是你既来了，我不能不养你教你，
> 那是我对人道的义务，并不是我待你的恩谊。
> 将来你长大时，这是我所期望于你：
> 我要你做一个堂堂的人，不要做我的孝顺儿子。

虽然胡适自己“无后主义”的牌子挂不起来了，但是在好友任叔永和陈莎菲结婚时，他又将此牌子转赠给他们，送去的贺联是“无后为大，著书为佳”八个大字。值得一提的是，1922年4月，桑格夫人还远渡重洋来到中国，直接引发了“生育节制”的四次大论战。桑格夫人的“现身说法”和胡适的“无后主义”，使得生育节制在中国产生了深远影响，尤其是在与社会改良、国家发展等密切结合之后，意义更为深刻，“优生节育”和“节育救国”思想更为深入人心。

主张丧礼改革，开启文明新风

胡适对生命的诞生持优生节育的观点，对生命之离去则主张一切从简，对儒家遗留的丧礼进行改革成为胡适批判礼教的另一个关键点。儒家一贯倡导“葬之以礼”，把送葬看得十分重要，提倡“厚葬久丧”，为葬礼设计了种种繁文缛节。同时，儒家还主张“丧则观其哀”，生则孝，丧则哀，这才是真正的孝子。胡适首先揭露和批判了这种传统丧礼的弊端，并在《我对于丧礼的改革》一文中主张废除封建道德礼仪上的繁文缛节，主张实行“一种近于人情，适合于现代生活状况的丧礼”。丧礼改革的总方向和总纲领是简单化，以不影响人们的正常生活、不增加人们的精神负担，以及随着社会的发展而变得越来越文明为原则。基于以上的认识，胡适提出了丧葬礼仪改革的两个基本途径，即“两个删除”：一是“把古代丧礼遗下的种种虚伪仪式删除干净”；二是“把后世加入的种种野蛮迷信的仪式删除干净”。

除对丧礼的繁文缛节进行改革外，胡适还控诉和批判了丧礼的呆板仪式和出殡时的“装模作样”。在《礼！》一诗中，胡适运用对比的手法生动地描绘了儿子和别人的对待丧礼仪式的截然不同的态度：亲身儿子不肯为丧父行礼，遭到别人的不解和无情的打骂；别人对毫无关系的死者流着“现成的眼泪”，儿子对这些人的行径忍不住发笑。该诗末段以儿子的口吻歌颂了封建礼教叛逆者：“你们串的是什么戏，也配抬出‘礼’字的大帽子！你们也不想想，究竟死的是谁的老子？”在此文中胡适明确指出平日不孝顺父母，在父母葬礼上却嚎啕大哭，装模作样，这不算是真正的孝子，同样也是对封建礼教形式化和呆板化的控诉和抨击。

胡适不仅大力倡导丧葬礼仪改革，而且身体力行地将自己的改革主张在母亲葬礼中亲自实践。1918年11月，正当他应邀准备去北京通俗讲演所作题为《丧礼改良》的演讲时，从安徽老家传来母亲去世的噩耗。胡适后来诙谐地说：“我的讲演还没有开讲，就轮着我自己实行‘丧礼改良’了！”在对自己平生最敬爱的母亲的丧礼仪式中，胡适免用迷信用品，用鞠躬代替叩头等方式来简化祭礼，出殡时不伪装悲悲戚戚，改变三年守制而实行短丧。在胡适看来，这些均是迷信的东西，而真正寄托哀思和表达孝心才是丧礼的真实目的，而这类形式可以保留。可以看出，胡适为实现丧礼改革，而不怕背上“不孝之子”的恶名，其勇气和胆识着实令人钦佩。尽管胡适并没有对现代社会所需的丧礼改革做出系统设计，但他的这些观念和做法仍深深影响了一批人，如台湾作家、历史学家、诗人李敖深受胡适移风易俗之说和之行的影响，在父亲丧礼上“不磕头、不烧纸、不流眼泪”，力主丧礼改革。总之，胡适的丧礼仪式改革对当今社会仍然具有深刻启迪作用，同时也为后人更好地选取中国传统文化的精华有重要借鉴意义和引导作用。

倡导妇女解放，破除贞操迷信

传统道德特别注重性别区分，将妇女视为弱者，居从属地位，并为其量身定制了一系列苛刻的道德条规。胡适在目睹“老祖宗太对不住我们的妇女”之后，首先对传统道德中女性在宗法、经济生活中的附属地位，不被作为“人”看待，各项权利都被剥夺进行了控诉。胡适为素不相识的青年女学生李超作传，以其痛苦经历现身说法，提出了女性所面临的家长族长专制、女子教育、继承财产的权利以及有女不为后等问题。李超是北京国立高等女子师范学校的一名普通学生，广西梧州人。父母只有女而无儿，就过继了一个叔伯哥以承继香火。父母去世后，哥哥霸占了丰厚的家产，还强迫李超出嫁。为李超择婚中，其兄也只是看中男方的财产，丝毫不顾其学行。虐于其兄的家庭专制和逃避高压的婚姻，李超辗转北京求学。其兄变本加厉，反倒断绝其经济来源，李超终于在贫病忧愤中去世。李超死后，其棺材安放在北京一个破庙，其兄依旧不闻不问，反而去信曰“至死不悔，死有余辜”。胡适通过李超的真实例子，对身处于卑微困苦境地的女子寄予了深切的同情，呼吁争取女性权益，并对男尊女卑观念进行了猛烈的抨击。

传统道德中妇女的从属地位还深刻地表现在惨无人道的传统节烈观和“全无心肝的贞操论”上。胡适对中国社会提倡的不合人情、不合天理的封建节烈观为女性带来的悲惨命运表示不满和进行了攻击。新文化运动时期的北京政府，虽是民国共和政府，但在政府正式颁布的《褒扬条例》中明文规定表彰“节烈”的条款，公然鼓励寡妇守节，烈女殉夫。这种法律在胡适看来，“都是野蛮残忍的法律，这种法律，在今日没有存在的地位”。1918年7月，北京《中华新报》登出一篇歌颂烈女殉夫的报道——《会藏唐烈妇记》，说其在丈夫死后的98天内，死过9次，经过灰汞、饮卤、投河，5次上吊，3次绝食，最后服用砒霜，才得做成烈女。同期还有俞氏女为未婚夫殉葬的报道。不久，上海报纸又登出上海17岁女子陈宛珍的未婚夫因病去世，陈即沐浴更衣，为不曾谋面的未婚夫仰药自尽的“陈烈女殉夫”事件。这些报道反映了封建伦理道德在民国初年仍统治着大多数人的思想，女子为节烈献身的悲剧没有停止，反在官方及舆论的鼓励和法律的支持下愈演愈烈。胡适既替不幸妇女悲哀，又痛恨葬送无数女子青春和生命的封建贞节观念，因而写下了一系列批判节烈观念的文章。他指出在封建礼教的阴影下，几千年来中国妇女一直过着暗无天日的生活和背负着种种枷锁，要求妇女以身殉夫的做法是极其荒谬的。胡适抛出了与当时社会相悖的贞操论，即未婚女子为不曾谋面的丈夫守贞，是一种盲目的贞操；寡妇守节也应以夫妇间的爱情为前提，而不是无条件地替丈夫守节；同时，贞操不是单方面的，它是男女相待的一种态度，是双方交互的道德，男子也应该对妇女守贞操。

胡适的贞操论突出了“人”和“情”的意识，抹淡了道德含义，强调了人性的回归、性别的平等，与要求夫妻关系只是一种严肃的道德隶属关系，妻子无条件服从丈夫的传统贞操观截然对立。此论一出即引起了社会的震动。不久，一个叫萧宜森的学生问胡适如何看待被强暴所污而没有做“烈女”的弱女子。胡适明确指出封建主义的“贞操论”是一种“不合人情、不合天理的罪恶”，北洋政府“褒扬烈妇烈女杀身殉夫”的法律“都是野蛮残忍”的。至于女子为暴力所污，不是其责任，对于受害女子，不能用旧贞操观去衡量，不能以“饿死事极小，失节事极大”的教条引诱女子轻生。这些意见无疑是大胆而又有积极意义的。胡适指出，女子被强暴乃是一个法律问题，没有丝毫理由让女子自杀为强暴做牺牲，社会大众应同情他们的不幸。

胡适在抨击传统道德伦理对女性的压抑和迫害的同时，对妇女问题提出了建设性意见，其核心是女性作为“人”的意识的确立。回国后，他陆续发表了《美国的妇人》、《女子解放从那里做起》、《女子问题》等文。在这些文章中，他认为解决妇女问题的先决条件有四个：一是为人类社会添一倍的“人”，并不单是造就贤妻良母，既要看到女性作为“女”的一面，也要看到其独立人格“人”的一面。胡适指出男女同是人类，都应该努力做一个独立的人。他积极鼓励中国妇女走出家庭，发展自己的事业，展现自己的才能。二是谋求女子形体和精神的解放，形体上不应被禁锢和缠足，精神上应破除旧的伦理道德观念。胡适对缠足这一野蛮制度深恶痛绝，在美国期间，他专门去信母亲要未婚妻江冬秀放脚。虽然受制于家庭而执行不力，但胡适将其接至北京后，立刻要求她做阔头鞋放脚。胡适从自己做起，为女子形体和精神的解放做了一个优秀的榜样。三是通过设立女子小学、中学乃至大学，倡议大学招收女生等外部条件对女子进行教育。胡适指出女子改造的外部条件是发展女子教育。在《对于安徽教育局的一点意见》的演讲中，提出设立女子小学、中学乃至大学。《大学开女禁的问题》中又提倡大学招收女生。在胡适任北京大学教务长时，北京大学开始招收女生，开大学男女同校之风气，扩大了女子接受高等教育的范围。四是女性注重自身的独立精神和自立能力的培养来实现女子的改造。内因是外因最终实现的基点，女子教育只是女子改造的外部条件。胡适指出，女子改造要真正实现还需要女子自己培养独立的能力和精神。女子要大胆走出家庭，展现自我，最终培养和追求自己的独立人格。

"五四"新文化运动时期，新旧文化激烈论争。传统文化的弊端已被新文化人深刻认识并猛烈批判。胡适留学归来后即投入其中，他高举"民主"和"科学"两杆大旗，对封建社会的传统陋习、"三纲五常"以及愚昧的国民等的批判，为惊醒愚昧民众的噩梦带来了阵阵惊雷。通过胡适以及新文化人所提的科学和民主、人性解放和寻求自我独立人格、妇女解放和全新的贞操观、构建全新的"孝"和平等的父子关系、改革丧礼等颇具进步意义的号召，中国这头沉睡的东方雄狮开始逐渐苏醒，不断迎接思想和制度上的现代化改革，最终迎来了人民观念的革新以及社会的不断进步。胡适在破除旧传统、实现新文明方面的功绩确实无法估量，值得称赞！

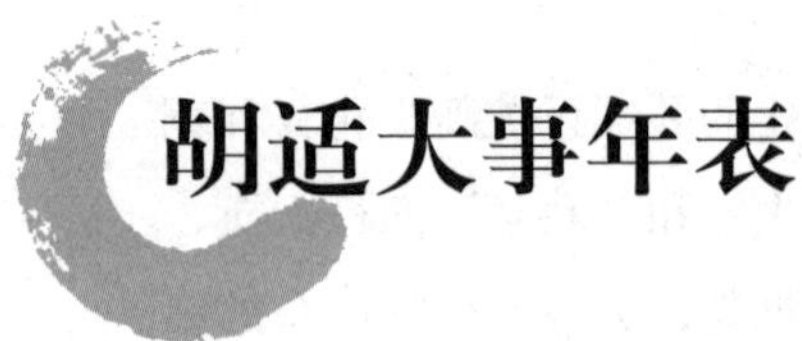

胡适大事年表

1891年（清光绪十七年，1岁）

12月17日（农历十一月十七日），生于上海大东门外寓所。

父亲胡传（1841—1895），字铁花，号钝夫。原名守珊（也字守三）。生于安徽省绩溪县北部的上庄。自幼受私塾之教，曾帮助家里管理茶叶店事务。1865年进学为秀才。后屡次参加“省试”未果，于1868年春入上海龙门书院学习。1881年北上入京后，由张佩纶推荐成为吴大澂的幕僚。此后积极投身于公务中，在东北服务6年，视察海南，参与黄河治理，并于1892年赴台任职。入仕期间屡有作为。

母亲冯顺弟（1873—1918），安徽省绩溪县中屯人，17岁嫁给大自己32岁的胡传，后随胡传辗转苏州、上海、台湾，甲午中日战争后，返回故里，操持家务。

胡适父亲前夫人曹氏生有三男三女，大哥名洪骏，号耕云，生于1871年；二哥、三哥为双胞胎，分别名洪骓、洪秠，生于1877年。大姐菊生于1866年，是兄弟姐妹中排行最长的；二姐细菊，生于1868年。三姐幼菊，生于1876年。

1892年（清光绪十八年，2岁）

3月20日，父亲胡传被调赴台湾，胡适随母冯顺弟移居浦东。

1893年(清光绪十九年，3岁)

4月12日，随母亲在二哥、三哥和四叔的护送下，去台南其父胡传任所。

1894年（清光绪二十年，4岁）

1月20日，胡适母子到台东，胡适由胡传教认方块汉字。在父亲的悉心指导下，此时已认得方块字700多字。

1895年（清光绪二十一年，5岁）

2月7日，因中日战争爆发，随母离台湾回上海。

3月，由上海返回祖籍安徽绩溪上庄，进家塾读书。

8月18日，父亲胡传离开台湾。

8月22日，父亲病死于厦门，终年55岁。临终遗嘱要胡适“努力读书上进”，并留下启蒙的韵文课本《学为人诗》和《原学》。

1896年（清光绪二十二年，6岁）

在家塾读书。

1899年（清光绪二十五年，9岁）

在家塾读书，偶然机会开始接触《水浒》、《三国演义》、《红楼梦》等中国古典小说。

1901年（清光绪二十七年，11岁）

在家塾读书，《资治通鉴》中引述范缜《神灭论》片段，对其影响极深。

1903年（清光绪二十九年，13岁）

在家塾读书，开始学“反切”。

旧历正月，往大姐家拜年，归途打毁三门亭庙中神像。

1904年（清光绪三十年，14岁）

1月，母亲按照家乡风俗为胡适与安徽旌德县江冬秀女士（1890—1975）定亲。

2月，从三兄洪骍到上海，进梅溪学堂。开始读梁启超的《新民说》和邹容的《革命军》，自命为“新人物”，且拒绝参加上海道衙门的小学毕业考试，并离开学校。

1905年（清光绪三十一年，15岁）

春，改进澄衷学堂，在那里读了严复译的《天演论》和《群己权界论》等书。

是年，胡适二哥为其取胡适的名字，表字适之，意为留下初步接受进化论思想影响的一点“纪念品”。

1906年（清光绪三十二年，16岁）

上半年，升入澄衷第二班，即西一斋，并做了班长。

夏　考取中国公学，用白话文写了第一篇文章《地理学》。第一学期加入“竞业学会”，并在《竞业旬报》上发表小说、诗歌与文章。

11月，开始作白话章回体小说《真如岛》，在《竞业旬报》第3期起连载，至第11期止，署名为铁儿。

1907年（清光绪三十三年，17岁）

5月至7月，因脚病回家乡绩溪疗养。

1908年（清光绪三十四年，18岁）

7月，主编《竞业旬报》，以铁儿为笔名在24—38期发表文章。

9月，转入中国新公学，兼任英文教员，教低年级学生英文，一星期教30个小时，月薪80元。

1909年（宣统元年，19岁）

春，编辑《竞业旬报》至第39期。

10月，新公学解散，因失学失业，在上海过放荡生活。

1910年（宣统二年，20岁）

2月28日，往华童公学参加开学典礼。

春，经原公学英文老师王云五介绍，入华童公学教国文。

3月22日，夜饮大醉，神智朦胧中与巡警互殴，被拘于警所。第二日写信辞职。

5月，同二哥绍之去北京温习功课。

7月，考取清华庚子赔款留学美国官费生，因未做充分准备和胆怯，故用“胡适”的名字报考，此后就正式叫胡适。

8月16日，从上海坐船去美国。

9月，入美国纽约州绮色佳镇的康奈尔大学，选读农科。

1911年（宣统三年，21岁）

2月中旬，得母家书，商拟将江冬秀接至家中，算作“出阁”，胡适回信坚决反对。

2月26日，用英文作《美国大学宜立中国文字一科》。

5月11日，作札记《诗经言字解》，载1913年《留美学生年报》。

7月，被举为赔款学生会中文书记。

8月10日，在爱国会被举为主笔。

9月，作《康南尔传》，载1915年《留学生季报》春季号。

1912年（民国元年，22岁）

9月，弃农科，转入文学院，修哲学、经济、文学，译法国都德小说《最后一课》，易名为《割地》。

11月，发起组织“政治研究会”。

12月，代表康乃尔大学大同会，到费城参加世界大同总会，被推为宪法部干事。

1913年（23岁）

5月，被举为康奈尔大学世界学生会会长。

10月8日，第一次主持康奈尔大学世界学生会会议，叹议院法习之不易。

是年，与赵元任、胡达同被选为最有名誉的美国学生联谊会会员。

1914年（24岁）

4月1日，被委任为康奈尔大学学生会哲学教育群学部委员长。

5月20日，辞去康奈尔大学世界学生会会长一职，并作题为《世界和平与种族界限》的谢职演说。

6月17日，行毕业式，得学士学位。

7月22日，在世界学生会夏季欢迎会上演说“大同主义”。

8月24日，译就都德小说《柏林之围》。

9月，被举为《学生英文月报》主笔之一，负责国内新闻。

1915年（25岁）

1月9日，康奈尔大学世界学生会举行十周年纪念祝典，以干事长身份作《世界会之目的》的演说。

2月13日，代表康奈尔大学赴纽约参加抵制增兵会，在纽约见到黄兴。

9月21日，离开康奈尔大学转赴哥伦比亚大学哲学系研究部学习，系主任为杜威。从此亲聆其教，很快成为实验主义的信徒。

1916年（26岁）

2月，与陈独秀、朱经农、梅光迪、任鸿隽、杨杏佛等讨论文学革命问题，并作白话诗。

7月，由于任鸿隽一首诗引发不同意见，遂使文学革命争论激烈起来。

9月，作有《文学改良刍议》，又作《尝试篇》。

1917年（27岁）

1月，在《新青年》上发表《文学改良刍议》，在文化界引发强烈反响。

1月27日，在费城演讲《美国如何能协助中国之发展》。

4月16日，作《诸子不出于王官论》。

5月22日，通过哥伦比亚大学哲学博士学位的最后考试，论文题目是《中国古代哲学方法之进化史》，结束长达7年的留学生活。

6月9日，离开纽约，起程返国。

7月10日，到达上海。

7月27日，回绩溪看望分别11年的老母亲，家人团聚。

8月，赴京任北京大学哲学系教授。

12月3日，在北京大学创办哲学研究所，自任主任。此研究所主要为本校毕业生提供继续从事高深研究之地。

12月30日，奉母命回安徽绩溪与江冬秀女士结婚，作《新婚杂诗》五首。

是年，参加《新青年》的编辑工作。

1918年（28岁）

1月，离家返京，仍在北京大学任教，并加入《新青年》的编辑工作。

3月，任选为北大英文部教授会主任，并应邀演讲“论短篇小说”。

4月，在《新青年》杂志发表《建设的文学革命论》，提出十个大字“国语的文学，文学的国语”作为“建设新文学论”的唯一宗旨。

5月16日，作《易卜生主义》一文，发表在《新青年》上。

夏，江冬秀入京，陪伴独居北京的胡适。

7月，发表《贞操问题》抨击封建旧道德，提倡妇女解放。

11月22日，应南开学校邀请，前往演说。

11月23日，去天津与梁启超见面。是日，母冯顺弟病死，享年46岁。

11月25日，携眷回绩溪奔丧。其间说服亲友改革丧礼。

12月，用文言文作《先母行述》。

1919年（29岁）

1月，返京，被聘为傅斯年、罗家伦等创刊的《新潮》杂志的顾问。

2月，参加《新教育》编辑部工作。又被选为国语统一筹备会会员。

《中国哲学史大纲》（卷上）由北京大学出版部出版，蔡元培亲自作序。

3月16日，长子祖望出生于绩溪上庄。

4月，发表《实验主义》系统介绍美国资产阶级实验主义哲学，特别是杜威的“实验主义”哲学思想。

5月1日，在上海迎接杜威来华讲学。

5月2日，在江苏教育会演讲，介绍杜威思想梗概。

留沪期间，与蒋梦麟去拜会孙中山，谈“知难行易”学说。

6月，接办《每周评论》，挑起“问题与主义”的论战。

7月，发表《实验主义》一文，介绍杜威的哲学思想。指出“经验就是生活，生活即是应付环境”。

8月16日，作《论国故学》，提出“整理国故”的口号。

9月25日，胡适写《大学开女禁的问题》一文，提倡改革教育，大学招收女生。提出三个办法：延聘有学问的女教授；先收女子旁听生；女学界的人应该研究现行女子学制。

10月，全国教育联合会第五届年会在太原召开，讨论革新学校教育方法等问题。胡适陪同杜威去山西讲学。

10月10日，杜威在国立山西大学礼堂讲《品格之养成为教育之无上目的》，胡适口译，邓初民笔记。之后，胡适演讲《娘子关外的新潮流》，介绍关外的变化，并对军阀统治提出批评，此事使阎锡山对胡适很有意见。

10月12日，参加教育部及北京大学等在中山公园为杜威六十岁生日举办的祝寿活动。

11月，因马寅初教务长患眼疾请假，代理北大教务长一职。

11月1日，作论文《新思潮的意义》。

12月1日，在《新青年》上发表《新思潮的意义》一文，对新文化运动作总结性表述，提出“研究问题、输入学理、整理国故、再造文明”。

《新潮》2卷2号发表《李超传》，对普通女学生的死表示悼惜，并抨击封建礼教，提倡女子解放。

12月13日，北京各高等学校代表会议为反对教育部欠薪不发而决定罢教。胡适坚决反对，遂遭到各校代表反对。

12月17日，辞去北京大学教务长之职。

是年，与钱玄同、刘半农、周作人、朱希祖、马裕藻等人，拟订标点符号方案向教育部提出，请颁布实行。

1920年（30岁）

1月1日，在天津觉悟社讲演工读互助团问题，提倡努力自修学业。

1月3日，在天津学生联合会的学术讲演会演讲《非个人主义的新生活》。

1月15日，毛泽东来访，谈湖南事。

2月2日，胡适等拟订的标点符号方案被教育部采纳并通知各省区，转发各校采用。

春，由北大出版部出版白话诗集《尝试集》，各界褒贬不一。

3月，《新青年》发表了《中学国文的教授》一文，指出中学毕业生国文应达到四条标准：人人能用国语自由发表思想；人人能看懂平易的古文书籍；人人能作文法通顺的古文；人人能懂得一点古文文学的机会。
4月，在国语讲习所讲“国语文学史”。《〈水浒传〉考证》脱稿。
5月，和蒋梦麟联名发表《我们对于学生的希望》。
7月27日，完成《〈水浒传〉考证》，这是他第一篇重要的小说考证。
8月16日，女素斐出生。
本月，所译《杜威五大讲演》，由北京晨报社出版。
9月20日，在北京大学开学典礼上演说《普及与提高》。
年底，与《新青年》脱离关系。

1921年（31岁）

3月，草成《〈红楼梦〉考证》初稿，11月改完。
春，养病在家。
4月12日，为北京高师平民学校作《平民学校校歌》。
6月30日，与丁文江同为杜威夫妇及罗素与勃拉克女士饯行。
7月，高梦旦邀其去上海暂住，拟请他担任商务印书馆编译所所长，未允，转荐王云五。下半年，除在北大任教外，去国语讲习所讲了八周“国语文学史”。
7月11日，杜威夫妇离京归美，胡适因接待商务印书馆来客，未及时赶上。将送行文字《杜威先生与中国》登在《晨报》之上欢送杜威夫妇返美。
夏，与陶行知等联名发表《改造安徽省教育会宣言》，倡议将“会长制”改为“委员制”。
秋，北京大学开学后，胡适开设“杜威著作选读”，深受学生欢迎。
11月，出版《胡适文存》第一集。
11月12日，改定《〈红楼梦〉考证》。
12月17日，小儿子思杜出生，恰逢胡适三十周岁寿诞。“思杜”是纪念老师杜威而取。
12月下旬，与陶行知等人着手编辑《孟禄的中国教育讨论》。

1922年（32岁）

2月，由商务印书馆出版《章实斋年谱》。

2月18日，被推为中教育改进社筹划全国教育经费委员会赔款部部员。

3月3日，为《申报》创刊50周年著文《五十年来之中国之文学》脱稿。

3月21日，《国学季刊》编辑部开会成立，胡适为主任。《国学季刊》横排版，作英文摘要，这些都是中国杂志史上的创举。

3月23日，去天津南开大学讲学，为时三周。

4月25日，当选为北大教务长及英文学系主任。

5月7日，由胡适主编的《努力周报》第一期出版，作《努力歌》一首，代替发刊词。

5月14日，与蔡元培、王宠惠等联名发表《我们的政治主张》。

5月30日，应约到故宫养心殿会晤"末代皇帝"溥仪。

7月初，在济南讲《再论中学的国文教学》。

7月23日，《努力周报》发表《宣统与胡适》，澄清"胡适为帝者师"、"胡适请求免拜礼"等流言。

8月，出席"国语统一筹备会"第四届年会。

8月18日，出席李大钊宴请苏俄代表越飞的招待会。

9月，《努力周报》增刊《读书杂志》出版。

9月底，出席国民政府教育召开的学制会议，为起草宣言者之一。

10月，赴济南出席全国教育会联合会。《先秦名学史》（英文版）出版。

11月3日，《吴敬梓年谱》脱稿。

是年，当选北京大学教务长及英文系主任。

1923年（33岁）

1月，向北大请假一年，到杭州烟霞洞养病。

3月，作《一个最低限度的国学书目》、《读梁漱溟先生的东西文化及其哲学》。

4月，得"鲁案"委员会授予的三等嘉禾章。

4月21日，离京。月底抵杭。

5月11日，作《孙行者与张君劢》一文。

8月12日，在浙江暑期学校讲演《科学的人生观》。

10月，到上海商科大学讲"哲学与人生"，又去南京东南大学讲"书院制史略"。

10月28日，在烟霞洞拟就《整理国故的计划》提出整理标准。

11月29日　写成《科学与人生观序》，宣传心物二元的唯心史观。

是年　参加“科学与人生观”论战。任《国学季刊》编辑委员主任，并在“发刊宣言”中提出三点整理国故的方法：用历史的眼光来扩大研究范围；有系统的分门别类进行整理；用比较的研究帮助材料的整理与解释。

1924年（34岁）

2月8日，作《古史讨论读后感》。

5月27日，第二次进宫见溥仪。

6月，筹备《现代评论》。

6月28日，《申报·平民周刊》创刊，发表《差不多先生》。

7月，开始写《中国禅学史》，写到神会和尚，发生怀疑而中止。

8月，与丁文江同往北戴河避暑。

10月，推荐王国维为清华学校研究院院长。《胡适文存》（第二集）由上海亚东图书馆出版。《现代评论》出版。

11月5日，致书王正廷，对冯军包围清宫、逐去清帝，提出抗议。

12月13日，《现代评论》第一期出版。

12月26日，作《读吴承恩〈射阳文存〉》。

1925年（35岁）

2月，参加段祺瑞政府召开的善后会议，受到舆论批评。

3月，应聘为“中英庚款顾问委员会”中国会员。

5月，被选为中华图书馆协会董事兼财政委员会委员、索引委员会书记。

是月，女儿素斐殇。

6月21日，与罗文干联名致书北洋政府外交总长沈瑞麟，提出解决“五卅惨案”的交涉条件，应要求“修改八十年来一切条约”。

8月27日，作杂文《老章又反叛了》。

10月，到上海治病。在此期间，至政治大学及中国公学讲中国哲学，并与郑振铎、高梦旦同游南京。

11月，被推举为北平图书馆委员会书记。《〈老残游记〉序》脱稿。

12月，作《〈儿女英雄传〉序》。

1926年（36岁）

2月至7月中旬，参加“中英庚款顾问委员会”的“中国访问团”，从上海到汉口、南京、杭州、北平、天津、哈尔滨等地访问。

3月21日，在上海大同学院讲演，主张学术救国。

6月，在《现代评论》发表《我们对西洋近代文明的态度》一文。

6月6日，针对守旧势力，写成《我们对于西洋近代文明的态度》。

7月下旬至12月中旬　经西伯利亚到英国，参加“中英庚款”全体委员会议。会后曾到大英博物馆及巴黎国立图书馆检阅敦煌写本，发现菏泽大师神会和尚语录2万多字。

在英期间，接受各大学之聘请，作演讲十多次，讲题有《过去一千年来中国停滞不进步吗》、《中国与传教士》等。

12月，坐轮船去美国，又作多次演讲。

1927年（37岁）

1月至4月中旬，在美国纽约、费城地游历并演讲。

2月5日，作新诗《素斐》。

2月7日，作《整理国故与“打鬼”》。

4月3日，在旧金山为华人讲演《新文化运动的过去及将来》。

4月12日，由西雅图上船回国。

4月24日，到日本横滨，暂住二十三天，游历了京都、奈良、大阪等处。

5月底，经日本回上海，与徐志摩等创办新月书店。

6月，被选为中华教育文化基金董事会董事，并兼任秘书。

7月至12月，在上海写作与讲学。开始写《白话文学史》。

8月，受聘于私立光华大学，任教授。

10月，《戴东原的哲学》由商务印书馆出版。

11月，作有《〈官场现形记〉序》。

是年，复被选为中华图书馆协会董事。任新月书店董事会董事长及编辑委员会委员。由上海亚东图书馆出版《戴东原的哲学》，上海商务印书馆出版《词选》。

1928年（38岁）

2月，受上海东吴大学及光华大学之聘，作哲学讲座。

2月12日—16日，作《考证〈红楼梦〉的新材料》。

3月，受聘为上海中国公学校长，聘杨亮功为副校长，驻校主持工作。

3月10日，《新月》创刊，胡适等为主要撰稿人，发表《考证〈红楼梦〉的新材料》一文。

4月4日，与高梦旦等同游庐山。14日返回上海，写成《庐山游记》。

4月30日，就任上海中国公学校长，自兼文理学院院长。

5月，赴南京出席全国教育会议。

6月5日，写成《〈白话文学史〉自序》。

6月29日，在中基会第四次年会上被选为名誉秘书。

6月，辞去光华及东吴两校教职。

7月，《禅学古史考》脱稿。

12月，《白话文学史》（上卷）由上海新月书店出版。

1929年（39岁）

1月4日，赴杭州出席中华教育基金董事会第三次常委会，辞去董事一职。

1月16日，到北平出席协和医学校董事会。此时梁启超正卧病协和医院，前去探望时，梁已逝世，瞻仰遗容而归。

1月25日，重游北京大学，有感而发作诗《三年不见他》。

1月，作“中国科学社”社歌。

4月10日，在《新月》上发表《人权与约法》。

6月，中华教育文化基金董事会在天津举行第五次年会，复选其为董事。作《百二十回本忠义水浒传序》。

8月28日，国民党人因不满胡适所作《人权与约法》，故上海党部作出决议，称“中国公学校长胡适，公然侮辱本党总理，并诋毁本党主义，背叛政府，煽惑民众，应请中央转令国府严予承办”。

9月，赴杭州参观“西湖博览会”。

10月4日，国民党政府教育部发布对胡适的警告令。

12月31日，《菏泽大师禅会传》脱稿，这是胡适治禅宗史最为重要和得意的著作。

是年，与梁实秋等合著《人权论集》，由上海新月书店出版。

1930年（40岁）

1月至4月，仍任中国公学校长兼文理理学院院长。

4月10日，在《我们走那条路》中提出："要铲除打倒的是贫穷、疾病、愚昧、贪污、扰乱五大仇敌"。

5月，辞中国公学校长职。

7月2日，到南京出席中华文化教育基金委员会第六次年会，会上被聘为编译委员会委员长。

8月，赴青岛小住，数日即归。

9月，去北平，曾在北平大学演讲。

是月，《胡适文存》（第三集）由上海亚东图书馆出版。

11月初，回上海，作《介绍我自己的思想》。

11月28日，全家及其助手罗尔纲乘火车离开上海，搬至北平后门内米粮库四号。

1931年（41岁）

1月9日，赴上海出席中华教育文化基金董事会第五次常会。会后回北平任北大文学院院长兼中国文学系主任。

春，任北京大学文学院院长兼中文系主任。

4月，作有《与钱穆论秦时及周官书》。

4月24日，出席中华教育文化基金会第三十六次执行财政联席会议，通过北大与中基会合作研究特款办法。

5月，作《〈王小航先生文存〉序》。

7月，作《崔述的年谱后记》。

8月，应丁文江之邀，到青岛小住。

11月，写信给宋子文，主张依据日本政府提出的五项原则与日本交涉东三省的善后问题。

是年，任太平洋学会在华会议的主席。《中国文学史选例》（卷一）、《淮南王书》分别由北大出版部和上海新月书店出版。

1932年（42岁）

1月，到上海出席中华教育文化基金董事会第六次常会。

5月22日，与蒋廷黻、丁文江、傅斯年等合办《独立评论》周刊，用来发表他们的政见。

5月底，北大出版部出版《中国中古思想小史》。

6月2日，德国普鲁士科学院选胡适为该院哲学史学部通讯委员。

7月1日，出席中华教育文化基金会第八次年会。

9月，《中国政治出路的讨论》、《惨痛的回忆与反省》等文章发表。

10月29日，在北京大学讲演《陈独秀与文学革命》，指出陈独秀对文学革命运动的重大贡献。

11月28日，全国经济委员会发聘书，聘胡适为该会内的教育专门委员会委员。

12月1日，去武汉大学讲学，因蒋介石在武汉“剿共”而得以有机会第一次见面。

1933年（43岁）

1月1日，写定《评论近人考据老子年代的方法》，批评冯友兰等人的看法。

1月6日，到上海出席中华教育文化基金董会第七次常会。

1月30日，民权保障同盟会北平分会正式成立，任执委会主席。

3月3日，与丁文江、翁文灏密电蒋介石先生，“热河危急……非公即日飞来挽救，政府将无以自解于天下”。

3月13日，与丁文江、翁文灏同去保定谒蒋。

3月19日，与何应钦、于学忠策动中日停战谈判。

6月18日，在上海起程赴美国讲学。

7月，在芝加哥演讲“中国文化的趋势”共六次。

是月中，中华教育文化基金会第九次年会中被聘为国立北平图书馆委员会委员长。

8月至9月，在加拿大的班府出席太平洋学会第五次大会，并到加沙大学演讲。

10月初，乘船回国。

是年，《四十自述》（第一册）、《短篇小说》（第二集）由上海亚东图书馆出版。

1934年（44岁）

1月，作《报纸文字应该完全用白话》。

2月，赴南京出席中华教育文化基金会第九次董事常会。
5月，出席中华教育文化基金会第十次董事年会。
8月，作《教育破产的救济方法还是教育》。
9月，作《大众语在那儿》。
11月，去南京出席考铨会议。

1935年（45岁）

1月5日，在香港接受香港大学法学名誉博士学位。
1月11日起，在梧州、南宁、柳州、桂林、阳朔等地演讲、游览。
1月25日，到香港，旋回北平。
3月30日，写定《试评所谓“中国本位的文化建设”》，进一步批评何炳松等十教授宣言，系统阐释自己的中西文化观。
4月13日，出席中国哲学会第一届年会，致开会词并宣读《楞伽宗的研究》。
4月19日，在上海出席中华教育文化基金会第十一次董事年会。
5月27日，写成《今日思想界的一个大弊病》一文。
6月22日，作有《充分世界化与全盘西化》。
7月初，到平绥路去旅行。
9月7日，被选为国民政府中央研院第一届评议会评议员。
10月，《胡适论学近著》出版。
10月26日，在上海出席中华教育文化基金会第九次常会。

1936年（46岁）

1月至7月，仍任北大文学院院长兼中国文学系主任。
2月9日，作《丁在君这个人》，悼念丁文江。
7月7日，离京到上海，登轮赴美。
7月14日，启程赴美，出席太平洋国际学会大会，讨论太平洋西部的问题，指责日本阻挠我国的建设。
7月29日，当选为太平洋国际学术大会副会长。
8月至10月，在美国和加拿大各地演讲。

9月，参加哈佛大学三百周年纪念会，讲演《中国的印度化》。

11月初，在旧金山启程回国，12月1日抵达上海。

11月26日，作《高梦旦先生小传》。

1937年（47岁）

1月至7月，仍任北大文学院院长兼中国文学系主任。

2月1日，入协和医院，16日出院。

4月8日，在北平大学女子学院讲演《治学方法与习惯》。

4月25日，参加清华大学26周年纪念会，讲《中国近代考证学的来历》。

4月29日，在上海出席中基会预备会。拜谒蒋介石。

7月8日，离北平南下。

7月11日，到庐山，得到蒋介石先生的接见，随后参加庐山谈话会。

7月28日，返南京，29日在南京美使馆与美使詹森晤谈。

7月31日，蒋介石先生邀胡适同张伯苓、梅贻琦等吃午饭，蒋告之“已决对日作战”。

8月13日，被聘为国民政府“国防参政会”参议员。

9月，赴美作国民外交工作。

9月8日，离开南京乘船赴汉口。

10月1日，在旧金山哥伦比亚电台发表《中国在目的危机中对美国的期望》。

10月20日，在华盛顿拜访美国总统罗斯福，介绍中国抵抗日军侵略的情况，希望罗斯福对日放弃妥协思想。

11月12日，在纽约外交政策协会讲《远东冲突后面的问题》，宣告中国为生存面对日本无止境侵略作战。

12月9日，在华盛顿“女记者俱乐部”演讲。

1938年（48岁）

1月至5月，在美国及加拿大游历及演讲。

6月，被选为国民政府国民参政会参政员。

6月至7月，继续在美国及加拿大游历及演讲。

7月1日，在芝加哥中国基督教学生暑期会议讲演《国家危机与学生生活》及《远东局势》。

8月，转游法国、瑞士和普鲁士。

9月8日，在瑞士出席国际历史学会会议。

9月17日，国民政府任命其为驻美全权大使。

10月3日，由欧返抵纽约，受到华侨公所热烈欢迎。

10月5日，赴华盛顿就任驻美大使。

10月27日，向美总统递交国书，正式开始外交活动。

10月31日，作《题在自己的照片上，送给陈光甫》：“做了过河卒子，只能拼命向前”。

12月4日，在纽约律师俱乐部演讲《北美独立战争与中国抗日战争》，强调国际形势的配合，特别是美国的援助是中国抗日胜利的重要条件。

12月29日，致电汪精卫，反对和议。

1939年（49岁）

《藏晖室札记》由上海亚东图书馆出版。

1940年（50岁）

1月13日，拜谒美总统罗斯福，再谈二次赔款。

3月5日，当选为国民政府中央研究院院长候选人。

同日，在佛罗里达州罗林斯国际关系研究所讲演《远东和世界将来的和平》。

3月25日，飞旧金山，接受加州大学所赠法学博士学位。

10月20日，参加杜威80岁生日会，撰祝寿论文《功利主义的政治哲学》。

1941年（51岁）

1月20日，参加罗斯福第三次连任总统就职典礼。

3月12日，在伊利诺大学讲演《民主中国的历史基础》。

4月10日，在美国艺术科学研究院讲演《十七世纪内中国哲学上的叛徒》。

1942年（52岁）

1月至8月，仍任驻美大使。

1月17日，在美国第77届国会第二次会议上发表演说。

3月22日，在纽约经济俱乐部讲演有关中国抗战问题。

4月，参加宾夕法尼亚大学200周年纪念活动。

4月20日，在宾夕法尼亚商学院讲演《中国在目前世界斗争里的地位》。

9月8日，辞去驻美大使职务，移居纽约，从事学术研究。

1943年（53岁）

1月，应聘为美国国会图书馆东方部名誉顾问。

是年，开始作《水经注》的考证工作。

1944年（54岁）

9月，应哈佛大学之聘，前往讲授《中国思想史》。

1945年（55岁）

上半年，在哈佛大学讲《中国思想史》。

4月25日，作为国民政府代表团成员之一，在旧金山出席联合国制宪会议。

9月6日，被国民政府任命为国立北京大学校长，在回国前暂由傅斯年代职。

11月，以国民政府代表团首席代表的身份，在伦敦出席联合国教育、科学、文化组织会议，制订该组织的宪章。

1946年（56岁）

2月，赴康奈尔大学讲演。

6月1日，由美国动身回国。

7月，当选协和医院董事长。

7月5日，抵上海。

7月底，到北平。

8月，《戴震自定水经注的后记》等文发表。

9月，就任北京大学校长。

9月15日，在南京出席国民政府的“制宪国民大会”。

10月，《“文史”的引子》、《考据学的责任与方法》等文发表。

12月23日，出任国民大会“宪草决议案”整理小组成员。

1947年（57岁）

1月，作《论杨守敬判断水经注案的谬实》。

3月5日，蒋介石电请胡适为国府委员，胡适复电辞谢。

春，国民政府拟委胡适为考试院长及国府委员，未接受，理由为“不入政府，则更能为政府助力”。

9月，作《争取学术独立的十年计划》：造成五至十个第一流大学，使我国学术走向独立。

12月，主编《申报 · 文史》周刊。

1948年（58岁）

3月25日，在南京出席国民政府中央研究院评议会，当选为第一届的人文组院士。

4月4日，当选“国民大会”主席团成员。

9月，被选为北平研究院学术会议会员。

12月，作《北京大学五十周年》一文。《四百年来水经注研究的小史》问世。

12月15日，国民党政府派飞机到北平接胡适到南京。

12月17日，蒋介石在官邸为胡适庆祝生日。

1949年（59岁）

1月14日，赴上海，指出“和比战难”。

1月15日，蒋介石聘胡适为总统府资政。

2月，《齐白石年谱序》、《戴震的官本水经注最早引起的猜疑》等文问世。

3月下旬，在台湾住了七天，又回上海。

4月6日，在上海坐船前往美国，船上作有《“自由中国”的宗旨》、《陈独秀的最后见解》等文。

7月，续写《记全祖望的五校本水经注》。

11月20日，《自由中国》创刊号在台北出版，推其作“发行人”。

12月9日，在东西协会华盛顿分会的会议上讲演《中国历史上争取自由的奋斗》。

1950年（60岁）

1月，作《〈朱子语类〉的历史》。

3月初，到华盛顿出席中华教育文化基金会会议，被推为该会干事长。

5月14日，普林斯顿大学聘他担任葛思德东方图书馆馆长，为期两年。

7月16日，通知国民党政府驻美大使馆，取消一切约会，不接见任何政府或国会领袖。

9月，就任葛思德东方图书馆馆长。

9月22日，次子胡思杜发表断绝父子关系声明。

1951年（61岁）

4月20日，出席美国哲学会议，讲演《十年来中美关系急趋恶化的原因》。

是年，在美国全国社会科学协会讲演《共产主义在中国》。

1952年（62岁）

2月，联合国文教组织聘其为“世界人类科学文化编辑委员会”委员。

夏，普林斯顿大学聘约期满，仍任荣誉主持人。

5月，作有《杜威死了》（书信）。

11月下旬至年底，在台湾作演说，讲学并游览幼时故居。

12月20日，在傅斯年逝世两周年纪念会讲《傅孟真先生的思想》。

是年，被联合国教科文组织聘为“世界人类科学文化史编辑委员会”委员。

1953年（63岁）

1月，在蔡元培84岁生日纪念会上讲《禅宗史的一个新看法》。

1月16日，与蒋介石作长谈。

1月17日，离台经日本返美。

1954年（64岁）

2月至3月，到台湾参加第一届“国民大会”第二次会议，担任临时主席。

3月7日，台湾史学会成立，被推为主席。

4月5日，离台赴美。

5月，《跋清代学人书札诗笺十二册》、《大明实录》等文问世。

7月16日，蒋介石聘他任“光复大陆设计委员会”副主任委员。

1955年（65岁）

2月，在匹兹堡大学讲《对近代西洋文化的东方看法》。

3月11日，在弗吉尼亚州史威特布丙尔学院讲演《自由中国之重要性》。

是月中旬，受“中央研究院”历史语言研究所出版《胡适先生六十五岁论文集》，为他祝寿。

12月17日，开始撰写《丁文江的传记》。

1956年（66岁）

3月12日，《丁文江的传记》脱稿。

9月，赴美国加州大学讲学四个月，专讲有关中国文化问题。

1957年（67岁）

2月4日，出席杨振宁、李政道、吴健雄三位科学家的欢迎会，并致介绍辞。

9月26日，出席联合国大会。

11月3日，当选为“中央研究院”院长候选人。

11月4日，经“中央研究院”评议会选举，由蒋介石正式任命为院长。

1958年（68岁）

4月2日，离美回台北定居。

4月10日，举行台湾“中央研究院”院长就职典礼，并主持第三次院士会议，作有《历史科学的方法》一文。

5月，拟定《国家发展科学培植人才的五年计划的纲领草案》。

6月5日，在台大法学院讲演《大学的生活》。

9月5日，在华盛顿主持中华教育文化基金会第二十九次年会。

12月22日，到“总统府”参加蒋介石的宣誓典礼。

1959年（69岁）

1月，作有《一个人生观》。

2月1日，被蒋介石任命为“国家长期发展科学委员会”主席。

7月，出席夏威夷大学主办的第三次东西方哲学会议。

7月9日，接受夏威夷大学人文博士学位，至此共接受美国、英国、加拿大及香港各大学荣誉学位35个。

9月，在华盛顿主持中华教育文化基金会第三十次年会。

10月20日，在台湾中国教育学会、台湾中国哲学会等社团的联合纪念会上讲《杜威的哲学思想》。

11月1日，主持台湾“国家长期发展科学委员会”第二次全体委员会议及第三届评议会第六次会议。

1960年（70岁）

1月，作《王国维〈水经注笺〉后记》。

2月20日，出席第一届“国民大会”第三次会议。

3月14日，出席“国民大会”第七次大会，任主席。

6月5日，参加蒋介石迎艾森豪的宴会，并与艾森豪晤谈。

7月，作有《中国的传统与将来》。

9月20日，出席华盛顿出席中华教育文化基金会四十九次会议。

11月，作有《所谓“曹雪芹小像”的谜》。

1961年（71岁）

1月11日，主持蔡元培诞辰九十四周年纪念会。

5月，作有《跋“乾隆甲戌脂砚斋重评石头记”影印本》。

8月，作《朱子语略》二十卷。

8月25日，出席“阳明山谈话会”。

11月6日，应美国国际开发署之邀，在东南区科学教育会议开幕式上，作《科学发展所需要的社会改革》报告。

1962年（72岁）

2月14日，参加第四次“全国教育会议”开幕式。

2月24日上午，主持“中央研究院”第五次院士会议。下午六时半，在欢迎新院士酒会结束时，因心脏病猝发而死亡。

10月15日，被安葬于南港旧庄墓园。

参考文献

资料类

〔1〕白吉庵，刘燕云．胡适教育论著选．北京：人民教育出版社，1994
〔2〕蔡元培．蔡元培全集．北京：中华书局，1984
〔3〕曹伯言．胡适自传．合肥：黄山书社，1986
〔4〕曹伯言．胡适日记全编．合肥：安徽教育出版社，2001
〔5〕陈金淦．胡适研究资料．北京：北京十月文艺出版社，1989
〔6〕冯友兰．三松堂自序．北京：生活·读书·新知三联书店，1989
〔7〕高平叔编．蔡元培教育论著选．北京：人民教育出版社，1991
〔8〕葛懋春，李兴芝．胡适哲学思想资料选．上海：华东师范大学出版社，1981
〔9〕顾颉刚．古史辨（第1册）．北京：朴社，1926
〔10〕胡适．尝试集．合肥：安徽教育出版社，2006
〔11〕胡适．胡适留学日记．合肥：安徽教育出版社，1999
〔12〕胡适．胡适往来书信选．北京：中华书局，1979
〔13〕胡适．胡适日记．北京：中华书局，1985
〔14〕胡适．胡适文存．合肥：黄山书社，1996
〔15〕胡适．胡适自传．合肥：黄山书社，1986
〔16〕胡适．四十自述．合肥：安徽教育出版社，2006

〔17〕胡适．先秦名学史．合肥：安徽教育出版社，1999
〔18〕胡适．中国章回小说考证．合肥：安徽教育出版社，2006
〔19〕胡适．中国哲学史大纲．北京：东方出版社，1996
〔20〕胡颂平．胡适之先生晚年谈话录．北京：新星出版社，2006
〔21〕季羡林编．胡适全集．合肥：安徽教育出版社，2003
〔22〕姜义华．胡适学术文集——教育．北京：中华书局，1993
〔23〕姜义华．胡适学术文集中国哲学史．北京：中华书局，1991
〔24〕金岳霖．金岳霖学术论文选．北京：中国社会科学出版社，1990
〔25〕梁启超．清代学术概论．长沙：岳麓书院，2000
〔26〕梁启超．饮冰室合集．北京：中华书局，1989
〔27〕梁启超．饮冰室书话．长春：时代文艺出版社，1998
〔28〕欧阳哲生．胡适选集．长春：吉林人民出版社，2005
〔29〕欧阳哲生．胡适文集．北京：北京大学出版社，1998
〔30〕欧阳哲生．胡适学术文化随笔．北京：中国青年出版社，1996
〔31〕唐德刚译注．胡适口述自传．合肥：安徽出版社，2005
〔32〕[美]约翰·杜威．杜威教育论著选．赵祥麟，王承绪译．上海：华东师范大学出版社，1981

著作类

〔1〕阿炳．国学宗师——胡适．北京：中国青年出版社，1994
〔2〕白吉安．胡适传．长沙：湖南教育出版社，1987
〔3〕蔡登山．何处寻你：胡适的恋人及友人．长春：吉林出版集团有限责任公司，2011
〔4〕邓林．名人家庭内幕．长春：吉林人民出版社，1991
〔5〕董德福．梁启超与胡适 两代知识分子学思历程的比较研究．长春：吉林人民出版社，2004
〔6〕胡文生．向西方学习：走进胡适．北京：中国社会出版社，2005
〔7〕胡明．胡适传论．北京：人民文学出版社，1996
〔8〕黄艾仁．胡适研究（第一辑）．北京：东方出版社，1996
〔9〕黄书光著．胡适教育思想研究．沈阳：辽宁教育出版社，1994

〔10〕郜元宝．胡适印象．上海：学林出版社，1997
〔11〕耿云志．胡适．北京：人民日报出版社，1999
〔12〕耿云志．胡适年谱．福州：福建教育出版社，2012
〔13〕耿云志．胡适研究论稿．北京：社会科学文献出版社，2007
〔14〕耿云志．胡适新论．北京：中国人民大学出版社，2010
〔15〕耿云志，闻黎明．现代学术史上的胡适．北京：生活·读书·新知三联书店，1993
〔16〕金林祥．蔡元培教育思想研究．沈阳：辽宁教育出版社，1994
〔17〕刘筱红．尝试者胡适．武汉：湖北教育出版社，2000
〔18〕莫高义．书生大使：胡适出使美国研究．广州：广东人民出版社，2006
〔19〕欧阳哲生，宋光波．胡适研究论丛．哈尔滨：黑龙江教育出版社，2009
〔20〕沈卫威．胡适．北京：中国华侨出版社，1999
〔21〕沈卫威．无地自由：胡适传．合肥：安徽教育出版社，2005
〔22〕史华慈．近代中国思想人物论：自由主义．台北：台湾时报文化出版公司，1980
〔23〕宋剑华．胡适与中国文化转型．哈尔滨：黑龙江教育出版社，1996
〔24〕汤景泰．宁死而鸣，不默而生：胡适的言论写作研究．成都：巴蜀书社，2010
〔25〕陶方宣．胡适的圈子．济南：山东画报出版社，2010
〔26〕余英时．重寻胡适历程：胡适生平与思想再认识．上海：生活·读书·新知三联书店，2012
〔27〕朱洪．胡适大传．合肥：安徽人民出版社，2001
〔28〕[美]格里德．胡适与中国的文艺复兴：中国革命中的自由主义（1917—1937）．鲁奇译．南京：江苏人民出版社，1989

后 记

匆匆百年，斯人已去。回首已逝时光，感悟先哲智识。在活跃于中国近现代历史舞台上的教育家当中，胡适堪称璀璨夺目的一颗明星，为中国文化教育事业作出了不容忽视的历史贡献。胡适毕生为了中国文化教育的复兴而大胆尝试、努力探索、奔走呼号，开风气之先，立不朽之功。为了让广大教育工作者、在校学生及社会各界人士能对胡适的生平活动及其思想有所了解，满足大家读史、知史的精神需求，我们应邀编写了由周洪宇教授任总主编、山东教育出版社出版的《中外著名教育家画传系列》丛书之一——《胡适画传》。编写此书，一方面，有利于广大读者对胡适生平活动与学术思想的进一步了解，在阅读的过程中，体验先哲活动，感悟先贤思想，畅游于历史长河中；另一方面，有利于知史而鉴今，通过与胡适跨越时空的对话，使广大读者躬身自省，见贤思齐，丰富知识，升华情感，润泽内涵，积淀学养。

全书在写作过程中，主要分为两大部分，一是生平事迹，二是学术活动。在具体写作中，编者打破了活动与思想的界限，将二者相结合。本书的写作，除注重对第一手史料的爬梳外，还融入了编者的研究心得，叙述与评论结合。就全书的编写体例而言，主要有以下特点：第一，通俗性与学术性结合，达到雅俗共赏的目的。全书力求做到科学性、可读性与学术性的巧妙结合，在写作过程中，选取平易朴实的语言，来展现胡适的思想与活动。对于学术性较强的篇章，我们将思想与生平活动合二为一，在思想中加以活动的概述，在活动中具体呈现思想，使枯燥、难懂的思想更加直观。第二，文字与图片相结合，获得图文并茂的效果。书中附有大量形象生动的图片，图片与文字的结合，给读者以视觉享受，更易于使读者理解文字内容。第三，贯通性与典型性统一，体现纵横贯通的宗旨。全书的写作以时间为经，以思想为纬，以胡适的生平贯通于全书，使读者对胡适一生有个简要了解，同时打通生平活动与学术思想的联系，将活动、思想贯通于全书。在生平活动与思想概述中，我们选择了一些典型性、个案性的事例与活动来彰显胡适一生的活动及思想。

全书由主编进行整体构思与策划，确定写作思路，制定写作大纲，组建编写队伍。全书共分为八个部分，主要分工情况如下："由家庭启蒙到留学美国"由程功群撰写，"留美归来兼顾家事国事"由王佩、卢全民撰写，"经受凄风苦雨的晚年岁月"由程世新撰写，"家庭、友情与爱情"由张万红撰写，"执着追求的政治信仰"由孙佳瑾、赵巧撰写，"追寻实验主义的哲学心路"由刘京京、史降云撰写，"为创建中国一流大学而呼号"由王永颜撰写，"吹响文学革命号角的文化先锋"、"高举科学与民主大旗"和"大事年表"由李艳莉撰写。本书在编写过程中，参考和引用了部分著作、期刊和网络的相关内容与图片，有些未能标明出处，在此谨致谢忱，并特表歉意。

全书的编写得到了华中师范大学教育学院周洪宇教授和山东教育出版社蒋伟编审、王镌编辑的大力支持，他们为本书的出版付出了很多心血，在此特表谢意！

由于时间仓促，水平有限，书中难免会存有缺点与错误，敬请专家、学者及广大读者批评指正。

申国昌

2014年6月于武昌桂子山